Johannes Seiffert

Ein Leben für die Spionage

Fünfzehn legendäre Persönlichkeiten
aus der Geheimdienstwelt

edition berolina

ISBN 978-3-95841-120-3

1. Auflage

Umschlaggestaltung: BEBUG mbH, Berlin
Druck und Bindung: GGP Media GmbH, Pößneck

edition berolina
Axel-Springer-Straße 52
10969 Berlin
Tel. 030 / 206 109 – 0

www. buchredaktion.de

Inhalt

Dr. Richard Sorge (1895–1944)

Der Eilige

Es ist totenstill an diesem frühen Morgen. Wir schreiben den 7. November 1944. Ein Mann sitzt in der Todeszelle und wartet auf seine Hinrichtung. Das einzige Geräusch, das um fünf Uhr früh zu ihm dringt, ist gelegentliches Vogelzwitschern in der Ferne. Außerhalb der Gefängnismauern. Wo das Leben normal weitergeht. Ihn hingegen erwartet in wenigen Minuten der Galgen. Vor ziemlich genau vier Wochen ist er neunundvierzig Jahre alt geworden. Neunundvierzig Jahre. Fast fünf Jahrzehnte … Was er in dieser Zeit erlebt hat, reicht für mehrere Leben.

Sein Leben hatte sich immer schon in erhöhtem Tempo abgespielt, nicht nur auf seinen Motorrädern, mit denen er es liebt, immer nahe der Höchstgeschwindigkeit unterwegs zu sein. Die Ungeduld, von einem Punkt zum nächsten zu gelangen. Das Bedürfnis, immer schnell voranzukommen. Wie nannten ihn viele seiner Freunde? Den Eiligen …

Wie fällt seine Bilanz aus? Was hat er erreicht? Was hat er nicht erreicht? Eines hat er ganz sicher geschafft: einen respektablen Studienabschluss. Ein Vierteljahrhundert zuvor. Mit Promotion. »Die Reichstarife des Zentralverbandes deutscher Konsumvereine« lautete das Thema seiner Doktorarbeit. Dafür gab es die Bestnote. Summa cum laude. Also: mit Auszeichnung bestanden.

Seitdem darf er sich »Herr Doktor« nennen. Auch wenn er kein Arzt ist – was ihm oft unterstellt wurde. In diesem Augenblick muss er lächeln. Das scheint ihm alles so weit weg zu sein. Wie aus einem anderen, früheren Leben. Wie aus einem anderen Jahrhundert, einem anderen Zeitalter.

Er versucht sich zu erinnern. Wann hat sein Leben diese Richtung genommen? Diese Richtung, die ihn am Ende hierher, in diese Todeszelle führte. In der ihn in wenigen Minuten, nach nicht einmal fünfzig Lebensjahren, der Tod erwartet. Was hat ihn hierhergebracht? Was hat ihn auf diese Lebensbahn geführt – trotz großbürgerlicher Kindheit und Jugend, trotz Nationalbegeisterung 1914? War es der erste große Krieg? »Der Weltkrieg« genannt? Der Vorläufer des zweiten großen Krieges?

Im ersten großen Krieg kämpfte er als Soldat, wurde mehrfach verwundet, überlebte mit viel Glück. 1914 wollte er doch tatsächlich noch sein Leben für Kaiserdeutschland opfern. Ein Irrsinn, der ihm rückblickend kaum noch nachvollziehbar erscheint. Wollte sich zum Wohl der Generäle, Admiräle, Kaiser und Könige, Konzernherren und Rentiers Deutschlands zum Krüppel schießen lassen, wollte andere Menschen, andere Soldaten der sogenannten Feindesländer, töten, um Kaiserdeutschland zum Sieg zu verhelfen. Zu einem Sieg, der die Reichen noch reicher und die Armen noch ärmer gemacht hätte.

Zum Glück kam es anders. Trotz der atemberaubenden Ereignisse der ersten Jahreshälfte 1918: des scheinbaren »Siegfriedens« im Osten, der Kapitulation des kurz zuvor noch zaristischen und jetzt bolschewistischen Russlands, der Besetzung der Ukraine durch deutsche Truppen. Jener Ostukraine rund um Kiew, die damals umgehend ihre gesamten Weizenvorräte an Deutschland abgeben musste. Die Westukraine rund um Lemberg unterstand seit der polnischen Teilung dem maladen österreichischen Kaiserreich.

Die Ostukraine und der Donbass mussten ihre gesamten Lebensmittelvorräte abgeben, damit die deutsche Bevölkerung ruhiggestellt werden konnte. Damit sie weiter für den Krieg schuftete, in den Rüstungsfabriken der reichen Konzernherren. Für Kriegsziele, die für den einfachen Arbeiter – den Malocher in der Fabrik, den Kumpel in den Kohlegruben von Oberschlesien oder dem Ruhrgebiet – völlig unwichtig waren. Was ging es ihn an, ob weitere Länder besetzt und ausgebeutet werden konnten. Ob Frankreich nach Elsass-Lothringen nun auch noch die Minette genannten Eisenerzgebiete nördlich von Lothringen verlieren würde. Ob Belgien deutsche Kolonie würde. Ob im Osten, auf russischem Boden, ein mächtiges festländisches deutsches Kolonialreich entstünde, an dem sich wieder einige wenige Reiche gesundstoßen könnten.

Was für Auswirkungen der »deutsche Siegfrieden« für die unterworfenen Länder, für die vom kaiserlichen Deutschland in seinem imperialistischen Größenwahn besetzte Ukraine hatte, war unwichtig. Ob die ihres Weizens beraubten Ukrainer verhungerten, war der deutschen Führung mehr als gleichgültig. Ihn schockierte das. Ebenso wie die Verwundungen. Dreimal knapp dem Tod von der Schippe gesprungen. Viel hätte nicht gefehlt … Nach der letzten schweren Verwundung flickten sie ihn im Lazarett zu Königsberg wieder halbwegs zusammen. Sein rechtes Bein, nur noch in Fetzen vorhanden, rekonstruierten sie so, dass er halbwegs laufen konnte. Wenn auch mit deutlichem Hinken, das ihn seither begleitet.

Sein bester Freund war damals Regimentskamerad Correns. Dieser promovierte später als Chemiker und arbeitete bei der I.G. Farben. Was wohl aus ihm geworden ist? Er hatte eine jüdische Frau geheiratet, noch vor 1933.

Ob beide noch am Leben sind, der Leutnant Correns und seine Frau?

Er selbst sagte dem Soldatendasein in der kaiserdeutschen Armee 1917 endgültig Lebewohl und versuchte, sich als »Kriegsversehrter« im Zivilleben einzusortieren. Nach den existenziellen Erfahrungen im Krieg, an der Front. Nach den vielen Traumatisierungen, nicht zuletzt den Verletzungen … Es war jedenfalls schwerer als gedacht, plötzlich wieder auf »Frieden«, auf »Zivilleben« umzuschalten.

Er fing an zu studieren. Und sich seine Gedanken zu machen. Vom Hurrapatriotismus, dem er 1914 noch erlegen war, gründlich geheilt, dachte er jetzt anders über die Gesellschaft und die Politik. Bücher von Marx und Engels fielen ihm in die Hände. Und hinterließen Eindrücke, eröffneten neue Zusammenhänge, neue Einblicke in gesellschaftliche Mechanismen. Die ungerechte Vermögensverteilung, der Gegensatz zwischen öffentlich behaupteter Gerechtigkeit – »jeder an seinem Platz« – und den hinter den Kulissen waltenden gewaltigen Kapitalschiebereien und Betrügereien.

Er wurde Kommunist. Nicht plötzlich. Nicht über Nacht. Sondern in einem länger dauernden Prozess. Dafür umso nachhaltiger. Bis heute. Und erkor sich die Sowjetunion als eigentliches Vaterland.

Als Kind hatten ihn die politischen Überzeugungen des Vaters geprägt, der treudeutsch dachte. Ein Nationalist reinsten Wassers. Von da aus führte ein gerader Weg in die Uniform, in die Armee, in den Ersten Weltkrieg. Seine Neuorientierung nach der Erfahrung des Krieges kam nicht aus heiterem Himmel. Auch sie war familiär bedingt, zumindest teilweise. Sein Großonkel, der Bruder seines Großvaters also, der Musiklehrer Friedrich Albert Sorge, war ein Teilnehmer des Badischen Aufstands. 1848 zum

Tode verurteilt, konnte er mit viel Glück nach Amerika fliehen. Er war ein Mitstreiter von Marx und Engels, korrespondierte mit ihnen. Er gründete den amerikanischen Ableger des Lassalleschen Allgemeinen Deutschen Arbeitervereins, einer der Vorläufer der heutigen SPD. Eben dieser politisch hyperaktive Großonkel hatte ihm manche Tür in Richtung seines späteren Gefühls-Heimatlandes, der Sowjetunion, geöffnet.

Aber war die Liebe zum mystischen Osten nicht schon viel länger in ihm angelegt? Schon durch den Geburtsort? Immerhin erblickte er das Licht der Welt im zaristischen Russland, auf dem heutigen Gebiet der Sowjetunion. Weit im Osten, weit jenseits der deutschen Landesgrenzen. Weit jenseits von Rhein und Memel. Unfassbare zweitausend Kilometer südöstlich von Moskau. Und noch weit unbegreiflichere dreitausend Kilometer von Berlin entfernt. Seinen ersten Atemzug, seine ersten Schritte auf dieser schönen Erde tat er weit im Osten. Also jener Gegend, die von den meisten Deutschen, den meisten Westeuropäern, aber auch vielen Osteuropäern mit Misstrauen, ja mit einer unüberwindbaren Abscheu betrachtet wird.

Mit Europa hat sein Geburtsort nichts zu tun. Er lag und liegt im mystischen Morgenland, unverkennbar durch und durch orientalisch geprägt. Der Ort heißt Sabunçu, damals außerhalb Bakus gelegen, heute längst eingemeindet. Einmal im Jahr musste sein Vater dienstlich nach Moskau, das war damals eine wochenlange Reise, hin und ebenso wieder zurück.

Es waren nur wenige Jahre, die er am Ufer des Kaspischen Meers verbringen durfte. Seine ersten drei Lebensjahre. Und wiederum war er nicht sicher, ob er sich tatsächlich kraft eigener Erinnerung davon noch recht konkrete Vorstellungen zu machen verstand. Oder ob das auf Erzählungen seiner Eltern oder seiner acht Geschwister beruhte. Sein Elternhaus dort: eine luxuriöse, orientalisch geprägte, aus Holz errichtete, großzügig verglaste Villa über einem steilen steinernen Sockel. Auf dem Hügel, über der Stadt, mit weitem Blick über Landschaft und Meer. Hatte dieser grenzenlose Blick den Grundstein für sein Fernweh gelegt? Für sein Verlangen danach, Grenzen zu überschreiten, Kontinente zu durcheilen, Konventionen zu brechen, sich den Horizont zum Ziel zu setzen, wider den Stachel zu löcken?

Er war jedenfalls von Kind auf so ziemlich das Gegenteil eines Stubenhockers. Später hatten der Krieg, die überstandenen Todesgefahren, die durchlittenen und überlebten Verletzungen seine Lebensgier, seinen Heißhunger auf Genüsse jeglicher Art noch vielfach verstärkt. So wohnen tatsächlich zwei Herzen in seiner Brust: das unstillbare Verlangen nach Neuem, Fremdem, Ungeahntem und die unverbrüchliche Solidarität mit dem Weltproletariat. Im Laufe der Jahre hatte er es geschafft, beide Pole miteinander zu versöhnen. Ja, aus ihrer Gegensätzlichkeit ungeahnte Kräfte zu schöpfen.

Nun ist das Ende in Sicht. Viel zu früh? Oder genau richtig? Wer könnte das schon entscheiden … Seine Lebensbahn zählt nicht mehr Jahre, Monate, Wochen oder Tage. Nur noch Minuten. Die abenteuerlichen Reisen, die hohnlächelnd durchlebten Gefahren, die aus dem Vollen geschöpften Genüsse gehören endgültig der Vergangenheit an. Jetzt liegt nur noch ein letzter Gang vor ihm. Ein paar Stufen hinauf zum Galgen. Das Seil um den Hals. Der Fall durch die geöffnete Bodenklappe. Exitus.

Er tröstet sich mit dem Gedanken an seine vielen Altersgenossen, an diejenigen, die ebenfalls den ersten großen Krieg überstanden haben. Dass auch sie erneut an der

Front stehen, wieder ihr Leben einsetzen müssen. Sei es auf der falschen Seite, der des größenwahnsinnigen deutschen Diktators. Oder auf der richtigen Seite, in den Reihen der Roten Armee.

Da dreht sich schon der Schlüssel im Schloss seiner Zellentür. Sie öffnet sich, die abweisenden Gesichter der japanischen Gefängnisbeamten werden sichtbar. Er steht seufzend auf, drückt die letzte Zigarette am Rand des kleinen Waschbeckens aus und wirft sie in den Fäkalieneimer. Eine Sache hat er sich noch vorgenommen.

*

Der Vater, Gustav Wilhelm Richard Sorge, hatte vor seinem frühen Tod 1907 dafür gesorgt, dass es der Familie finanziell an nichts mangelte. Im materiellen Sinne konnte seine Kindheit also sorgenfrei genannt werden. Doch der Tod des Vaters hatte sich wie ein Schatten über seine Kinderzeit gelegt. Mit zwölf Jahren stand er, nach außen mühsam die Fassung wahrend, am Sarg und nahm Abschied, sah zu, wie die Eichenkiste in die Erde gesenkt wurde.

Hatte er das Abenteurertum, das Fernweh von seinem Vater geerbt? Der war schon früh von diesem Virus befallen worden. 1852 in Wettin geboren, hatte sich Gustav Sorge nach der Schule für ein Studium der Montanwissenschaften entschieden. Obwohl er eigentlich aus einer Ärztefamilie stammte. Bald begann ihn die neue Energiequelle Erdöl zu faszinieren. Er reiste in die führende Erdöl-Fördernation USA, um sich entsprechende Spezialkenntnisse anzueignen. Dort verfasste er einen wissenschaftlichen Aufsatz in englischer Sprache, der sich mit dem damaligen Forschungsstand zu seinem Thema befasste: »The Theory of the Movement of the Flushing Streams in Boreholes«. Es ging um die Bewegung des Spülstroms in Öl-Bohrlöchern.

Mit fünfundzwanzig Jahren entschloss sich Gustav Sorge der besseren Aufstiegschancen wegen bei einer der ersten neugegründeten russischen Erdöl-Firmen anzuheuern und verlegte seinen Wohnsitz 1877 in die unbegreifliche Ferne: ins zum Zarenreich gehörende Baku, ans Ufer des jenseits aller Vorstellung liegenden Kaspischen Meers. Dort blieb er die nächsten zwei Jahrzehnte. Baute erst eine Werkstatt für Bohrtechnik auf und gründete dann mit neunundzwanzig Jahren eine eigene Firma. Schon bald gewann er namhafte Auftraggeber wie die damals führende Deutsche Petroleum-Aktiengesellschaft. Sogar ins wilde Tschetschenien ging der Vater, als dort ein lukrativer Auftrag lockte, diesmal für das Kasbek-Syndikat. Von dort zog er weiter nach Rumänien, um für eine örtliche Gesellschaft ein neues Fördergebiet mit seiner innovativen Bohrtechnik zu erschließen. Damit hatte er sich, wie auch sein Konkurrent Anton Raky, den Ruf des weltweit führenden Spezialisten für verschiedene Fördertechniken erarbeitet: dem Pump-, dem Schöpf- und dem Pressluftbetrieb. Und weil es ihm damit noch nicht genug war, schrieb er in seiner Freizeit Aufsätze und Bücher, wurde als Referent zu internationalen Tagungen für Bohrtechnik eingeladen.

Die erste Frau Gustav Sorges starb 1880 während einer Cholera-Epidemie in Baku. 1884 heiratete er ein zweites Mal, diesmal die aus Kiew stammende siebzehnjährige Jewgenia »Nina« Kobelewa, die ihm in rascher Folge zahlreiche Kinder gebar. Darunter 1895 seinen Jüngsten, den Richard.

Die schwere Arbeit, die Öldämpfe, die verwendeten Chemikalien setzten der Gesundheit des Vaters zu. Es zog ihn nun wieder nach Hause, nach Deutschland, nach Berlin, wo er sich bessere ärztliche Hilfe und gesündere Lebensumstände versprach. Materiell verschlechterte er sich kaum, da er eine Stelle als Direktor der Deutsch-Russischen Naphta-Gesellschaft angeboten bekam, einer Tochterfirma des größten deutschen Bankhauses, der Disconto-Gesellschaft (die später mit der Deutschen Bank fusionierte). So zog die Familie 1898 nach Berlin. Der Vater war auch weiterhin als Experte und Gutachter gefragt. Bis zu seinem Tod.

Er war also das Gegenteil eines ängstlichen Stubenhockers, der Vater. Ihm hatte er nicht nur den fernen Geburtsort zu verdanken und die russische Mutter. Sondern vermutlich noch einiges mehr. Das hatte er lange verdrängt, doch gerade in den letzten Jahren, als er sich selbst dem Lebensalter annäherte, in dem der Vater gestorben war, trat ihm das – wieder – sehr klar vor Augen. Gerade einmal fünfundfünfzig Jahre war der Vater alt geworden. Nicht alt, aber immerhin sechs Jahre älter als er selbst. Vielleicht liegt es ja in der Familie, dass die Männer nur das halbe Jahrhundert vollmachen. Schon der Großvater starb mit knapp fünfzig Jahren. Also ist es wohl Schicksal. Und er muss nicht mit eigenen Fehlern hadern.

Er schmunzelt bei dem Gedanken, sich so aus der eigenen Verantwortung schleichen zu können. Was er gar nicht vorhat. Ihm ist sehr klar, dass eigene Fehler, möglicherweise Sorglosigkeit oder schlimmstenfalls Verrat zu seiner Verhaftung beigetragen haben.

*

Lagen der Krieg, die Fronterlebnisse, die Verwundungen, Operationen und Lazarettaufenthalte schon in einem gnädigen Halbschatten seiner Erinnerung, erging es ihm merkwürdigerweise mit den anschließenden Zwanzigerjahren fast noch mehr so. Es war eine dichtgedrängte Abfolge einzelner Ereignisse, die sich mittlerweile überschnitten, überlagerten, verwischten. Das Studium in Berlin und Kiel, die Promotion am Institut für Weltwirtschaft, die Heirat mit Christiane, der geschiedenen Frau seines nur zehn Jahre älteren Doktorvaters Kurt Gerlach (der bald tragisch an Diabetes verstarb), die ersten Tätigkeiten innerhalb der Arbeiterbewegung.

Gerlach hätte Gründungsdirektor des Frankfurter Instituts für Sozialforschung werden sollen, dem ersten dezidiert der Sozialforschung gewidmeten Forschungsinstitut. Wäre es Gerlach vergönnt gewesen, sein Amt anzutreten, dann – ja dann wäre das nicht diese windelweiche SPD-Klitsche geworden, die 1933 dank günstiger Umstände in die USA umzog. Doch Gerlachs früher Tod verhinderte, dass er beim Institut angestellt wurde, für das er eigentlich schon einen Vorvertrag unterzeichnet hatte. Mit Gerlachs Nachfolgern kam er nicht klar, ihnen war er schlicht zu links.

In Kiel hatte er die »Revolution« von 1918 direkt vor Augen gehabt, in Form des Matrosenaufstands. Er hatte sich immer geweigert, die Vorgänge vom November 1918 anders als in Anführungszeichen als »Revolution« zu bezeichnen. Die SPD unter Ebert hatte ja alles darangesetzt, eine wirkliche Revolution nach sowjetischem Muster zu verhindern.

Hatte es den deutschen Arbeitern an revolutionärem Elan gefehlt? Eher nicht. Ausschlaggebend war die vom Reichsverband der deutschen Industrie 1918 zur Verfügung gestellte halbe Milliarde Reichsmark. Mit diesen immensen Geldmitteln wurden alle »staatstragenden« Parteien, natürlich auch die SPD, üppig ausgestattet. Zum Kampf gegen den »widernatürlichen« Kommunismus. Aus diesem gewaltigen Topf wurden aber auch die plötzlich überall aus dem Boden schießenden Söldnerverbände (»Freikorps«) finanziert, die jeglichen Hauch eines Aufstandsversuchs von Arbeitern gnadenlos zusammenschossen. Und das so lange, bis kein Arbeiter es mehr wagte, die Hand gegen seinen Konzernherrn zu erheben. 1923 waren alle revolutionären Arbeiter entweder tot oder hatten hoffnungslos resigniert, gegen diese Übermacht ankommen zu können. »Wer bezahlt, schafft an«, hieß es ja immer so schön.

Gut, wenn man ehrlich ist, hatten es auch die sowjetischen Genossen um Lenin ihrerseits – in umgekehrter Richtung – nur dank massiver externer Hilfe geschafft, die Revolution 1917 zum siegreichen Ende zu führen. Und zwar dank der vom deutschen Kaiserreich zur Verfügung gestellten Millionen Goldmark. Die waren natürlich von Deutschland nicht aus Liebe zum Kommunismus oder aus reiner Selbstlosigkeit ausgereicht worden. Sondern zur Schwächung des militärischen Gegenspielers, des zaristischen Russlands per Revolution. Das Zarenreich damit aus der Riege der militärischen Gegner Deutschlands herauszuschießen. Und so dem Endsieg 1918 einen gewaltigen Schritt näherzukommen. Der deutsche Kaiser hatte dafür sogar kaltlächelnd seinen eigenen Vetter, den Zaren von Russland, dem sicheren Tod überantwortet.

Alles war so schön ausgedacht: Revolution. Russland stellt alle Kampfhandlungen umgehend ein. Unterwirft sich Deutschland. Das nun die Kapitulationsbedingungen diktieren kann. Sieg auf der ganzen Linie. Zugriff auf die unermesslichen Naturschätze der Ukraine. Entlastung im Osten, willkommene Verstärkung der Westfront. Letzte machtvolle Offensive im Westen. Endsieg.

Nur die grenzenlose Habgier der deutschen Militärs und Konzernherren verdarb alles. Sie hatten sich die von den Kommunisten geräumte, üppige, mit Bodenschätzen und dem besten europäischen Ackerboden gesegnete Ukraine geschnappt. Und sich an diesem dollen Brocken verhoben. Die an der Ostfront nach dem »Sieg-« oder »Diktatfrieden« von Brest-Litowsk nicht mehr benötigen Soldatenmassen sollten eigentlich umgehend an die Westfront verlegt werden, um dort dem alliierten Ansturm etwas entgegenzusetzen. Stattdessen wurden diese Soldaten benötigt, um die Deutschland unverhofft in den Schoß gefallene riesige Beute, die knapp siebenhunderttausend Quadratkilometer große Ukraine zu besetzen und auszubeuten.

Er selbst hatte im Vorfeld der deutschen »Revolution« 1918 alles in seiner Macht Stehende für den Sieg der Linken getan. Er beteiligte sich 1917 am frischgegründeten Kieler Arbeiter- und Matrosenrat. Anfang 1918 wurde er Redakteur der Hamburger Volkszeitung, einer Publikation der Unabhängige Sozialdemokratische Partei Deutschlands (USPD). 1919 trat er der gerade aus der Taufe gehobenen Kommunistischen Partei Deutschlands (KPD) bei. Und folgte seinem Doktorvater Gerlach, der an die TH Aachen berufen worden war, ins deutsch-belgische Grenzgebiet. Hier leitete er Studienzirkel zu Werken von Marx, Engels und Lenin.

Seine Anstellung an der TH verlor er 1920 wegen der Teilnahme an bewaffneten Gegenaktionen zum Kapp-Putsch. Um sich weiterzubilden, arbeitete er mehrere Monate als Bergmann im Kohlerevier von Aachen. Die

Politik vernachlässigte er dabei nicht. Er unterstützte die Gründung von Betriebsgruppen und organisierte Fluchtrouten für bedrohte KPD-Mitglieder. Schon bald wurde er als »Unruhestifter« aus dem Rheinland ausgewiesen. Er ging nach Remscheid und unterstützte die Redaktion der KPD-Zeitung Bergische Arbeiterstimme. 1921 nahm er als Delegierter am 2. Parteitag der KPD in Jena teil.

Im gleichen Jahr heiratete er Christiane Gerlach. 1922 zog er mit ihr nach Frankfurt am Main. Das führte nicht etwa zu Krach mit seinem schwerkranken Doktorvater. Der hatte nichts gegen die Verbindung seiner Ex-Frau mit seinem Assistenten und beschäftigte ihn bis zu seinem frühen Tod. Mit Gerlach traten er und Christiane der Gesellschaft für Sozialforschung bei, dem Förderverein des geplanten Instituts für Sozialforschung, gegründet und finanziert von Felix Weil, dem Sohn des deutsch-argentinischen Getreide-Oligarchen Hermann Weil.

Neben seiner Arbeit als Gerlachs Assistent schrieb er sein erstes Buch mit dem Titel »Rosa Luxemburgs Akkumulation des Kapitals«. Ende 1922 nahm er an der Ersten Marxistischen Arbeitswoche in Ilmenau teil. Er organisierte im Folgejahr die Marxistische Arbeitswoche zu Pfingsten in Geraberg bei Arnstadt, an der die gesamte linke Prominenz teilnahm. Felix Weil, Karl Korsch, Georg Lukács, Friedrich Pollock, Karl August Wittfogel, Julian Gumperz und viele andere. Er war bis 1924 einer der beiden Hauptassistenten des Instituts, Christiane nutzte die Zeit, um 1922 am Institut zu promovieren. In ihrer Doktorarbeit beschäftigte sie sich mit Leo Tolstoi als Sozialarbeiter.

Während der letzten Aufstandsversuche des Jahres 1923 fungierte er konspirativ als Kurier der KPD zwischen der Zentrale in Frankfurt/Main und den Aufständischen in

Sachsen, Thüringen und Hamburg. Im Herbst 1923 begleitete er den damaligen Vorsitzenden der KPD, Ernst Thälmann, auf der Flucht, als Assistent und Leibwächter. Es gelang ihm dazu noch, die Parteikasse und die aktuelle Mitgliederliste in Sicherheit zu bringen.

Beim nächsten KPD-Parteitag 1924 in Offenbach/ Frankfurt war er für die Betreuung der Vertreter des Exekutivkomitees der Kommunistischen Internationale (EKKI/Komintern) zuständig. Das war der wichtige erste Kontakt zum Moskauer Komintern-Büro.

So war es keine Überraschung, dass er Ende 1924 das Angebot erhielt, in der Komintern-Zentrale in Moskau anzufangen. Er war damals neunundzwanzig Jahre alt und bereit für neue Abenteuer. So zog er mit Christiane nach Moskau, zunächst ins *Hotel Lux*, später in eine eigene Wohnung.

Während er in Sachen Komintern unterwegs war, arbeitete Christiane bis 1926 als Lehrkraft am Marx-Engels-Institut in Moskau. Doch sie spürte immer stärker, dass sich ihre beiden Lebenswege auseinanderentwickelten. Daher kündigte sie schließlich ihre Anstellung und kehrte nach Deutschland zurück, wo sie Berlin als Wohnort wählte. 1933 entkam sie gerade noch rechtzeitig den Nazi-Häschern und wanderte in die USA aus. Soweit er wusste, arbeitete sie dort jetzt als Lehrerin an einer Waldorf-Schule.

1925. Ein wichtiges Jahr. Ein echter Einschnitt. Er war dreißig Jahre alt, lebte in Moskau und erhielt, nach der üblichen Wartezeit als Kandidat, die volle Mitgliedschaft in der Kommunistische Partei der Sowjetunion (KPdSU). Seine Arbeit in der Informationsabteilung der Komintern machte ihm Spaß. Er konnte auf seine journalistischen Erfahrungen zurückgreifen und verfasste am laufenden

Band Presseartikel zu allen möglichen Fragen der Wirtschaft und Politik der Sowjetunion. Außerdem unterstützte er die einzelnen Ländersektionen der Komintern, sei es in der Organisation, sei es mit schnell und schmissig getexteten Publikationen.

Dienstreisen in viele Länder schlossen sich an. Sie dienten der Analyse der sozialen Gegebenheiten vor Ort und der Kontaktaufnahme mit kommunistischen Organisationen. Solche Reisen führten ihn nach Dänemark und Schweden, später auch erstmals nach China. Hier kam er nicht nur seiner Aufgabe nach, Aktivitäten in- und ausländischer Kräfte zu beobachten. Er stellte mit Staunen fest, dass er dabei war, sich in Asien, in die Landschaft, die Menschen, die Lebensart zu verlieben. Schon nach kurzer Zeit stand für ihn fest, alles daranzusetzen, hier der Partei zu dienen.

Doch zunächst ging es zurück nach Moskau. Dort wurde er 1926 Vorsitzender des Klubs der Deutschen Kommunisten. Nebenbei verfasste er ganze Bücher. Im Rückblick scheint es ihm manchmal unbegreiflich, wo er die Zeit dazu hernahm, bei einem ohnehin ausgefüllten Terminkalender. 1928 publizierte er unter dem Pseudonym R. Sonter eine warnende Analyse bedenklicher Tendenzen in der deutschen Wirtschaft und Politik unter dem Titel »Der neue deutsche Imperialismus«. Im selben Jahr nahm er am VI. Weltkongress der Kommunistischen Internationale teil.

Als wären das noch nicht Abenteuer genug für ein ganzes Leben – einen Weltkrieg überlebt und an verschiedenen Revolutionsversuchen mitgewirkt zu haben, schließlich in der Metropole des Kommunismus gelandet zu sein –, kam dann eine weitere, die entscheidende, seine Zukunft bestimmende Wende, die ihn letztlich hierher in die Todeszelle führte. Der Chef der Hauptverwaltung für Aufklärung der Roten Armee (GRU), Jan Bersin, ludt ihn zu einem Treffen ein, erzählte ihm, dass man ihn längere Zeit sehr genau beobachtet habe. Und? Man sei sehr angetan von ihm, seinem Engagement, seiner Energie, seiner Fähigkeit, in kniffligen Situationen schnell und zielführend zu entscheiden. Daher habe man eine neue Aufgabe für ihn. »Welche soll das sein?«, wollte er wissen. »Kundschafter im Auslandseinsatz«, kam als Antwort. Er war einen Moment verblüfft. Dann ergriff er die ausgestreckte Hand und willigte begeistert ein. Begeistert über die Möglichkeiten, die sich plötzlich vor seinem inneren Auge auftun. Da ist sie: die Chance. Die Chance, seinem Leben endlich wieder die nötige Oktanzahl zu verleihen. Höheres Tempo. Höheres Risiko. Höhere Einsätze. Höherer Gewinn.

Als altem Soldaten war ihm die GRU sympathisch. Gleich sein erster Auftrag führte ihn in sein neues Traumland. Nach China. Hier war eine brisante Mischung von gegensätzlichsten Kräften entstanden. Zum einen war da die chinesische Armee, unterstellt der rechtsextremen Kuomintang-Regierung unter Diktator Tschiang Kai-schek. Die Armee wurde von zahlreichen deutschen Militärberatern unterstützt. Ihr standen japanische Armee-Einheiten gegenüber, die die Invasion Chinas vorbereiteten. In Shanghai war aber auch gleichzeitig die Kommunistische Partei (KP) Chinas gegründet worden, die sich gegen die beiden anderen Kriegsparteien, die Kuomingtang und die Japaner, zur Wehr setzen musste. Weil beide ihre Todfeinde waren. Weil beide die Todesstrafe auf alle Kommunisten ausgesetzt hatten. Wer verhaftet wurde, war ein toter Mann.

Umso wichtiger war eine gute Tarnung. Er hatte auf einer Bewerbungsreise durch Berliner Zeitungsredaktionen und Institutionen zwei Auftraggeber gewinnen können, die ihn als künftigen China-Korrespondenten unter Vertrag nahmen. Und das auch noch gerne, weil er nur geringe Entlohnung verlangte. Dank seiner solventen Familie sei er auf solche Petitessen nicht angewiesen, hatte er auf ungläubige Nachfragen geantwortet. So kam es, dass er Ende 1929 nach Shanghai umziehen konnte: getarnt als Korrespondent der *Deutschen Getreide-Zeitung* und als Beauftragter der Deutsch-Chinesischen Gesellschaft in Berlin.

Die GRU, oder besser gesagt: Bersin sorgte für die nötige Unterstützung. Denn er sollte ja nicht nur Augen und Ohren offenhalten. Er sollte alle angefallenen Erkenntnisse und Informationen, die für die Sowjetunion von Wert sein könnten, dorthin übermitteln. Und zwar auf geheimen, anonymen, abgesicherten Kommunikationswegen. Er selber war kein Funker, kannte das Morsealphabet nicht. Doch das war auch nicht nötig. In den sowjetischen Diensten herrschte eine strenge Aufgabenteilung: Die Kundschafter waren dazu da, Informationen zu beschaffen. Die Informationsübermittlung oblag anderen.

Zu diesen anderen gehörte beispielsweise der kurze Zeit später in Shanghai eintreffende Funker Max Christiansen-Clausen. Seebär Christiansen-Clausen, genannt CC, hatte sein bisheriges Leben am Morseapparat verbracht und schaffte es, eine rekordverdächtige Zahl von Wortgruppen pro Minute per Morsetaste in den Äther zu hacken. Der japanische Journalist Ozaki Hotsumi gehörte ebenfalls zu dem ihm an die Seite gestellten Unterstützerkreis. Er sollte gerade in der letzten Phase der Tätigkeit, in Tokio, von entscheidender Wichtigkeit sein. Im Guten wie im Bösen. Und dann war da noch die kesse Berlinerin, ganz selbstbewusste Göre, mit kleinem Kind und Architektenmann.

Familie Hamburger stand auf dem Klingelschild des kleinen Vororthäuschens in Shanghai, das bald schon für illegale Treffen genutzt wurde und zur Zwischenlagerung von Waffen und Sprengstoff diente.

Die Göre teilte sein Faible für hohe Geschwindigkeiten. Je schneller, je besser. Dem Rausch der Geschwindigkeit kam kaum etwas gleich. Oft nahm er sie mit als Sozia, auf dem Rücksitz. Dann saß sie, eng an ihn geklammert, während er die Maschine Richtung Höchstgeschwindigkeit trieb. Ihm vertrauend, ihm ihr Leben in die Hand gebend, wenn sie mit über hundert Sachen über chinesische Feldwege fegten. Diese Ursel, eigentlich Ursula genannt, trug den Decknamen »Sonja«. Und stammte, wie er bald herausfand, aus der bekannten Berliner Akademikerfamilie Kuczynski. Großbürger und links, Millionär und Revolutionär: Das war für diese Menschen kein Widerspruch.

Während der gemeinsamen Zeit in Shanghai war sie ihm eine gute Kameradin. In mehr als einer Hinsicht. Das mit der Ehe nahm sie nicht so genau. Die bürgerlichen Konventionen fand sie nur lächerlich. Sie war ein Mensch nach seinem Geschmack. Seine verlorene andere Hälfte, hätte er manchmal fast geglaubt. Wenn sein grundlegender Skeptizismus nicht stärker gewesen wäre.

Ihm war klar, dass für die Sowjetunion vieles von der Genauigkeit und Zuverlässigkeit der von ihm beschafften Informationen abhing. Das Bedrohungspotenzial des japanischen Imperialismus wie der unberechenbaren chinesischen Regierung unter dem rechtsradikalen Diktator Tschiang Kai-schek war erheblich. Die Sowjetunion war zu diesem Zeitpunkt noch mit den Nachwirkungen des Bürgerkriegs beschäftigt und erst dabei, die Rote Armee neu aufzustellen und zu professionalisieren. Zu allem Überfluss hatte die Sowjetunion 1924 einen Beistandsvertrag mit China abgeschlossen, der sie zur Unterstützung der Kuomintang-Regierung verpflichtete.

Drei Jahre dauerten die wunderbaren Tage von Shanghai. Jeder einzelne von ihnen ein Genuss, ein Hochgenuss, eine Freude und ein Fest. Selbst im größten Stress, in der größten Gefahr. Und Gefahren gab es reichlich. Denn im China der Dreißigerjahre bedurfte es nicht viel, um das Leben zu verlieren.

1933 kam das vorläufige Ende. Die Trennung von Shanghai, von Asien, von Ursel, von seinen Mitstreitern. Er kehrte nach Moskau zurück und arbeitete nun in der GRU-Zentrale. Bei einer der abendlichen Kneipentouren in Moskau stieß er auf die schöne Katja. Und die erlag schnell seinem unwiderstehlichen Charme, einem Charme, in dem sich Kosmopolitismus und Weltläufigkeit mit einem Faible für Östliches verband. Insgesamt eine umwerfende Mischung. Auch für Katjuscha, oder einfach »die Maximowa«, wie er sie im Scherz anredete. Schon nach kurzer Zeit heirateten sie.

Doch das junge Glück mit der begabten Schauspielschülerin war nicht von Dauer. Schon wartete der nächste Auftrag. Dafür musste er zunächst nach Deutschland gehen und sich dort als geläuterter Kommunist und beinharter Nazi ausgeben. Doch zu welchem Zweck? Einmal mehr bedurfte er einer glaubhaften Tarnung. Denn es gab einen neuen Geheimauftrag. Zielort war die japanische Hauptstadt Tokio. Also mitten hinein ins Zentrum des extrem gewalttätigen und extrem brutalen japanischen Imperialismus. Er sorgte besser für eine hieb- und stichfeste »Legendierung«. Und er bekam, was er wollte: Einen offiziellen Korrespondentenvertrag einer namhaften deutschen Zeitung, in diesem Fall der führenden Wirtschaftszeitung, dem *Deutschen Börsenkurier*.

In Tokio sollte er für die GRU Informationen aus höchsten politischen und militärischen Kreisen beschaffen. Um so die offiziellen wie die geheimen Absichten des permanent auf Expansion ausgerichteten japanischen Imperialismus aus nächster Nähe in Erfahrung zu bringen. Speziell die gegen die Sowjetunion gerichteten Absichten. Denn offenbar existierten dort schon seit geraumer Zeit Überlegungen, in Sibirien einzumarschieren und dort eine japanische Kolonie einzurichten. Seit 1933 hatte sich Japan zudem dem nationalsozialistischen Deutschland angenähert und fungierte nun als Bündnispartner der faschistischen Achse Berlin – Rom – Tokio.

Im September 1933 kam er in Yokohama an und führte seinen Auftrag aus, ein Netzwerk aus Informanten aufzubauen, das bis in höchste japanische Regierungskreise und militärstrategische Bereiche vordrang. Um seine Tarnung zu verbessern, hatte er sogar die Mitgliedschaft in der Nationalsozialistische Deutsche Arbeiterpartei (NSDAP) beantragt. Und erhielt sie 1934!

Neben der japanischen Regierung gab es einen zweiten Hauptangriffspunkt in Tokio: das Personal der deutschen Botschaft. Er kundschaftete deren Lieblingsrestaurants und Bars aus, gab sich dort als freigiebiger Bewirter, und schon waren die ersten wichtigen Kontakte geknüpft. Es verblüffte ihn immer wieder, wie einfach das letztlich war.

Hilfreich war natürlich auch, dass seine fundierten, wie immer in einem geschmeidigen Deutsch verfassten Artikel in Deutschland, wo man kaum über zuverlässige Quellen in der japanischen Hauptstadt verfügte, auffielen. So dass sich bald auch andere deutsche Publikationen seine Dienste sichern wollten. Seine Tarnung entwickelte sich fast zu einem Selbstläufer. Es war wirklich verrückt, denn die führenden Blätter der NS-Zeit, wie die *Frankfurter*

Zeitung, *Der Deutsche Volkswirt*, die *Zeitschrift für Politik*, die *Zeitschrift für Geopolitik* und sogar die offizielle Armeezeitschrift *Die Wehrmacht* wollten nun von ihm mit erstklassigem Material aus erster Hand versorgt werden.

Offiziell zur Themenrecherche, tatsächlich um Aufträge aus Moskau abzuarbeiten, unternahm er zahlreiche Reisen, etwa in die Mandschurei und die Mongolei. Nachdem der erste Funker sich als wenig hilfreich erwiesen hatte, bekam er endlich Ende 1935 wieder seinen »Leib- und Magenfunker« Max Christiansen-Clausen zugeteilt. Auch sein journalistischer Helfer und Kollege aus Shanghai, Ozaki Hotsumi, wurde ihm angesichts der immer umfangreicheren Rechercheaufträge erneut zur Seite gestellt. Zu dritt bildeten sie eine eigene Kundschaftergruppe mit dem Decknamen »Ramsay«.

Hotsumi brachte neuen Schwung in den Laden. Denn als geborener Tokioter, der familiär über beste Verbindungen in höchste japanische Regierungskreise verfügte, standen ihm ganz andere Türen offen als ihm selbst, trotz mittlerweile fließender Japanisch-Kenntnisse und einer weitestmöglichen Assimilierung. Der Grad an Vertrautheit, den ein Japaner bereit war, einem Ausländer entgegenzubringen, unterschied sich ganz einfach von dem, den er einem japanischen Landsmann aus bester Familie entgegenbrachte.

Ozaki war ungemein erfolgreich. Er tarnte sich als knochenkonservativer, erzreaktionärer Japaner der alten Schule und konnte dadurch sogar Kontakt zum japanischen Premier Konoe Fumimaro persönlich herstellen. Ein erster Höhepunkt seiner Kundschaftertätigkeit ergab sich im Jahr 1936. Gleich im Februar kam es in Tokio zu einem Militärputsch, der allerdings nach wenigen Tagen zusammenbrach. Der Vorgang an sich, ein Militärputsch in Japan, war umso ungewöhnlicher, als Japan aus der Sicht westlicher Beobachter als hermetischer Block galt, als ein Land, in dem die gemeinsamen Überzeugungen, von der Größe Japans bis zur gottähnlichen Stellung seines obersten Monarchen, des Tenno, dafür sorgten, dass es so gut wie nie zu Fraktionskämpfen grundsätzlicher Art kam. Ein Militärputsch in Japan: Das war für westliche Beobachter ungefähr so wahrscheinlich wie ein Wolkenbruch in der Wüste.

Was war die Folge? In Europa wie in Amerika herrschte zunächst tiefe Ratlosigkeit, was von diesem Vorgang zu halten war. Wer waren die Hintermänner, welche Bedrohung ging von ihnen aus? War es denkbar, dass die Politik des Landes eine ganz andere Richtung nehmen könnte? Fragen auf die es kaum Antworten gab.

Er machte sich umgehend mit Hozumi an die Arbeit. Im Prinzip ganz normale journalistische Recherchen. Nur, dass sie die erlangten Erkenntnisse unterschiedlich interpretierten, je nachdem, ob ein Bericht für eine Berliner Zeitung, für die deutsche Botschaft oder für Moskau zu verfassen war. Bis zu diesem Zeitpunkt hatte er bei seinem zweiten Angriffspunkt in Tokio – der deutschen Botschaft – nicht viel mehr erreicht, als oberflächliche Kontakte in die verschiedenen Botschaftsbereiche zu knüpfen. Immerhin hatte er einen persönlichen Draht zum Militärattaché der Botschaft aufgebaut. Eugen Ott, ein kleiner, untersetzter Schwabe, besaß den Drang, sich in den Mittelpunkt zu stellen, und hatte eine Ehefrau an seiner Seite, die einen Kopf größer als ihr Mann und ganz offensichtlich, das verriet ihm seine Erfahrung, außerehelichen Abenteuern nicht abgeneigt war.

Damit war das Terrain optimal bestellt, um endlich wichtige Durchbrüche im Hinblick auf die Botschaft zu erzielen. Denn die Botschaft wurde – wie ihm Ott immer wieder klagte – aus Berlin mit Anfragen bombardiert zu Hintergründen und Auswirkungen des Militärputsches. Doch Ott wie auch die übrigen Botschaftsspitzen verfügten über keine Kontakte in Tokio, über die sie schnell Antworten auf diese vielen Fragen hätten beschaffen können.

In einer Mischung aus »Doofheit« und westlichem Überlegenheitsdünkel hatte man sich in Tokio gemütlich eingerichtet, aber so gut wie keine belastbaren Verbindungen zur japanischen Spitzenpolitik, zur Regierung und den an ihr beteiligten Parteien, zum Militär aufgebaut. Die deutsche Regierung in Berlin, sprich Hitler und seine Spießgesellen, trieb die Sorge um, dass ihr fernöstlicher Verbündeter Japan von der Fahne gehen könnte, dass die frisch geschmiedete »Achse« Berlin – Rom – Tokio bald ihrer asiatischen Komponente verlustig gehen könnte.

Er musste lächeln bei dem Gedanken an die damalige Aufregung in der völlig ratlosen Botschaft. Ihm war schnell klar gewesen, dass sich ihm eine große Chance bot. Mit Hozumis Hilfe und den inzwischen angebahnten Kontakten zu Regierung und Militär in Tokio waren sie schnell in der Lage, eine umfassende Analyse zu Ursachen und Folgen dieses Putschversuchs zu liefern. Denn er las die japanischen Zeitungen und Wochenblätter im Original. Im Gegensatz zu den übrigen in Tokio anwesenden westlichen Korrespondenten.

Er stellte für die Botschaft einen perfekten Abriss der Ereignisse, der beteiligten Persönlichkeiten und der konkreten wie künftig zu erwartenden Folgen des Geschehens zusammen. Ott war zu Tränen gerührt, als er ihm das Konvolut überreichte. Denn mittlerweile war Berlin äußerst ungehalten über die Unfähigkeit des Botschaftspersonals, mit Fakten zum Geschehen zu dienen. Ott sandte den Bericht umgehend ohne die kleinste Änderung in die Reichshauptstadt – und wurde dafür wenige Tage später höchlichst gelobt, wie er ihm verschämt mitteilte.

Da ihm im Laufe der Jahre die Sitten und Gebräuchen in Asien immer vertrauter geworden waren, hatte sich ihm das Geschehen schnell erschlossen. Es handelte sich bei dem Putschversuch um den klassischen Gegensatz zwischen »Westlern« und »Ostlern«, wie er in vielen Ländern Asiens von Zeit zu Zeit auftrat. Traditionalisten standen gegen Vertreter einer wie auch immer gearteten »Moderne«. In diesem Fall waren zahlreiche hohe, westlich orientierte und ältere Offiziere der japanischen Armee bei handstreichartigen Überfällen ermordet worden. Ziel der ebenso traditionalistischen wie jugendlichen Putschisten war es, eine spirituelle, an mittelalterlichen Idealen orientierte Militärdiktatur unter der Führung des Tenno zu errichten. Und genau das schlugen sie dem Tenno untertänigst vor. Doch der befand sie einer Antwort nicht für würdig. Sein engster Beraterzirkel machte ihm schnell klar, dass nur die weitere Modernisierung der Armee und der Wirtschaft nach westlichen Prinzipien das Reich der aufgehenden Sonne in die Lage versetzen würde, die geplanten umfassenden Eroberungskriege erfolgreich durchzuführen. Und am Ende ein japanisch dominiertes Riesenreich zu errichten, in dem die Sonne nicht untergehen würde. Mit einer unerfahrenen Truppe jugendlicher Spinner wäre das nicht möglich.

Während die Putschisten also noch auf eine Antwort des obersten Monarchen warteten, wurden sie schon von regierungstreuen Armee-Einheiten umstellt, verhaftet und nach kurzem Prozess hingerichtet. Damit war der Putschversuch beendet.

Der deutsche Außenminister Joachim von Ribbentrop verhandelte zu diesem Zeitpunkt mit Japan den gegen die Sowjetunion gerichteten sogenannten Anti-Komintern-Pakt. Und war natürlich ebenfalls hocherfreut, dass, dem Botschaftsbericht zufolge, trotz Putschversuch keine dramatische Änderung der japanischen Politik zu erwarten war.

»Otts« Bericht landete auch auf dem Schreibtisch von General Georg Thomas, Chef der Amtsgruppe Wehrwirtschaft im deutschen Wirtschaftsministerium. Dieser erteilte Ott umgehend den Auftrag, eine weitere Spezialstudie über die Meuterei für seine Abteilung anzufertigen. Nun verfiel Ott auf eine ihm genial erscheinende Idee: Wozu selbst immer von Pontius zu Pilatus laufen, um irgendwelche Informationen zu erhalten? Er schlug dem versierten Schreiber Dr. Richard Sorge vor, ein eigenes Büro in der Botschaft zu beziehen, gleich neben Otts Büro gelegen, und dort jeden Tag den benötigten Lagebericht für Berlin abzufassen. Auch den Auftrag von General Thomas reichte er kurzerhand weiter. Und die Spezialstudie fiel so überzeugend aus, dass sie sogar in der nationalsozialistischen *Zeitschrift für Geopolitik* abgedruckt wurde.

Ott sorgte auch dafür, dass er einen Dienstausweis der Botschaft erhielt und damit die Botschaft Tag und Nacht betreten konnte, wann immer es ihm beliebte. Das war natürlich für die Suche nach und die Vervielfältigung von geheimen Akten, die in Otts Zimmer offen herumlagen, überaus hilfreich.

In Moskau war man ebenfalls hocherfreut über die detaillierten, etwas anders zugespitzten Berichte aus dem Inneren der japanischen Regierung, des japanischen Militärs, aber auch über die deutsch-japanische Zusammenarbeit. Dafür war er jetzt in einer unvergleichlichen, absolut aberwitzig erscheinenden Position angelangt, nämlich als engster Vertrauter des in Tokio unter Einsamkeit leidenden deutschen Militärattachés Ott. Der konnte sich nun statt der ihm so schwerfallenden Arbeit an Berichten wieder seinen Hobbys widmen: dem Tennisspiel und der Organisation von Ausflügen für seine sich schnell langweilende Gattin.

Auch ihr näherte er sich an, was schnell im Ott'schen Ehebett endete. Der Militärattaché litt offenbar zu allem Übel auch noch unter einer chronischen Impotenz, so dass die Gattin die erotischen Künste des erfahrenen Liebhabers, der nun die Stelle ihres Ehemanns in ihrem Bett eingenommen hatte, sehr zu schätzen wusste. Sie fraß ihm binnen kurzem aus der Hand, nannte ihn nur noch bei dem ihr in einem schwachen Moment verratenen Spitznamen aus Kindheitstagen: »Ika«. Und wurde zu einem weiteren Mitglied der Truppe aktueller oder ehemaliger Geliebter des Frauenverschleißers, die von Freunden nur die »Ikarettes« genannt wurde.

Nach Moskau schickte er die Namen der Betreiber des Anti-Komintern-Pakts. Dabei handelte es sich um Außenminister Ribbentrop, »Abwehr«-Chef Wilhelm Franz Canaris, den deutschfreundlichen japanischen General Ōshima Hiroshi sowie den Militärattaché der japanischen Botschaft in Berlin. Auch Teile der geheimen militärischen Zusatzprotokolle konnte er nach Moskau weiterleiten, speziell jene über die militärische Stoßrichtung des Pakts gegen die UdSSR.

Als das geschafft war, ging er erneut auf Reisen. Journalistische Recherchen und weitere Aufträge aus Moskau bestimmten die Reiseziele. Es ging wieder einmal nach China, in die Innere Mongolei, nach Südchina, die Philippinen und die USA. 1937 berichtete er detailliert über den zweiten Japanisch-Chinesischen Krieg und die Kampfhandlungen Japans im mongolischen Grenzbereich.

Entscheidend für die Zukunft der Sowjetunion waren Meldungen, die er im Sommer 1939 nach Moskau schickte. Er hatte Details und Zeitpläne des geplanten japanischen Überfalls auf die mit Moskau verbündete Mongolei in Erfahrung bringen können. Nach einem ersten, für die Rote Armee erfolgreichen Scharmützel im Sommer 1938 sollte diesmal ein massiver japanischer Truppenaufmarsch der sogenannten Mandschukuo-Armee (die 6. Japanische Armee) den Sieg über den kommunistischen Gegner garantieren. Auslöser des Konflikts waren Streitigkeiten zwischen der Sowjetunion und Japan über einen nur wenige Quadratkilometer großen Grenzstreifen. Doch der eigentliche Anlass war völlig nebensächlich, denn es ging den Japanern darum, den sowjetischen Truppen »eine Lehre zu erteilen«, ihnen mit einer umfassenden Niederlage die Lust am Weiterkämpfen gegen die kaiserlich-japanische Armee zu nehmen.

Dank der vorab erhaltenen Informationen und der perfektionierten sowjetischen Luftaufklärung gelang es einem damals noch relativ unbekannten sowjetischen General namens Georgi Schukow, der knapp zwei Jahre später zu einem der wichtigsten Kommandeure der Sowjetunion im Kampf gegen Nazi-Deutschland avancierte, den japanischen Truppen eine vernichtende Niederlage beizubringen. Seitens der Roten Armee spielte eine massive Artillerievorbereitung beim Kampf um den Sieg eine entscheidende Rolle.

Der sowjetische Sieg war umfassend. Japan musste im August 1939 einen Waffenstillstandsvertrag mit der Sowjetunion unterzeichnen. Und verlor für die restliche Zeit des Krieges die Lust an einem Angriff auf die Sowjetunion. Er konnte jetzt eine weitere, entscheidende Information nach Moskau funken lassen: dass Japan nach dieser Niederlage keine Revanche mehr suchen würden, dass also die Mongolei und der fernöstliche Teil der Sowjetunion somit kein Angriffsziel mehr für Tokio waren. Die japanischen Streitkräfte suchten stattdessen nun ihr Heil in einer Offensive nach Süden, Richtung der rohstoffreichen französischen, britischen und niederländischen Kolonien im Pazifikraum, die aus japanischer Sicht angesichts der Spannungen in Europa als kaum verteidigtes leichtes Angriffsziel galten.

Die über Europa liegenden Spannungen, die von Deutschland ausgingen, entluden sich am 1. September 1939 mit dem deutschen Überfall auf Polen. Der inzwischen zum deutschen Botschafter in Tokio avancierte Ott beauftragte umgehend seinen Hausautor damit, das Kriegstagebuch der Botschaft zu führen und künftig auch das tägliche Pressebulletin herauszugeben.

Damit bekam er – noch enger in die Interna der Botschaft und des Informationsaustauschs mit dem deutschen Außenministerium einbezogen – noch besseren Zugang zu geheimsten deutschen Informationen. Zunächst musste er jedoch Erfolgsmeldungen im Auftrag der Botschaft publizieren. Die Erfolgsmeldungen des deutschen militärischen Siegeszugs durch halb Europa: von Polen über Dänemark, Norwegen, Griechenland, Holland, Belgien und schließlich sogar den »Erbfeind« Frankreich.

Im Herbst 1940 trat eine Pause im permanenten deutschen Blitzkrieg ein, da die geplante Landung in Großbritannien immer wieder verschoben wurde. Einmal aus Wettergründen, dann weil Hitler im letzten Augenblick der Mut verließ, einmal weil Hitler sich Chancen ausrechnete, mit den Briten zu einem Verhandlungsfrieden zu kommen. Aus Sicht des »Hausautors« der deutschen Botschaft verdichteten sich nun jedoch alarmierende Anzeichen für den nächsten großen Schlag. Es ging um nichts weniger als einen Überfall auf die Sowjetunion.

Er konnte es zunächst kaum glauben. Zu aberwitzig erschien ihm die Idee, dass das kleine Deutschland die riesige, unermessliche Sowjetunion mit ihrem weit überlegenen Rohstoff-, Raum- und Bevölkerungspotenzial anzugreifen planen könne. Doch die Hinweise von allen möglichen Seiten – von Ott, vom Nachfolger Otts als Militärattaché und auch von japanischen Quellen – verdichteten sich. Offenbar fühlte sich Deutschland, fühlten sich Hitler und seine Generäle, angesichts des unaufhörlichen Siegeszugs der Wehrmacht durch halb Europa so unendlich weit überlegen. Gleichzeitig schätzten sie das politische System der Sowjetunion als quasi vor dem Zusammenbruch stehend ein. Hitler hatte angeblich gesagt, beim ersten festen Tritt werde dieses Kartenhaus umgehend zusammenstürzen, und in drei Wochen sei der Feldzug gegen die Sowjetunion vorbei. Dafür verbürge er sich.

»Ika« wusste es besser. Er wusste als umfassend gebildeter Wirtschaftswissenschaftler, dass die Sowjetunion mehr als sechsunddreißigmal größer war als Deutschland, mit einer mehr als doppelt so großen Bevölkerung und dem fast schon unbegrenzten Rohstoffreichtum des Riesenreichs. Deutschland war (und ist) demgegenüber ein ausgesprochenes Rohstoffmangelland.

Bald schon kristallisierte sich ganz konkret heraus, dass die deutsche Militärführung um Hitler plante, Moskau im Frühjahr 1941 anzugreifen. Alles, was er dazu an Informationen bekommen konnte, gab er umgehend nach Moskau durch. Er wusste allerdings genau, dass alle diese Informationen, die aus den verschiedensten Quellen einliefen, gesammelt und ausgewertet wurden. Man würde sich also in Moskau selbstverständlich nicht nur auf seine Meldung verlassen, sondern warten, ob andere Quellen das bestätigten.

Dabei gab es noch ein grundlegendes Problem für die sowjetische Führung um Stalin, wie er genau wusste: Frankreich und Großbritannien waren gerade dabei, ein perfides taktisches Spiel aufzuziehen. Sie versuchten, mit einer Fülle von alarmistischen Falschmeldungen Stalin dazu zu bringen, seinerseits den Krieg gegen Deutschland zu beginnen. Der Vorteil für die beiden alliierten Länder, für Briten und Franzosen: In diesem Fall könnten sie quasi aus der Loge dabei zuschauen, wie sich ihre beiden größten außenpolitischen Konkurrenten und Widersacher gegenseitig an die Gurgel gingen.

Genau in diese Falle wollte Stalin nicht tappen. Ihm ging es darum, die Sowjetunion – deren Rüstungsmodernisierung noch in vollem Gange, aber bei weitem nicht abgeschlossen war – so lange wie möglich aus dem Kriegsgeschehen in Europa herauszuhalten. Daher wurden die Meldungen von Sorge und Co. sehr genau und mit hohem Zeitaufwand daraufhin überprüft, ob es sich möglicherweise um Falschmeldungen handelte, die den sowjetischen Kundschaftern gezielt von britischen und/oder französischen Agenten untergejubelt worden waren.

Doch Richard war sich seiner Sache völlig sicher. Seine Informationen kamen von allerhöchster Stelle, aus dem Innersten des seit 1933 in alle Eile hochgerüsteten deutschen Militärapparats. Wie sollte es Briten oder Franzosen möglich sein, hier dazwischenzufunken? Das schien ihm ausgeschlossen. Im März 1941 übermittelte er weitere operative und taktische Details der deutschen Kriegsvorbereitungen gegen die Sowjetunion nach Moskau.

Stalin gab nun Befehl, erste Vorbereitungen für die Verteidigung der UdSSR gegen einen möglichen deutschen Angriff einzuleiten. Doch der sowjetische Staats- und Parteichef scheute vor einer umfassenden Massenmobilisierung zurück, die Deutschland aus Stalins Blickwinkel als Vorwand benutzen könnte, um seinerseits loszuschlagen. Stalin wollte Deutschland keinen Angriffsgrund liefern. Genauso wenig ließ er sich von Teilen seiner Generalität um Schukow dazu bringen, präventiv gegen Deutschland vorzugehen.

Schukow und einige seiner Mitstreiter hielten es jedoch für die einzige Möglichkeit der mitten in umfassenden, defensiven Umgruppierungen begriffenen Sowjetunion, die Auseinandersetzung mit dem hochgerüsteten Deutschland und seinen europäischen Verbündeten von Finnland bis Italien aus einer Position der Stärke heraus zu führen: Sie wollten einen massiven Militärschlag gegen das Herz der deutschen Angriffsvorbereitungen führen, von drei Seiten aus mit jedem verfügbaren Panzer und unter dem Schutz jedes verfügbaren Flugzeugs der Roten Armee. Stalin lehnte dies ab. Der Kreml-Chef wollte nicht als der Verursacher des Krieges zwischen Deutschland und der Sowjetunion in die Geschichtsbücher eingehen. Diese Rolle wollte er Hitler überlassen, wenn es denn so sein sollte.

Ein Teil von Stalins Beratern hielt es immer noch für möglich, dass Hitler nur eine Drohkulisse aufbaute, mit dem von sowjetischer Seite natürlich genau beobachteten Massenaufmarsch von fast vier Millionen Soldaten (Wehrmacht und Verbündete) an der gesamten, über zweitausend Kilometer langen, gemeinsamen Grenze: von

Finnland im Norden bis hinunter nach Rumänien im Süden. Und dass Hitler in letzter Minute über Verhandlungen die für ihn vorteilhafteste Vereinbarung herauszuholen versuchen würde.

Richard stimmte dabei mit Stalin grundsätzlich überein. Es war einfach nicht zu fassen, dass Hitler so wahnsinnig sein sollte, die Sowjetunion tatsächlich anzugreifen. Und sich damit eine garantierte Niederlage einzuhandeln. Wie seine berühmten Vorgänger vom Schwedenkönig bis Napoleon. Der kleine Patzer Mitte des neunzehnten Jahrhunderts im Krimkrieg war zwar ärgerlich, hatte Russland aber letztlich sogar Vorteile gebracht, die nicht zuletzt in die umfassende Modernisierung des Landes mündeten.

Stalin wollte auch nicht glauben, dass die deutschen Statistiker nicht in der Lage sein sollten, die einfachsten Vergleichsberechnungen (Menge der Mobilisierungsreserven, Menge der Bevölkerungsreserven, Menge der Rohstoffreserven und so weiter) anzustellen, und schon aus diesem Grund von einem letztlich aussichtslosen Angriff abzuraten.

Am 15. Juni 1941 lichtete sich der Nebel rund um die möglichen deutschen Angriffspläne. Richard hatte von Ott das genaue Datum des mutmaßlichen Beginns des deutschen Angriffs bekommen. Er ließ umgehend nach Moskau funken, dass der deutsche Angriff nunmehr unwiderruflich binnen Wochenfrist erfolgen werde (tatsächlich genau sieben Tage später: am 22. Juni). Gerade diese Meldungen stellten Moskau vor besondere Probleme. Und wenn es sich doch um britisch-französische Falschmeldungen handelte? Dann würde man Deutschland mit einem massiven Truppenaufmarsch den Kriegsgrund liefern. Richard konnte sich nur zu genau vorstellen, wie die Diskussionen in Moskau abliefen. Dass die

Informationen, die er über Stärke und genaue Angriffsrichtung übermittelt hatte, von der sowjetischen Militärführung berücksichtigt würden. Und dass man, so unauffällig wie möglich, zwei Millionen Rotarmisten der westlichen Verteidigungsbezirke umzugruppieren versuchen würde. Genau das geschah, war aber am 22. Juni noch in vollem Gange.

Stalin war bis zuletzt so sehr von dem Gedanken dominiert, sich nicht in eine britisch-französische Falle locken zu lassen, dass er noch im Alarmierungsbefehl in den frühen Morgenstunden des 22. Juni 1941 – während die Wehrmacht ihren Angriff schon begann – ausdrücklich »jegliche provokativ zu verstehenden Aktionen« seitens der Roten Armee untersagte. Die Rote Armee ging von einem Angriffsschwerpunkt im Süden aus und nicht in der Mitte der Front, wie von Hitler festgelegt. Denn bei sowjetischen Planspielen im Frühjahr 1941 hatte ein Angriff im Süden weitaus höhere Erfolgschancen ergeben.

Richard wusste, dass sich auf diese Weise die »wundersamen« Anfangserfolge der Wehrmacht gegen die Rote Armee bis Dezember 1941 erklärten. Und nicht durch eine wie auch immer geartete, von Ott und den übrigen deutschen Militärs mantra-artig heruntergebetete »rassische Überlegenheit« des deutschen Soldaten gegenüber den »östlichen Untermenschen«. Richard konnte in Erfahrung bringen, dass die Rote Armee schon in den ersten Kriegstagen teilweise erfolgreich gegengehielt, etwa im Juli 1941 durch General Rokossowski, dem es gelang, bei Dubno und Jarzewo eine zahlenmäßig weit überlegene deutsche Angriffsgruppe zum Stehen zu bringen und sogar zum Rückzug zu zwingen.

*

Die vielleicht wichtigste Meldung, die Richard jemals absetzte, ließ er im September 1941 nach Moskau funken. Der japanische Kronrat, die oberste Entscheidungsebene, hatte kurz zuvor auf einer Geheimsitzung beschlossen, die Hauptstoßrichtung der japanischen Angriffe nach Süden (Kolonien) und nach Osten auszurichten – gegen die USA – und nicht nach Norden, nicht gegen Sibirien, nicht gegen die Sowjetunion.

In den ihm zugänglichen geheimen Sitzungsprotokollen wurde ausdrücklich festgehalten, dass damit jegliche Angriffsvorbereitungen gegen die Sowjetunion – die Hitler heftig gefordert hatte – einzustellen seien. Nach weiteren Überprüfungen versetzte dieses Wissen die sowjetische Militärführung in die Lage, sowjetischen Truppenkontingente von der Grenze zum japanisch besetzten Gebiet in Sibirien abzuziehen und zur Verteidigung von Moskau einzusetzen. Was dann zur berühmten »Kriegswende« Anfang Dezember 1941 führte, als es frischen »sibirischen« Truppen gelang, die deutschen Soldatenhorden, die bis auf wenige Kilometer an Moskau herangekommen waren, wieder über hundert Kilometer zurückzuwerfen.

Das war der entscheidende Wendepunkt des Krieges, auch wenn dieser sich noch dreieinhalb Jahre hinziehen sollte. Von der letztlich fehlgeschlagenen Teiloffensive 1942 abgesehen, hieß die Hauptrichtung der deutschen Truppen ab Dezember 1941 nur noch Rückzug, der am 2. Mai 1945 in Berlin endete.

Eine letzte wichtige Meldung konnte Richard noch absetzen: den japanischen Plan zum Angriff auf Pearl Harbor. Er hatte bis zu diesem Zeitpunkt hunderte von Funksprüchen sowie zahlreiche Mikrofilme nach Moskau übersenden lassen. Ihm war klar, dass das nicht ewig so weitergehen konnte. Dass die Japaner irgendwann mitbekommen würden, dass hier jemand in dichter Reihenfolge chiffrierte Funksprüche absetzte, die mutmaßlich der sowjetischen Seite zuzurechnen waren. Insbesondere wurde ihm die Gefahr bewusst, als er erfuhr, dass die japanische Geheimpolizei ihre Überwachungsaktionen im Herbst 1941 deutlich intensivierte. Sei es durch Kontrollen an spontan eingerichteten Kontrollpunkten, sei es durch Razzien im Nachtclubviertel, sei es durch die Überwachung von Post und Telefon. Das steigerte natürlich die Enttarnungsgefahr für ihn und seine Gruppe.

Auch die Gestapo war nicht untätig geblieben. Aus Berlin hatte man den »Schlächter von Warschau«, den besonders brutalen SS-Standartenführer Josef Meisinger nach Tokio entsandt, der hier als Gestapo-Resident die Botschaft auf mögliche Maulwürfe überprüfen sollte. Richard hatte Meisinger allerdings dank dessen Alkoholismus erfolgreich »einwickeln« können.

Doch sein Gefühl sagte ihm, dass es höchste Zeit war für einen Ortswechsel. Er ließ noch einen letzten Funkspruch nach Moskau absetzen, in dem er um Versetzung seiner gesamten Gruppe nach Deutschland bat. Dort rechnete er sich gute Chancen aus, mit Empfehlungen des nach wie vor völlig ahnungslosen Ott der Sowjetunion weiterhin gute Dienste leisten zu können.

Doch dann wurde Hotsumi am 15. Oktober 1941 verhaftet. Da war klar, dass das Spiel zu Ende war. Er überlegte noch kurz, ob er auf vorbereiteten geheimen Schleichwegen das Land verlassen sollte. Doch hätte er damit seine Gruppe ihrem Schicksal überlassen müssen. Daher verzichtete er darauf. Und wurde drei Tage später ebenfalls verhaftet.

Bei den ersten Verhören stellte sich zu seinem Amüsement heraus, dass die Japaner bei seiner Verhaftung davon ausgegangen waren, es handle sich bei ihm um einen Agenten der Nazi-Spionagedienste. Er ließ die Japaner so lange wie möglich in diesem Glauben.

Im September 1943 begann der Geheimprozess vor dem Tokioter Gericht. Am 29. September wurde das Todesurteil gegen ihn und Hotsumi verkündet. Anfang 1944 lehnte der Oberste Gerichtshof Japans die Einsprüche der beiden ab.

Angeblich hatte die Sowjetunion mehrfache Angebote Japans, die gesamte Gruppe »Ramsay« gegen japanische Kriegsgefangene in sowjetischer Hand auszutauschen, abgelehnt. Das war plumpe Propaganda, wie er genau wusste. Heute war sein letzter Tag gekommen. Gerade hatten sie den in einer benachbarten Zelle einsitzenden Hotsumi zur Hinrichtung abgeholt. Da würde es für ihn auch nicht mehr lange dauern.

*

Sorges Leichnam wurde aufgrund des akuten Brennstoffmangels in Japan nicht wie geplant eingeäschert, sondern auf einem benachbarten Friedhof begraben. Ende 1949 ließ seine letzte japanische Geliebte, Hanako Ishii, das Grab öffnen und das Skelett exhumieren. Seine sterblichen Überreste wurden eingeäschert und auf dem Friedhof Tama in Fuchū westlich von Tokio beigesetzt.

Hanako Ishii behielt Sorges Brille, seine Gürtelschnalle sowie eine goldene Gebissbrücke, aus der sie sich einen Ring machen ließ, den sie bis ans Lebensende anstelle eines Eherings trug. Nach ihrem Tod im Jahr 2000 wurde ihre Asche ebenfalls in Fuchū beigesetzt.

Von den elf Mitgliedern der Gruppe »Ramsay« wurden drei zum Tod verurteilt, fünf starben im Gefängnis. Die

DDR gab eine Richard-Sorge-Gedenkmedaille heraus sowie 1976 eine Sonderbriefmarke. Die höchste Auszeichnung des Ministeriums für Staatssicherheit hieß Dr.-Richard-Sorge-Medaille in Gold. Eine Kaserne der Nationalen Volksarmee wurde 1971 nach ihm benannt.

In Berlin-Friedrichshain erhielt die Tilsiter Straße 1969 zu seinem fünfundzwanzigsten Todestag den Namen Richard-Sorge-Straße. Am Eckhaus Richard-Sorge-Straße/Weidenweg wurde eine Bronzetafel mit seinem Profil angebracht. In Dresden erhielt die Lennéstraße am Großen Garten im Jahr 1970 den Namen Dr.-Richard-Sorge-Straße. Heute heißt sie wieder Lennéstraße. In Karl-Marx-Stadt (heute Chemnitz) wurde die Hohe Straße in Richard-Sorge-Straße umbenannt. Die dort angebrachte Bronzetafel wurde in den 1990er-Jahren gestohlen. Diese wurde 2019 durch eine Kopie ersetzt. Richard-Sorge-Schulen gab es in Bautzen, Cottbus, Dresden, Greiz, Halle/Saale, Jerichow, Magdeburg, Leipzig, Neustrelitz, Rostock, Schwerin und Suhl.

Sorge wurde 1964 postum der Titel »Held der Sowjetunion« verliehen. Im selben Jahr bekam eine Straße in Moskau den Namen »Sorge-Straße« (Улица Зорге). Eine Station des Zentralen Moskauer Eisenbahnrings trägt seinen Namen. 1981 erfolgte die Aufstellung eines Sorge-Denkmals an seinem Geburtsort in Baku. Ein weiteres Denkmal steht seit 1985 an der Richard-Sorge-Straße in Moskau. In seinem Geburtsort Sabunçu ist am Treppenaufgang zur ehemals elterlichen Villa eine Gedenkplatte angebracht.

Hitler fabulierte später, er sei einem sowjetischen Angriff auf Deutschland nur um Stunden zuvorgekommen. Das war gelogen. Wie die heute zugänglichen Dokumente über die Situation im Juni 1941 belegen, hatte

Stalin explizit jegliche Vorbereitungen zu einem von Generälen wie Georgi Schukow angesichts der ständig zunehmenden Bedrohung der Sowjetunion durch Nazi-Deutschland und seine Verbündeten vorgeschlagenen Präventivkrieg gegen Deutschland untersagt.

Gestapo-Resident Meisinger hatte übrigens kurz vor der Verhaftung Sorges in einem Zwischenbericht vermerkt, an Sorges Loyalität zu Großdeutschland gebe es keinen Zweifel. In der BRD wurde Sorge von der vorherrschenden konservativen Historikerzunft und Journaille als Verräter dargestellt, der den Sieg der Wehrmacht vor Moskau 1941 verhindert habe. Wie Sorge überhaupt bis heute in manchen Kreisen als Verräter angesehen wird.

*

Er ging hinter den Wachen die Gänge entlang, die Treppen hinunter, bis zu dem menschenleeren Gefängnishof, wo man den Galgen aufgerichtet hatte. Welcher Tag war heute? Ach ja, der 7. November. Der Jahrestag der sowjetischen Revolution. Jetzt erinnerte er sich. An die Sache, die er sich noch vorgenommen hatte. Die letzten Worte. »Lang lebe die ruhmreiche Sowjetunion!«

Dr. Klaus Fuchs (1911–1988)

Der Bub

Ein kleiner Bub aus der hessischen Provinz. Geboren am 29. Dezember 1911 in Rüsselsheim am Rhein, einer Hochburg des Karnevals. Pfarrerssohn, mit der üblichen »Reise-Biografie«: Nach der Geburt im Rhein-Main-Gebiet geht es für Klaus erst einmal ins Thüringische, nach Eisenach, wo er zur Schule geht, während der Vater, ein Pastor, im Ersten Weltkrieg als Soldat dient und darüber zum entschiedenen Pazifisten und Sozialisten wird.

Der Bub ist unter merkwürdigen Sternen geboren: Kennzeichen seines Lebens wird die Diskontinuität sein. Die überraschenden Wendungen, die seinem Leben immer wieder eine andere Richtung geben, ihn in andere Länder bringen, in Lebensgefahr, für viele Jahre ins Gefängnis, die ihn aber auch in den Mittelpunkt der alliierten Atomforschung führen und ihm schließlich eine Zentralposition der wissenschaftlichen Forschung in der Deutschen Demokratischen Republik (DDR) verschaffen.

Doch noch ist es nicht so weit. Erst einmal übernimmt der Bub zusammen mit seinen drei Geschwistern die linken Ansichten des Vaters, binnen kurzem werden die vier Geschwister nur noch die »roten Füchse« genannt. Anfang der turbulenten Zwanzigerjahre, als Gymnasiast, engagiert sich Klaus, ebenfalls wie der Papa, bei verschiedenen der SPD nahestehenden Organisationen wie dem Reichsbanner Schwarz-Rot-Gold. Was ihn in einen natürlichen Gegensatz zu den vielen nach wie vor deutschnational eingestellten Gleichaltrigen bringen sollte, die ihn das körperlich spüren ließen. Und es sollte turbulent weitergehen.

Nach dem Abitur, mitten in der Weltwirtschaftskrise von 1929, folgt Klaus einmal mehr dem Papa und zieht mit ihm nach Kiel, wo Fuchs senior eine Professur an der Pädagogischen Akademie antreten kann. Zuvor war er von der Universität Halle-Wittenberg ob seines Pazifismus als Professor abgelehnt worden.

Wie sieht er aus, der Bub? Wie eine jüngere und intelligentere Version von Heinz Rühmann, könnte man sagen, vor allem dem Rühmann der *Feuerzangenbowle*. Zeitlebens hat der Klaus etwas Jungenhaftes, ja sogar etwas Spitzbübisches an sich. Sein feiner, ins Ironische tendierende Humor belegt das.

Der beinahe erwachsene Klaus beginnt jedenfalls sein Studium der Mathematik (Hauptfach) und Physik (Nebenfach) 1930 in Leipzig. Doch schon Ende 1931 geht es zurück nach Kiel, wo er sein Studium fortsetzt. Im Oktober 1931 verdichtet sich der dunkle Schatten, der über einem Teil seiner Familie hängt. Seine Mutter begeht Selbstmord, wie dies seine Großmutter mütterlicherseits bereits getan hatte. Auch seine Schwester Elisabeth sollte sich 1939 das Leben nehmen.

1932 verlässt Klaus die in seinen Augen zu kompromisslerische SPD und tritt der KPD bei. Von rechtsradikalen Studenten kujoniert, verlegt er mit Hilfe des Vaters Anfang 1933 seinen Lebensmittelpunkt nach Berlin, wo er in der Anonymität der Großstadt zunächst unbehelligt weiterstudieren kann.

Nach dem Reichstagsbrand Ende Februar 1933 ist ein Verhaftungskommando auf dem Weg zu seiner Wohnung. Klaus entgeht der Inhaftierung dank Intuition. Als er im Radio vom Brand des deutschen Parlamentsgebäudes hört, kann er sich ausrechnen, was nun kommen wird: die rücksichtslose Verfolgung aller weltanschaulichen Gegner der Nationalsozialisten. Frühmorgens schnappt er sich in aller Eile in paar Sachen und betritt die erste S-Bahn, die fährt.

Versteckt bei Freunden und Verwandten gelingt es ihm, sein Studium in der Illegalität noch einige Monate fortzusetzen. Doch mittlerweile wird er steckbrieflich gesucht. Daher reist er im August 1933 nach Paris, um die dortigen Perspektiven auf eine Fortsetzung des Studiums zu sondieren. Hier lernt er die KPD-Genossin Grete Keilson kennen, die ehemalige Assistentin des Leiters des Westeuropäischen Büros der Komintern Georgi Dimitroff, die in Paris als Funktionärin der Exil-KPD arbeitet. Ihr sollte er in einer späteren Phase seines Lebens unter gänzlich anderen Umständen ein weiteres Mal begegnen.

Angesichts seiner prekären finanziellen Lage nimmt Klaus nun das Angebot eines in Großbritannien lebenden Cousins an, der ihm Unterkunft und Hilfe bei der Fortsetzung seines Studiums offeriert. Doch zuvor trifft Klaus eine weitreichende Entscheidung: Er wechselt nun – aus einem bestimmten Grund, den wir noch erfahren werden – seine Fächerkombination. In den nächsten Jahren studiert er Physik im Hauptfach und Mathematik im Nebenfach in Edinburgh und Bristol.

Klaus schafft, was nur wenigen gelingt: Sein Studium in der fremden Sprache erfolgreich abzuschließen. Und zwar 1936 mit einer preisgekrönten Diplomarbeit bei dem späteren Nobelpreisträger Nevill F. Mott in Bristol. Gegenstand der schriftlichen Untersuchung ist eine quantenmechanische Untersuchung der Kohäsionskräfte metallischen Kupfers, ein Thema aus dem Bereich der theoretischen Festkörperphysik.

Mit Mott, dem Klaus als vor den Nazis geflüchteter Deutscher sympathisch ist, wird er insgesamt vier Jahre zusammenarbeiten. Mott beurteilt Klaus als extrem talentierten Theoretischen Physiker, dem er eine große Karriere prophezeit. Später lobt er dessen Aufsätze und Publikationen, die wissenschaftlich anerkannt und häufig zitiert werden, wie beispielsweise einen Aufsatz von 1938, der die Grundlage für die bis heute gültige Fuchs-Sondheimer-Theorie der Elektronenleitung in dünnen Metallschichten darstellt.

Da Mott Klaus' Stärken in der Forschung sieht, vermittelt er ihn als wohldotierten Forschungsstipendiaten für vier Jahre zum Nobelpreisträger Max Born in Edinburgh. Bereits 1937 wählt Klaus als künftiges Forschungsgebiet und Betätigungsfeld die Kernphysik und schließt 1938 bei Born seine Promotion mit einer ebenfalls preisgekrönten Doktorarbeit zur quantendynamischen Stabilität von Atomkernen ab.

Seine Mitarbeit im Bornschen Institut erfährt im Dezember 1940 eine jähe Unterbrechung, als Klaus Fuchs von den Briten ohne Vorwarnung als »Feindlicher Ausländer« (*Enemy Alien*) festgenommen und in ein kanadisches Gefangenenlager abgeschoben wird. Es dauert Monate, bis es Born gelingt, einen seiner besten Doktoranden und Assistenten wieder freizubekommen. Es gelingt ihm nicht zuletzt durch den Hinweis, dass dessen Mitarbeit entscheidend für zeitnahe Fortschritte eines streng geheimen Sonderprogramms sein würde: den britischen Forschungen an der Atombombe.

Nun haben die britischen Behörden ein Einsehen, und Fuchs kann ab Mai 1941 beim britisch-kanadischen militärischen Atomprogramm mit dem harmlos klingenden Decknamen »*Tube Alloys*« (Rohrlegierungen) an der Universität Birmingham bei Rudolf Peierls mitarbeiten, und ist für die restliche Kriegszeit vor einer erneuten Internierung geschützt. Denn jetzt arbeitet er an einer »national bedeutsamen« britischen Verteidigungsaufgabe beziehungsweise in der kriegswichtigen britischen Militärforschung.

Wie viele andere Wissenschaftler hat auch Klaus beim Gedanken an die Einsatzfähigkeit der neuartigen Atomwaffe, an deren Entwicklung er gerade mitarbeitet, durchaus gemischte Gefühle. Berühmte Kernphysiker wie J. Robert Oppenheimer haben ihre Zweifel später in aller Ausführlichkeit beschrieben. Klaus trifft für sich eine weitreichende Entscheidung: Als Kommunist ist er von einer grundlegenden Sympathie für die Sowjetunion als dem »Heimatland aller Werktätigen« geprägt. Er entschließt sich dazu, alle ihm zugänglichen Erkenntnisse zur künftigen Atombombe (seine eigenen wie die seiner Kollegen) auf geheimen Wegen der Sowjetunion zugänglich zu machen. Denn es ist für ihn leicht vorhersehbar, dass die Vereinigten Staaten von Amerika – die ebenfalls intensiv, mit Milliardenaufwand und mit Tausenden von Wissenschaftlern, an der Bombe forschen – und das mit ihnen verbündete Großbritannien die Atombombe nicht nur gegen Nazideutschland, sondern direkt anschließend im Fall des Falls auch gegen die Sowjetunion verwenden könnten. Dem muss vorgebeugt werden. Und zwar dadurch, dass man die Sowjetunion in die Lage versetzt, ebenfalls zeitnah eine Atombombe zu entwickeln. Klaus hofft, dass mit den von ihm und anderen Kommunisten in alliierten Diensten übermittelten Informationen die Sowjetunion die aufwendigen Vorbereitungen und Grundlagenforschungen, die für Konstruktion und Produktion einer Atombombe notwendig sind, abkürzen kann.

Großbritannien und die Vereinigten Staaten befinden sich zu diesem Zeitpunkt ohnehin zumindest offiziell in einem Militärbündnis mit der Sowjetunion, gegen den gemeinsamen Feind: Nazideutschland. Insgeheim, und das bleibt einem aufmerksamen Zeitgenossen wie Klaus natürlich nicht verborgen, haben die antisowjetischen und antibolschewistischen Ränkespiele der Angloamerikaner, die diese seit 1917 einmal mehr, einmal weniger intensiv betreiben, längst wieder zugenommen. Bestätigt mag man dies in einem angeblichen späteren Ausspruch Churchills sehen, der angesichts der Kapitulation »Großdeutschlands« 1945 wohl äußerte, dass er fürchte, das falsche Schwein geschlachtet, sprich den falschen Feind besiegt zu haben. Offenbar hätte er lieber mit Nazideutschland die Sowjetunion bekämpft.

Fuchs hält den Kontakt zur sowjetischen Seite über zwei Personen, die später in der DDR zu einiger Berühmtheit gelangen sollten: Da ist zum einen der kommunistische Wirtschaftshistoriker Jürgen Kuczynski, damals an der renommierten London School of Economics beschäftigt, später in der DDR sowohl als »kritischer Wissenschaftler« wie auch als enger Freund Erich Honeckers bekannt. Da ist zum anderen die Frau, die die Betreuung von Fuchs als Führungsoffizier übernimmt: der GRU-Offizier namens Sonja, in Deutschland besser unter ihrem Pseudonym Ruth Werner beziehungsweise unter ihrem Geburtsnamen Ursula Kuczynski bekannt – niemand anderes als die Schwester von Jürgen Kuczynski. Die insgesamt sieben Kuczynski-Geschwister betreiben zu diesem Zeitpunkt in Großbritannien ein familiäres, prosowjetisches Agentennetzwerk. Mit der Betreuung von Fuchs tritt Sonja übrigens ihren dritten wichtigen GRU-Auftrag an, nach der Zusammenarbeit mit Ramsey alias Dr. Richard Sorge in China um 1930 und der Mitarbeit im legendären Spionagenetzwerk der Agenten »Dora« alias Sándor Radó und »Lucy« alias Rudolf Rößler in der Schweiz zwischen 1933 und 1942.

Doch schon bald erfährt Fuchs' Leben erneut eine dramatische Wendung. Er wird ausgewählt, mit einer kleinen Gruppe britischer Spezialisten direkt im Zentrum der US-Atombombenforschung, dem gigantischen Rüstungskomplex von Los Alamos, mitzuarbeiten. Zuvor verleiht ihm das Vereinigte Königreich noch schnell die britische Staatsbürgerschaft. Was für eine Entwicklung: Innerhalb weniger Monate ist er vom »feindlichen Ausländer« zum treuen Untertanen ihrer Majestät avanciert!

Anfang 1943 geht es per Schiff über die gefährliche Atlantikroute Richtung USA. Hier lauern deutsche U-Boote auf Beute, und man kann sich seines Lebens erst sicher sein, wenn man amerikanischen Boden unter den Füßen hat. Fuchs hat Glück und kommt lebend und unbeschadet in New York an. An seinem neuen Arbeitsort beschäftigt er sich nun innerhalb eines Forscherteams mit der Uran-Isotopentrennung und Fragen der Implosionstechnik. Er ist einer der führenden Mitarbeiter bei der Fertigstellung der ersten Atombombe, die den Spitznamen »*Fat Man*« (Fetter Mann) erhält. An der ersten erfolgreichen Explosion einer Kernwaffe am 16. Juli 1945 in New Mexico nimmt er als Augenzeuge teil.

Während der Krieg in Europa nach der bedingungslosen Kapitulation Deutschlands am 8./9. Mai 1945 schon beendet ist, geht dieser auf dem asiatischen Kriegsschauplatz noch weiter, da Japan zu diesem Zeitpunkt keineswegs daran denkt, zu kapitulieren. Dies ändert sich erst nach dem Einsatz von zwei US-Atombomben über Hiroshima und Nagasaki.

Von einigen Beobachtern als Kriegsverbrechen gebrandmarkt, sind andere dankbar dafür, dass der Krieg und das Blutvergießen nun auch auf dem letzten Kriegsschauplatz des Zweiten Weltkriegs beendet ist. Wobei Japan – Quellen innerhalb der US-Regierung zufolge – seine Bereitschaft zu kapitulieren schon vorher auf diplomatischem Weg signalisiert habe, dies aber von den USA bewusst ignoriert worden sei, um ihre teure neue Waffe auch in der Realität endlich erproben zu können.

All diese Vorgänge bestätigen Fuchs im Nachhinein, dass seine Entscheidung, sein gesamtes Kernforschungswissen und speziell alle ihm zugänglichen Informationen über den Bau einer Atombombe mit der Sowjetunion zu teilen, richtig war. Einige Monate später kehrt er nach Großbritannien zurück. Ihm ist hier die Stelle eines Abteilungsleiters im britischen Kernforschungszentrum Harwell angeboten worden. Dort soll nun die »friedliche« Nutzung der Atomenergie weiter erforscht werden, ob also Atomreaktoren in der Lage sein könnten, den Energiebedarf ganzer Länder zu decken. 1947 nimmt er an einer Tagung teil, die der Verbesserung des (geheimen) Informationsaustauschs zur Nuklearforschung zwischen den USA, Großbritannien und Kanada dienen soll. Ein weiterer Teilnehmer ist der später berühmt gewordene Sowjetspion Donald Maclean (s. u.).

Bei allem Weitblick, den Fuchs reichlich besitzt und oft genug bewies: Die eklatanten Nachteile der Atomenergie, von der ungeklärten Entsorgung der Unmengen atomaren, strahlenverseuchten Abfalls bis hin zu den Risiken des laufenden Betriebs eines Kernkraftwerks, mithin also die globale Unwirtschaftlichkeit dieser Form der Energieerzeugung, bleiben ihm – zumindest nach den öffentlich zugänglichen Unterlagen – verschlossen. Er ist zeitlebens Anhänger der Kernenergie und beschäftigt sich auch mit der Entwicklung einer noch gefährlicheren Reaktorart: dem »Schnellen Brüter«.

Anfang 1950 erhält die britische Royal Society of Sciences den Vorschlag, Fuchs als Mitglied in ihre Reihen aufzunehmen, eine äußerst ehrenhafte Sache für den Wissenschaftler. Doch in der Zwischenzeit braut sich Unheil über ihm zusammen. Ende 1949 hat ein Überläufer dem FBI gesteckt, Fuchs sei als Spion für die Sowjetunion tätig. Daraufhin wird er – bevor er in die Royal Society aufgenommen werden kann – im Februar 1950 verhaftet. Kurze Zeit später steht er schon vor Gericht, Beleg dafür, dass schon längere Zeit Beweise gegen ihn zusammengetragen worden waren. Nach wenigen Verhandlungstagen, während derer er seine Schuld rundheraus zugibt, erhält er eine Strafe von vierzehn Jahren Haft, gleichzeitig entzieht man ihm die britische Staatsbürgerschaft.

Nach seinen Motiven befragt, betont er seine Solidarität mit der UdSSR, die er im Kampf gegen den unaufhörlich den kommunistischen Staat bedrohenden und untergrabenden Imperialismus unterstützen wolle. Die Tatsache, dass die Sowjetunion durch sein Handeln in den Besitz von Nuklearwaffen gekommen sei (der erste offizielle Atombombenversuch der Sowjetunion fand 1949 statt), habe – so Fuchs – einen Atomkrieg verhindert, da sich beide Seiten nun komplett zu vernichten in der Lage seien. Und nur dadurch, durch das »Gleichgewicht des Schreckens«, sei die USA vom weiteren Einsatz von Atombomben abzuhalten gewesen. Hierfür spricht, dass die USA es nicht wagen, im Koreakrieg 1950 bis 1953 die Atombombe einzusetzen (obwohl der US-Kommandeur vor Ort, General Douglas McArthur, sie lauthals forderte).

Klaus Fuchs ist übrigens keineswegs der einzige Sowjetspion innerhalb der US-Atombombenforschung. Im Zuge der anglo-amerikanischen Spionageabwehr-Operation VENONA wurden seit Ende der Dreißigerjahre sämtliche von der sowjetischen Botschaft in Washington erhaltenen und abgeschickten codierten Funksprüche abgehört und aufgezeichnet. Allerdings gelingt erst Jahre später deren Dechiffrierung. Der dabei zutage tretende Datensatz belegt, dass es mit Theodore Alvin Hall (Deckname »Mlad«) einen zweiten Sowjetspion gab, der 1944 wichtige Konstruktionspläne für eine Atombombe an die Sowjetunion übermittelte. Er wird 1950 ebenfalls verdächtigt, jedoch mangels gerichtsfester Beweise nie verurteilt.

Neun lange Jahre sitzt Fuchs hinter Gittern, bevor er begnadigt und ausgewiesen wird. Trotz hochdotierter Offerten entscheidet er sich dagegen, in die BRD zu übersiedeln, und wählt als neuen Wohnort die DDR, genauer gesagt die Pleiße-Metropole Leipzig, in der auch sein Vater wohnt. Erneut nimmt sein Leben eine dramatische Wendung, diesmal jedoch von einem unerwarteten Happy End gekrönt. Am Flughafen in Leipzig holt ihn nämlich jemand ab, den Fuchs aus dem Pariser Exil der Dreißigerjahre sehr gut kennt: die ZK-Abteilungsleiterin Grete Keilson. Offenbar verschießt Amor hier sofort mehrere Pfeile, möglicherweise ist es Liebe auf den ersten Blick – sechs Wochen später heiraten die beiden jedenfalls und bleiben bis zu ihrem Lebensende zusammen.

Das nächste Vierteljahrhundert – bis zu seiner Verrentung 1979 im Alter von achtundsechzig Jahren – fungiert Fuchs als stellvertretender Direktor des Zentralinstituts für Kernforschung der DDR in Rossendorf bei Dresden. Hier widmet er sich wieder seinem Lieblingsgebiet, der Theoretischen Physik. 1963 erhält er zusätzlich eine Berufung an die TU Dresden.

Fuchs nimmt schon bald nach seiner Rückkehr einen zentralen Platz in der DDR-Forschungspolitik ein, auch als Mitglied im Wissenschaftlichen Rat für die friedliche Anwendung der Atomenergie. 1967 beruft man ihn ins Zentralkomitee (ZK) der SED, 1972 ins Präsidium der Akademie der Wissenschaften der DDR, wo er 1974 bis 1978 den Forschungsbereich Physik, Kern- und Werkstoffwissenschaften leitet.

Mit dreiundsiebzig Jahren und offiziell längst im Ruhestand, überträgt man ihm 1984 die Leitung der Wissenschaftlichen Räte für energetische Grundlagenforschung und für Grundlagen der Mikroelektronik. Indem er die hellsten Köpfe des Landes in diesem Bereich versammelt, hofft Honecker, den Rückstand der DDR in Sachen Informationstechnologie (IT) gegenüber dem Westen aufzuholen. Doch das scheiterte aus (mindestens) zwei Gründen: Zum einen hatte das permanente westliche Hochrüsten im Zuge des Kalten Krieges (der USA schwebte dabei vor, den Osten durchaus »totzurüsten«) die DDR – wie alle übrigen Staaten des Warschauer Vertrages – strukturell und wirtschaftlich erheblich geschwächt. Zum anderen waren wesentliche Komponenten für weitere erfolgreiche Forschungsschritte durch die (laut UNO illegalen) westlichen Sanktionen in der DDR (wie im übrigen Ostblock) nicht zu haben. Wenn es mit Hilfe des Ministeriums für Staatssicherheit ab und an gelang, »Embargo-Ware« in die DDR zu schmuggeln, so waren das doch immer nur punktuelle Erfolge, ein Fortschritt auf breiter Front war damit nicht zu schaffen.

Für seine vielfältigen Verdienste um den Forschungs- und Wirtschaftsstandort DDR erhält Fuchs verschiedene Auszeichnungen, so den Karl-Marx-Orden, den Vaterländischen Verdienstorden, die Ehrenspange zum Vaterländischen Verdienstorden in Gold und den DDR-Nationalpreis Erster Klasse. 1983 wird er Mitglied des Komitees für wissenschaftliche Fragen der Sicherung des Friedens und der Abrüstung sowie Ehrenmitglied des Forschungsrats der DDR.

Klaus Fuchs stirbt 1988 im Alter von siebenundsiebzig Jahren in Ostberlin. Die Beisetzung seiner Urne erfolgt auf der Grabanlage »Pergolenweg«, auch als Gedenkstätte der Sozialisten bekannt, auf dem Zentralfriedhof Friedrichsfelde (Berlin-Lichtenberg). Die britischen Akten zu Fuchs sind bis heute gesperrt.

Als man Klaus nach den Gründen für den Wechsel seiner Studienfächer 1930 befragte, gab er in einem Interview des DDR-Fernsehens Mitte der Sechzigerjahre an, er habe sich bewusst für die Physik entschieden, da absehbar gewesen sei, dass er mit Forschungen in diesem Bereich die Sowjetunion militärisch noch besser zu unterstützen in der Lage sein würde als mit reiner Mathematik.

Mata Hari (1876–1917)

Die Tänzerin

Am 15. Oktober 1917, einem Montag, wird in den frühen Morgenstunden eine etwas verlebt aussehende Frau mittleren Alters in den Hof des französischen Forts Vincennes, unweit von Paris, geführt. Vor einer Mauer ist ein Pfahl in den Boden gerammt, an den sie gefesselt wird. Eine Abteilung Soldaten marschiert auf und lädt die Gewehre. Auf den Befehl eines Offiziers legen die Soldaten an, zielen auf die Frau und drücken ab. Von vielen Kugeln getroffen, sackt sie tot zusammen.

Auf diese Weise endet an diesem kühlen, nebligen Herbsttag das Leben einer der schillerndsten Frauengestalten der Spionagegeschichte: das Leben der Mata Hari, die eigentlich Margaretha »Grietje« Geertruida Zelle hieß. Grietje, so soll sie im Weiteren genannt werden, kommt 1876 als einzige Tochter eines Hutmachers und seiner Frau im niederländischen Leeuwarden (Provinz Friesland) zur Welt. Ihre Mutter stammt von Vorfahren aus der damals niederländischen Kolonie Java ab.

Grietje besucht zunächst die Volksschule und ab 1890, mit vierzehn Jahren, die Mittelschule. Sie lernt dort Englisch, Französisch und Deutsch. Ihr Vater ist als Hallodri und Aufschneider bekannt, der sich gern »Baron« nennen lässt, trotz fehlender adliger Ahnen. 1890 reicht Grietjes Mutter die Scheidung ein, um sich endgültig von ihrem auf anstrengende Weise unzuverlässigen Mann zu trennen, sie stirbt aber schon ein Jahr später an Tuberkulose.

Der bald neu verheiratete Hallodri-Vater nimmt nur zwei seiner vier Kinder zu sich. Grietje und einer ihrer Brüder werden abgeschoben und kommen zu anderen Verwandten. Grietje beginnt – dem Willen ihres Patenonkels folgend – eine Ausbildung zur Kindergärtnerin, bricht diese jedoch bald ab. Erst Jahrzehnte später stellt sich heraus, dass die Fünfzehnjährige offenbar über einen längeren Zeitraum vom Direktor der Ausbildungsschule missbraucht wurde.

Grietje, die sich standhaft weigert, weiter die Schule zu besuchen, wird innerhalb der Verwandtschaft weiter herumgereicht, diesmal an einen Onkel in Den Haag. Doch dort hält es sie nicht lange. 1895 entdeckt die Neunzehnjährige eine Zeitungsanzeige, in der ein niederländischer Kolonialoffizier mit schottischen Wurzeln eine Ehefrau sucht. Campbell Rudolph MacLeod ist zwanzig Jahre älter als Grietje, ein Griesgram, der an Rheuma und Diabetes leidet. Grietje ist das egal. Die Eheschließung bietet ihr die Chance, aus der holländischen Provinz herauszukommen, da MacLeod in Niederländisch-Indien stationiert ist und nach der Eheschließung dorthin zurückzukehren beabsichtigt. Sie heiraten im Sommer 1895. Die Abreise nach Batavia (heute: Jakarta, Indonesien) wird zunächst verschoben, Ende Januar 1896 bringt Grietje in Holland einen Sohn zur Welt.

Die Ehe steht unter keinem guten Stern. Ihr kränklicher Ehemann stellt sich zu allem Überfluss als gewalttätiger Alkoholiker heraus, der sie oft schlägt. Im Frühjahr 1897 reist man trotzdem gemeinsam ans andere Ende der Welt, zum Stationierungsort Batavia. Ein Jahr später kommt dort Töchterchen Jeanne Louise »Non« (malaiisch für Mädchen) zur Welt.

Grietje blüht in der asiatischen Umgebung auf, beteiligt sich am kulturellen Leben der Garnison, beschäftigt sich mit indonesischer Folklore und wird Mitglied einer Tanzgruppe der Offiziersfrauen. Offenbar legt sie sich, wie Briefe von ihr belegen, schon damals den Künstlernamen Mata Hari (indonesisch für »Auge des Tages«, also »Sonne«) zu.

Die fortgeschrittene Entfremdung des Ehepaars kulminiert schließlich. MacLeod will dauerhaft in Indonesien bleiben, dort seinen Lebensabend verbringen. Die vierundzwanzigjährige Grietje jedoch zieht es nach fünf Jahren Batavia wieder zurück nach Europa. Man reist zwar noch einmal gemeinsam nach Amsterdam, dort wird jedoch im Sommer 1902 die Trennung vereinbart. Eigentlich soll MacLeod Grietje Lebensunterhalt bezahlen, was er jedoch nie tut. Sie ist daher gezwungen, selbst Geld zu verdienen.

1903 zieht die inzwischen Siebenundzwanzigjährige nach Paris – die Kinder lässt sie bei ihrem Ex-Mann – und arbeitet dort als Zirkusreiterin unter dem Künstlernamen Lady MacLeod. Um ihren Lebensunterhalt aufzubessern, steht sie verschiedenen Malern nackt Modell. 1904 beginnt sie, angeregt vom Erfolg von Isadora Duncan, als leichtbekleidete Tänzerin aufzutreten, mit einem Repertoire selbst erfundener »Tempeltänze«, die angeblich indischen Ursprungs sind. Sie wird von einem Impresario namens Gabriel Astruc unter Vertrag genommen, der für einige Jahre ihr Manager bleibt.

1905 zündet sie die nächste Stufe ihres Erfolgsrezeptes. Sie »verschärft« ihre Tempeltänze hin zu »gewagten«, durch spärliche Bekleidung gekennzeichneten exotischen Tänzen. Am 13. März tritt sie im privaten Museum für asiatische Künste des greisen Millionärs und Sammlers Émile Guimet erstmals vor großem Publikum auf.

Ihre »exotischen«, nunmehr eher erotischen Tänze finden großen Anklang. Das Publikum ist begeistert. Ebenso der bald siebzigjährige Guimet, dessen Mätresse sie für längere Zeit wird. Dem Publikum und der Presse gilt sie zu diesem Zeitpunkt als authentische indische Sensation des Erotik-Tanzes. Ihre selbstzusammengestellten Nachempfindungen vermeintlich indischer Tempeltänze führen immer bis zum sehnlichst erwarteten Ende, bis sie nahezu unbekleidet auf der Bühne steht.

Das Jahr 1905 ist ihr Jahr. Grietje ist die Sensation in Paris. Ihre Auftritte sind Stadtgespräch, man redet von nichts anderem. Sie gibt über dreißig Vorstellungen, verdient pro Abend zehntausend Francs und bezieht eine prachtvolle Wohnung in der Rue Balzac Nr. 3. Hier im vornehmen achten Pariser Arrondissement hat sie genügend Zeit, über ihre weitere Zukunft nachzudenken.

Die Gesetze des Kapitalismus verinnerlicht sie schnell: a) *any news is good news* und b) wenn die erste Welle des Erfolgs vorüber ist, das Angebot verknappen und auf eine zweite Welle hoffen. Folgerichtig kündigt sie Ende 1905 an, sie werde das Tanzen ganz aufgeben und einen osteuropäischen Hochadligen heiraten.

Das Interesse an ihrer Person wachzuhalten, ist umso notwendiger, als ihre Erfolgsmasche schnell und vielfach kopiert wird. Eine Tänzerin des berühmten Nachtclubs *Folies Bergère* führt nun ebenfalls »Tempeltänze« auf, bald gefolgt von weiteren »Tempeldienerinnen«, unter ihnen die Striptease-Tänzerin Gabrielle, die später als Modeschöpferin Coco Chanel berühmt werden wird.

Mata Hari, das Original, bleibt nachgefragt. Sie ist eine veritable Werbeikone, ungeachtet der Konkurrenz. Die großen Varietés buchen sie weiterhin, ein Engagement folgt dem nächsten, Bilder von ihr gibt es auf Postkarten, Zigarettenschachteln, Keksdosen und in »pikanten« Sammelalben.

In Monte Carlo verkörpert sie in Jules Massenets Oper *Le Roi de Lahore* die Salome, Seite an Seite mit der gefeierten Ballerina Carlotta Zambelli. Grietje reist weiter nach Wien, wo sie erneut große Erfolge feiern kann. Die Zeitungen überbieten sich mit begeisterten Kritiken, erklären sie gar zur Nachfolgerin von Isadora Duncan. Zumal sie deutlich mehr zeige als ihre vermeintliche Vorgängerin, die »exotische Schönheit ersten Ranges«. Auf ihre Spezialität wird extra hingewiesen: »Unter dem Schleier trägt die schöne Tänzerin auf dem Oberkörper einen Brustschmuck und einen Goldgürtel, sonst nichts. Die Kühnheit des Kostüms bildet eine kleine Sensation.«

Berlin bekommt sie 1907 erstmals zu sehen, im *Varieté Wintergarten* an der Friedrichstraße. Auch vor den allerhöchsten Majestäten, Kaiser Wilhelm II. und seiner Familie, darf sie ihre Tempeltänze vorführen. Angeblich kommt es sogar zu einer kurzen Liaison mit dem Sohn des Kaisers. Dass sie dieses Gerücht nie dementierte, wird ihr während ihres Hochverratsprozesses angekreidet.

Anfang 1907 kehrt sie nach Paris zurück, zieht es aber vor, zunächst von der Bildfläche zu verschwinden und im luxuriösen Landhaus eines Verehrers eine Auszeit zu nehmen – in der Erwartung, dass man sie schon bald mit neuen Auftrittsangeboten überhäufen werde, dass man sie anflehen werde, auf die Bühne zurückzukehren.

Im März 1907 unternimmt sie eine Reise nach Italien und erkundigt sich von Rom aus bei ihrem Manager Astruc, ob inzwischen neue Engagements für sie vorlägen. Gleichzeitig bietet sie dem gefeierten Komponisten Richard Strauss telegrafisch an, die Titelrolle bei der geplanten Uraufführung seiner neuen Oper *Salome* zu übernehmen. Sie erhält keine Antwort und reist verdrossen nach Paris zurück.

Dort ist mittlerweile eine veritable »exotische« Tanzszene entstanden, die Mata Hari fast schon vergessen gemacht hat. Sie lässt beleidigt verlautbaren, angesichts dieser inflationären Vermehrung angeblicher Exotik-Tänzerinnen ziehe sie sich gänzlich aus diesem Betätigungsfeld zurück.

1910 stößt sie bei einem Come-back-Versuch auf zunehmende Kritik an ihrer angeblichen Authentizität. Man wirft ihr (zurecht) vor, sich die meisten ihrer angeblichen indischen Erlebnisse ausgedacht zu haben. Und dass ihre Tänze nur wenig mit wirklichen asiatischen Tempeltänzen zu tun hätten – dafür sehr viel mehr mit dem gängigen Genre des Striptease, wie es in einer Vielzahl von Nachtlokalen in den unterschiedlichsten Variationen dargeboten werde.

Weitere Engagements bleiben aus. Doch dann kommt der Auftritt, der als Höhepunkt ihrer Karriere gilt: Am 7. Dezember 1911 tritt sie in der Mailänder *Scala* auf und übernimmt eine Tanzeinlage innerhalb der Oper *Armide* des Barockkomponisten Christoph Willibald Gluck. Weitere umjubelte und gutbezahlte Auftritte in den Salons der italienischen Oberschicht folgen.

Doch das ist ihr nicht genug. Es gibt jemanden, von dem sie sich eine drastische Wende hinsichtlich ihrer dümpelnden »Karriere« verspricht. Jemanden, der ganz offenbar weiß, wie man auf der Bühne europaweite Erfolge inszeniert. Es ist niemand anderer als der erfolgreichste Newcomer auf der europäischen Tanzszene, der russische Kulturunternehmer Sergei Djagilew. Er vermochte schon mehrfach, märchenhafte Erfolge in Europa zu feiern. So auch kurz zuvor mit dem 1909 gegründeten Ensemble *Ballets Russes*, das die von ihm ausgewählten besten Tänzerinnen und Tänzer des Zarenreichs vereinte.

Grietje findet es geradezu zwingend, diesen vom Erfolg verwöhnten Impresario zu kontaktieren. Im März 1912 kommt es in Monte Carlo zu einem Treffen. Sie hat mehrere Auftritte in den örtlichen Salons der Reichen und Schönen, Djagilew gastiert parallel in der Oper des mondänen Ferienorts mit seinem Ballett.

Gänzlich von sich überzeugt und sicher, mit Kusshand genommen zu werden, besucht sie Djagilew während einer Ballettprobe in der Oper. Dieser, das sei der Verständlichkeit halber hinzugefügt, arbeitet ausschließlich mit professionell ausgebildeten, jeden Tag acht Stunden trainierenden Tänzerinnen und Tänzern. Der Kontrast zu der Möchtegern-»Hupfdohle«, wie sie hinter vorgehaltener Hand von missgünstigen Zeitgenossen genannt wird, könnte nicht größer sein. Aus professioneller Sicht wirken Grietjes Darbietungen nur unbeholfen.

Als ihm ihr Kommen gemeldet wird, unterbricht er die Probe, bittet sie herein, betrachtet Grietje, deren »Ruf« er natürlich kennt, von Kopf bis Fuß, und fordert sie dann lächelnd auf, sich auszuziehen und vor den Augen des gesamten russischen Profi-Ensembles auf der Bühne eine Kostprobe ihres tänzerischen Könnens abzuliefern.

War Grietje mit ihren mittlerweile sechsunddreißig Jahren wirklich davon überzeugt, ohne jede tänzerische Ausbildung, ohne irgendwelche Erfahrung im klassischen Tanz mit der seinerzeit führenden Ballett-Truppe Europas auftreten zu können? Sie verzichtet auf Djagilews »Angebot« und reist empört ab.

1913 neigt sich ihre Karriere endgültig dem Ende zu. Zum einen ist sie mit nunmehr siebenunddreißig Jahren dem besten Alter für Nacktauftritte entwachsen. Zum anderen hat sie nichts Neues mehr anzubieten als ewige Variationen ihres ursprünglichen Erfolgsrezepts, das nun aber mangels Exklusivität bei einer Fülle deutlich jüngerer und attraktiverer Konkurrentinnen nicht mehr zieht.

Anfang 1914 reist sie nochmals nach Berlin und ist zutiefst beglückt, als man ihr einen hochdotierten Vertrag im *Metropol-Theater* anbietet, den sie sofort unterschreibt. Sie soll ab September 1914 sechs Monate lang in einer Bühnenshow auftreten. Damit wären ihre mittlerweile drückenden Geldsorgen vorerst überwunden.

Doch es kommt anders. Am 28. Juli 1914 bricht der Erste Weltkrieg aus, das Engagement wird abgesagt. Sie verlässt Deutschland, wo sie sich eine Wohnung genommen hatte, Anfang August und reist in ihre holländische Heimat zurück – die Niederlande bleiben im gesamten Ersten Weltkrieg neutral und sind somit keine Kriegspartei.

Die Rückkehr in ihr Heimatland fällt ihr nicht gerade leicht. Ist sie doch eigentlich eine europäische Berühmtheit, aber gleichzeitig mittlerweile als »abgehalfterte Ex-Tänzerin« verschrien. Der Krieg legt die gesamte Kulturszene lahm, trocknet alle Cabarets aus. Niemand will mehr etwas mit ihr zu tun haben. Sie zerbricht sich verzweifelt den Kopf, wie sie künftig ihren Lebensunterhalt verdienen soll. Nach den genossenen Erfolgen ist es ihr unmöglich, als Putzfrau zu arbeiten oder in ähnlichen Bediensteten-Positionen.

Als Bürgerin eines neutralen Staates verfügt Grietje im Vergleich zu Bürgerinnen und Bürgern der kriegführenden Staaten über einen unschätzbaren Vorteil: Im Gegensatz zu diesen ist es ihr generell erlaubt, sich frei in Europa zu bewegen, sprich die Grenzen der benachbarten, miteinander Krieg führenden Staaten mehr oder weniger nach Belieben zu überqueren. Da sich ihre Geldsorgen wegen des ausgebliebenen Berliner Engagements verschärfen, reist sie 1915 über England nach Paris, um ihren dortigen Hausstand – eine Villa in Neuilly – aufzulösen, also zu Geld zu machen. Doch die Einnahmen reichen nur, um ihre Schulden zu bezahlen. Um sich über Wasser zu halten, geht sie nun sogar anschaffen und verdingt sich in einigen Pariser Bordellen als Prostituierte.

Im März 1916 kehrt sie mit den Resten ihres Pariser Hausstandes ins heimatliche Den Haag zurück. Dort lernt sie in einem Nachtclub einen achtzehn Jahre jüngeren russischen Offizier kennen, dessen Geliebte sie wird. Der Russe gehört zu dem vom Zarenreich entsandten, fünfzigtausend Mann starken Expeditionskorps, das den französischen Verbündeten militärisch gegen den gemeinsamen Feind Deutschland unterstützt.

Währenddessen hatte das Deuxième Bureau, eine Abteilung des französischen militärischen Auslandsnachrichtendienstes, seit Mitte 1915 ein Auge auf Grietje, die sich mit ihren vielen Reisen kreuz und quer durch Europa in den Augen der Geheimdienstler mehr als verdächtig machte. Doch bisher können sie ihr nichts nachweisen.

Grietje reist vorerst völlig unbehindert im Frühjahr 1916 von Paris nach Madrid. Sie arbeitet weiterhin als Prostituierte, will sich aber zusätzliche Einnahmequellen sichern. Und dafür sucht sie sich ausgerechnet das zwar potenziell sehr einträgliche, aber letztlich lebensgefährliche Metier der Spionage aus. Sie will gleich zu Anfang ihre Profite maximieren, indem sie Geld von mehreren Seiten nimmt. Dass dies eine der gefährlichsten Varianten ist, bei der die Lebenserwartung der Protagonisten am niedrigsten ist, scheint ihr egal zu sein, falls sie überhaupt darüber nachdenkt.

Die Franzosen, mit denen sie als erstes Kontakt aufnimmt, bieten ihr eine Million Francs, falls sie es schaffe, sich Zugang zum deutschen Oberkommando der Westfront in Antwerpen zu verschaffen und dort interne Unterlagen zu besorgen. Dazu soll sie im neutralen Spanien, genauer gesagt in Madrid, gezielt Kontakt zu deutschen Offizieren suchen. Und sich so die entsprechenden Empfehlungen verschaffen, um Zutritt zu deren Hauptquartier zu erhalten.

In Madrid angekommen, kontaktiert Grietje auftragsgemäß den deutschen Militärattaché in Spanien und bittet ihn um die Herstellung eines Kontakts zum deutschen Oberkommando West. Der Militärattaché leitet die Information nach Antwerpen weiter, wo auch die für Frankreich zuständige Kriegsnachrichtenstelle West sitzt, die zum Geheimdienst der deutschen Armee Abteilung III b (A III b) gehört.

Grietje beginnt derweil eine Liaison mit dem deutschen Militärattaché und nimmt nach eigener Darstellung Geld für den Sex, jedoch nicht als Agentenlohn, wie man ihr später in Frankreich vorwerfen wird. Sie erhält von dem deutschen Offizier angeblich brisante Informationen über die Betankung deutscher U-Boote in spanischen Häfen und die Einschleusung deutscher Agenten nach Monaco.

Grietje ist überglücklich, wertvolles Material in Händen zu halten und dieses ihren französischen Auftraggebern präsentieren zu können. Was sie nicht weiß: Diese Informationen sind nur veraltetes »Spielmaterial«. Jetzt macht sie sich daran, den zweiten Teil ihres Plans umzusetzen, und Kontakt mit den Deutschen aufzunehmen, nicht nur um ihren französischen Auftrag zu erfüllen, sondern auch, um sich von den Deutschen anwerben zu lassen und auf dieser Seite ebenfalls abzukassieren.

Wie ihr das genau gelingt, ist bis heute unbekannt. Im April 1916 ist sie jedenfalls auf der deutschen Seite der

Westfront, in Antwerpen und Köln, nachweisbar. In der Metropole am Rhein erhält sie von der Chefin der deutschen Militärspionage gegen die Entente an der Westfront, Dr. Elisabeth Schragmüller (s. u.), einen Schnellkurs in Spionagedingen und wird auf ihren Einsatz gegen Frankreich vorbereitet. Ihr wird der Deckname »H-21« zugeteilt (sie war die einundzwanzigste Agentin, die der Anwerber, ein Major Hoffmann, für deutsche Dienste gewinnen konnte).

Zurück in Paris beantragt Grietje dort im Sommer 1916 einen Passierschein für die frontnahe Stadt Vittel in den Vogesen, wo ihr mittlerweile kriegsverletzter russischer Offiziersgeliebter im Lazarett liegt. Sie wird vom französischen Militärgeheimdienst Deuxième Bureau kontaktiert, der ihr ein Visum für die Frontstadt in Aussicht stellt, wenn sie einwilligt, für Frankreich zu spionieren. Sie willigt ein und erhält das begehrte Visum.

Dem französischen Geheimdienst liegt daran, ihre möglichen Beziehungen zum deutschen Kronprinzen, Wilhelm von Preußen, den sie angeblich vor dem Krieg in Berlin kennen- und lieben gelernt hatte, auszunutzen. Ihr Auftrag besteht darin, sich wieder an ihn heranzumachen und über ihn interne Dokumente der deutschen Kriegsplanung im Westen herbeizuschaffen. Denn der Kronprinz versieht seinen Militärdienst offiziell im Rang eines Generals bei der deutschen Armee in Antwerpen. Dabei übersehen die Franzosen jedoch, dass der Kronprinz in der kaiserlichen Armee zum eigentlichen Kriegsgeschehen kaum einen Bezug hat. Stattdessen genießt er sein Frontleben als Playboy, Trunkenbold und Rumtreiber.

Vittel ist eine Garnisonsstadt mit vielen französischen Offizieren und Mannschaften. Aus Geldmangel ist Grietje gezwungen, vor Ort ihre Arbeit als Prostituierte wieder aufzunehmen. Sie wird mittlerweile auf Schritt und Tritt vom französischen Geheimdienst überwacht. Über ihre Prostituierung hinaus kann eine verdächtige Tätigkeit dort jedoch nicht festgestellt werden.

Das Deuxième Bureau stellt Grietje daher im Dezember 1916 eine Falle. Sie erhält eine Liste mit den Namen von sechs Belgiern, die hinter den deutschen Linien insgeheim mit Frankreich zusammenarbeiten und die sie nun aufsuchen soll. Ihr französischer Agentenführer erklärt ihr, dass fünf von ihnen offenbar in deutschem Auftrag irreführende Meldungen nach Frankreich liefern. Unter dem Siegel strengster Verschwiegenheit teilt er ihr auch noch mit, dass den Franzosen bekannt sei, dass der sechste als Doppelagent für Deutschland und Frankreich arbeite. Sie dürfe sich diesem belgischen Verräter gegenüber nicht anmerken lassen, dass sie davon weiß.

Als der Doppelagent kurze Zeit später von den Deutschen erschossen wird, ist die Sache für die französische Spionageabwehr klar: Grietje hat die »streng geheime Nachricht«, dass der Belgier auch für die Franzosen arbeite, brühwarm den Deutschen weitergetratscht. Warum hätten sie ihn sonst erschießen sollen?

Viele Jahrzehnte später werden einige Historiker behaupten, die Leiter von A III b, Nicolai und Schragmüller, hätten für den Tod des Belgiers gesorgt, um Mata Hari, mit deren Dienste sie unzufrieden waren, loszuwerden – weil klar war, dass die Franzosen daraus schließen würden, dass Grietje eine deutsche Spionin ist und sie daraufhin zumindest einsperren würden.

Einige Wochen nach dem Vorfall, Mitte Februar 1917, reist Mata Hari in deutschem Auftrag nach Paris. Ihre Ankunft in der Seine-Metropole meldet der als Passbeamter arbeitende Schriftsteller Céline seinen Vorgesetzten. Grietje wird umgehend verhaftet. Nach anfänglichem Leugnen gibt sie schließlich zu, dass der deutsche Konsul in Amsterdam ihr 1916 insgesamt 20.000 Francs ausgehändigt habe. Für sexuelle Dienstleistungen, so Grietje – für Spionageinformationen, so der französische Militärstaatsanwalt. Von ihrem Techtelmechtel mit dem deutschen Militärattaché in Madrid erzählt sie kein Wort, was sie in den Augen der Franzosen noch verdächtiger macht.

Ende Juli 1917 beginnt ihr als »Sensationsprozess« mit reichlicher Pressebegleitung aufgezogenes Verfahren im Pariser Justizpalast, der nur eineinhalb Tage dauert. Ob Mata Hari überhaupt Gelegenheit hatte, tatsächlich bedeutsame Informationen an den deutschen Geheimdienst weiterzuleiten, konnte bis heute nicht zweifelsfrei geklärt werden – auch nicht nach Freigabe ihrer französischen Prozessakten im Jahre 2017.

Entscheidend für den Verlauf des Prozesses ist, dass sich Frankreichs militärische Lage 1917 als durchaus besorgniserregend darstellte. Soldaten desertierten in großem Umfang, es kam zu Aufständen in der Armee gegen die immer wieder befohlenen, mit hohen Verlusten verbundenen Offensiven an der Front. Da kam der »Sündenbock« Grietje gerade recht. Ihrem angeblichen verbrecherischen Verrat kann man eine Reihe von Fehlschlägen an der Front in die Schuhe schieben. So ist es nur logisch, dass sie trotz schwacher Beweislage nach anderthalb Prozesstagen zum Tode verurteilt wurde. Man warf ihr im Urteil vor, durch ihre prodeutsche Spionagetätigkeit am Tod von mindestens fünfzigtausend französischen Soldaten schuld gewesen zu sein. Ihr Gnadengesuch lehnte der französische Staatspräsident ab.

Zweieinhalb Monate später, am 15. Oktober 1917, um 6.15 Uhr morgens, wurde die einundvierzigjährige Grietje in der Nähe von Schloss Vincennes erschossen. Die bei solchen Hinrichtungen obligatorische Augenbinde verweigerte sie. Nach der Salve des Pelotons gab ihr ein Unteroffizier aus kurzer Distanz einen Gnadenschuss in den Kopf.

In Deutschland gilt sie seitdem als unschuldiges Opfer der französischen Militärjustiz. Dem widersprechen zwei offizielle deutsche Dokumente: der Sammelband *Was wir vom Weltkrieg nicht wissen* aus dem Jahr 1929, in dem die deutsche Spionage-Chefin an der Westfront, Elsbeth Schragmüller, einige Details ihrer Arbeit in der Kriegsnachrichtenstelle West in Antwerpen (Rue Pépinière) beschreibt, und der in den Zwanzigerjahren verfasste sogenannte Gempp-Bericht, eine umfangreiche Darstellung nachrichtendienstlicher Geschehnisse für interne Zwecke mit dem Titel »Geheimer Nachrichtendienst und Spionageabwehr des Heeres« für die Zeit von 1866 bis 1917 (in fünfzehn Bänden) aus der Hand des späteren Leiters der Abteilung III b, Friedrich Gempp (1873–1947), die leider bis heute weder umfassend bearbeitet noch entsprechend publiziert wurde.

Der französischen Spionageabwehr war vermutlich klar, dass Grietje den Deutschen keine wichtigen Hinweise übermittelt hatte. Eine Wiederaufnahme des Verfahrens mit dem Ziel, Grietjes Unschuld feststellen zu lassen, lehnte die französische Justiz in den letzten Jahrzehnten dennoch mehrfach ab.

Übrigens ließen die deutschen Besatzungsbehörden in Belgien während des Ersten Weltkriegs ihrerseits nicht weniger als fünfzig feindliche »Agenten« und fünf »Agentinnen« hinrichten. Wie die Deutschen ansonsten zwischen 1914 und 1918 in Belgien hausten, dazu entwirft beispielsweise der in Buchform erschienene Augenzeugenbericht des Soldaten und Journalisten Heinrich Wandt »Etappe Gent« ein erschreckendes Bild.

Leider ist davon in den bundesdeutschen Geschichtsbüchern nur selten oder nie die Rede. Ebenso wenig von den unzähligen deutsch-österreichischen Kriegsverbrechen an der Ostfront des Ersten Weltkriegs – einschließlich Konzentrationslager (die tatsächlich so hießen) und der massenweisen Erschießung von Geiseln. Hier werfen die Greuel der deutschen Kriegsverbrechen des Zweiten Weltkriegs schon ihre Schatten voraus – und das ohne NS-Terror als »Entschuldigung«. Das führt zu beunruhigenden Fragen, mit denen sich bisher leider noch kein namhafter BRD-Historiker beschäftigt hat. Denn dies bedürfte aufwendiger Recherchen in den verstreuten Archiven Ost- und Westeuropas.

Grietjes Körper wurde – da keine Anfragen von Verwandten bezüglich eines Begräbnisses vorlagen – der Wissenschaft zur Verfügung gestellt. Ihr Kopf wurde einbalsamiert und im Museum für Anatomie in Paris aufbewahrt. Bei einer Inventur im Jahr 2000 stellte sich heraus, dass der Kopf schon mindestens seit 1954 verschwunden ist. Wer ihn heute in Besitz hat oder ob ihn jemand beigesetzt hat, ist unbekannt.

Ihr Ruhm ist bis heute ungebrochen. Das ist nicht zuletzt der Tatsache geschuldet, dass in den vergangenen Jahrzehnten sechzehn Kinofilme über sie gedreht wurden, darunter einer mit Greta Garbo als Grietje. Ebenso wurden fünf verschiedene Musicals über ihr außergewöhnliches Leben, ebenso reich an Glanz wie an Tragik, produziert.

Yoshiko Kawashima (1907–1948)

Die Prinzessin

Die berühmte »Mata Hari« (s. o.), deren Ruf als legendäre Spionin und Femme fatale im Westen ungebrochen ist, besitzt ein Pendant weit im Osten, im fernen Asien. Dort trägt eine Frau mit einem besonders tragischen Lebenslauf den Namen »Mata Hari des Ostens«: Yoshiko Kawashima. Wie kam die junge Dame zu diesem Ruf und diesem Beinamen?

Am Anfang ihres Lebens schienen alle Zeichen auf einen ganz anderen Lebenslauf zu deuten: Auf den einer sorglosen Existenz im chinesischen Hochadel. Denn geboren wurde sie als veritable Prinzessin der berühmten Qing-Dynastie. Ihr Geburtsname lautet Aisin Gioro Xianyu, was ihre Abkunft aus der berühmten Adelsfamilie Aisin Gioro belegt. Ihr Hofname Dongzhen bedeutet wörtlich übersetzt »östliches Juwel«.

Ihr Vater war ein Mandschu-Prinz namens Shanqi (1866–1922), ihre Mutter dessen vierte Konkubine. Nach der chinesischen Revolution und der Ausrufung der Republik 1912 lösten sich die ausufernden adligen Hoffamilien mangels finanzieller Grundlagen schnell auf. Dongzhen wurde im Alter von fünf Jahren zur Adoption freigegeben. Ein Freund ihres Vaters, der in China tätige japanische Geheimdienstler und Söldner Naniwa Kawashima, adoptierte sie. Er gab ihr auch einen neuen Namen: Sie hieß von Stund an Yoshiko Kawashima. Nach einiger Zeit zog er nach Japan zurück und nahm seine Tochter mit. Sie ging nun in Tokio zur Schule und erhielt eine umfassende Ausbildung, die auch Judo und Fechten einschloss.

Yoshikos biologischer Vater starb 1922, ihre Mutter folgte der damaligen chinesischen Tradition und beging Selbstmord. Mit dem Tod des echten Vaters veränderte sich das Verhalten ihres Stiefvaters ihr gegenüber. Er vergewaltigte sie von nun an immer wieder und setzte diesen sexuellen Missbrauch jahrelang fort.

Diese Traumatisierung hatte Folgen. Mit achtzehn Jahren beschloss Yoshiko, künftig als Mann zu leben. Sie ließ sich ihre langen schwarzen Haare abschneiden und trug von nun an einen kurzen Männerhaarschnitt. Außerdem kleidete sie sich in männliche Anzüge. Gerüchte über einen Selbstmordversuch einige Zeit zuvor ließen sich nicht erhärten.

Als Teil des Zirkels prominenter Kinder in Tokio wurde sie von Journalisten zu ihrem Stilwandel interviewt und sagte aus, sie habe sich schon als Kind immer gewünscht, ein Junge zu sein und als Junge leben zu dürfen. Und jetzt nehme sie sich diese Freiheit.

Ihre Familie war über ihre Verwandlung entsetzt. Daher arrangierte der Stiefvater nun die Hochzeit mit dem Sohn eines befreundeten mongolischen Generals. Yoshiko wurde gezwungen, in die weit entfernte Mongolei, aus japanischer Sicht ans Ende der Welt, umzuziehen. Erst drei Jahre später schaffte sie es, sich scheiden zu lassen und nach Tokio zurückzukehren. Dass ihr das lebend gelang, war angesichts der damaligen Zeitläufte und Gebräuche mehr als ein Wunder.

Sie reiste allerdings nicht auf direktem Weg von der Mongolei nach Tokio. In verschiedenen chinesischen Küstenorten, die ihr aus ihrer Kindheit noch vertraut waren, machte sie Zwischenstation. Als sie dann in Tokio ankam, schloss sie sich der neu entstandenen Boheme an und lebte in Saus und Braus, mit verschiedenen Geliebten weiblichen und männlichen Geschlechts. Nach heutigem Gebrauch würde man sie als Influencerin, Prominente und It-Girl bezeichnen.

Etwas später zog sie in die chinesische Metropole Shanghai, die damals als Hotspot liberaler Lebensweise in Asien galt. Ihr nächster Liebhaber war der japanische Militärattaché Ryukichi Tanaka, der sie benutzte, um seine Kontakte in die elitären Kreise der Mandschu und der mongolischen Adligen zu intensivieren. Sie lebte mit Tanaka zusammen, der ihren Lebensstil finanzierte und ihr durch seine Position einen hohen Grad an Sicherheit bot.

Nach der japanischen Invasion der Mandschurei 1931, den chinesischen Protestdemonstrationen dagegen und der Schlacht um Shanghai 1932 wurde Tanaka nach Japan zurückgerufen. Yoshiko blieb zunächst in Shanghai und arbeitete nun als Agentin für den japanischen Befehlshaber in der Mandschurei, General Doihara Kenji.

Für ihn unternahm sie Undercover-Einsätze in der Mandschurei, oft in männlicher Verkleidung. Ein Journalist, der sie in dieser Zeit interviewte, beschrieb sie als selbstbewusste Erscheinung und umwerfend attraktives Wesen, halb Frau, halb Mann, das sich meist männlich kleidete. Bei ihren Einsätzen an der Front trage sie gern grobe Soldatenklamotten, um in der Männerwelt des Kriegsgeschehens weniger aufzufallen und ihre Aufträge besser ausführen zu können.

Besonders enge Verbindung hielt Yoshiko zum »letzten Kaiser«, Aisin Gioro Puyi, der 1912 im Alter von sechs Jahren abgedankt hatte. Dieser behandelte sie immer noch wie ein Mitglied der kaiserlichen Familie und beherbergte sie längere Zeit an seinem temporären Hof in Tianjin. So war es auch angeblich Yoshiko, die Puyi in japanischem Auftrag dazu überreden konnte, sich als Pro-forma-Herrscher der japanischen Kolonie Mandschukuo auf chinesischem Boden zur Verfügung zu stellen. Dieses staatliche Kunstgebilde auf dem Gebiet der Mandschurei sollte Keimzelle der künftigen weiteren japanischen, imperialistischen Expansion Richtung Sibirien im Norden, aber auch Richtung Vietnam und Indien im Süden und Westen werden. Angeblich kritisierte Yoshiko Puyi allerdings intern dafür, dass er den Japanern gegenüber zu nachgiebig sei und seine Position nicht ausnutze, um der chinesischen Bevölkerung im chinesischen Marionettenstaat von japanischen Gnaden mehr Freiräume zu erkämpfen.

Yoshikos neuer Liebhaber wurde General Tada, der japanische Militärberater Puyis. Mit seiner Hilfe wurde sie ebenfalls militärisch aktiv. Sie gründete eine Reiterarmee zur Aufstandsbekämpfung, die auf dem Höhepunkt 1932 angeblich fünftausend ehemalige Banditen umfasste und von den Japanern damit beauftragt war, gegnerische Guerillagruppen zu jagen und zu vernichten. Sie wurde damit Teil einer mit äußerster Grausamkeit geführten japanischen Vernichtungskampagne, die jeglichen antijapanischen Widerstand in Mandschukuo mit Stumpf und Stiel ausrotten sollte und die auch vor der Ermordung von Frauen, Kindern und alten Menschen nicht Halt machte.

Japanische Medien feierten Yoshiko für ihren Einsatz an der Seite der japanischen Truppen als Jeanne d'Arc des Ostens. Seit der japanischen Besetzung der Mandschurei kam das Gebiet nicht zur Ruhe. Widerstand leisteten dabei sowohl rechtsorientierte chinesische Nationalisten als auch die ein Jahrzehnt zuvor gegründete Volksbefreiungsarmee der Kommunistischen Partei Chinas.

Yoshiko drängte auch darauf, an der nächsten größeren Operation der japanischen Besatzungsarmee in China,

Kwantung-Armee genannt, teilzunehmen: der Säuberung des Gebiets rund um die Große Mauer von antijapanischen Aufständischen. Doch diesmal lehnte die Armee ab – die Gründe hierfür sind nicht bekannt. Ihre Reiterarmee existierte dann noch einige Jahre, bis sie Ende des Jahrzehnts aufgelöst wurde.

In diesem Zeitraum war Yoshiko zu einer populären Figur des neuen japanischen Establishments in Mandschukuo geworden. Sie wurde im Radio interviewt, schrieb lange Artikel über ihre Vorstellungen zur Zukunft Chinas als Teil des japanischen Imperiums und nahm sogar Schallplatten auf, selbstverfasste Lieder vortragend. Ihre Lebensgeschichte wurde Gegenstand populärer Darstellungen, sei es fiktionaler, sei es biographischer Form. Dabei kamen allerdings nur die Episoden zur Sprache, die Japan im besten Lichte erscheinen ließen – es handelte sich also schlicht um Propaganda der japanischen Imperialbürokratie.

Yoshiko verlor nun einen Teil ihrer bisherigen Aufträge als Undercover-Agentin, denn mittlerweile war sie so bekannt, dass sie überall, selbst in den kleinsten Dörfern, erkannt wurde, egal ob sie verkleidet war oder nicht. Als sie dann auch noch anfing, die japanische Besatzungspolitik in China öffentlich zu kritisieren, wurden ihre Auftritte und die lobpreisenden Artikel über sie deutlich weniger, bis sie schließlich ganz aufhörten.

Mittlerweile hatten sich die anfänglich örtlichen Scharmützel zwischen der japanischen Armee und der mit ihr »verbündeten« Armee von Mandschukuo gegen die verschiedenen Widerstandsgruppen zu einem richtigen Krieg ausgeweitet: dem zweiten Japanisch-Chinesischen Krieg (1937–1945), der erst mit der japanischen Kapitulation sein Ende finden sollte. Als die japanischen Besatzungstruppen nach der Kapitulation im September 1945 aus Peking abzogen, rückten dort die Truppen des ebenso rechtsextremen wie korrupten Söldnergenerals Tschiang Kai-schek ein und übernahmen mit Einverständnis der USA zunächst die Macht. Allerdings unterstützte jetzt die Sowjetunion die chinesischen Kommunisten mit reichlich Militärausrüstung und kampferprobten Militärberatern, so dass in den nächsten vier Jahren die Kommunistische Partei Chinas beziehungsweise die Volksbefreiungsarmee tatsächlich das gesamte Territorium Chinas befreien konnten und die rechtsradikale Kuomintang-Partei und ihr »Führer« Tschiang Kai-schek sich 1949 in heilloser Flucht auf die China vorgelagerte Insel Taiwan zurückziehen mussten. Die Einwohner der Insel waren keineswegs begeistert über die Neuankömmlinge, die mit größter Selbstverständlichkeit die Macht auf der Insel für sich beanspruchten. Es kam zu einem Bürgerkrieg, der von Seiten Tschiang Kai-scheks mit der üblichen rücksichtslosen Grausamkeit und Massakern an der Bevölkerung geführt wurde, bis der letzte Widerstand gebrochen und die Macht auf der Insel gesichert war. Die chinesische Volksbefreiungsarme war nach dem jahrzehntelangen Bürgerkrieg auf dem Festland, der mehr als fünfundzwanzig Millionen Todesopfer forderte, zu geschwächt, um auch noch die Insel Taiwan zu besetzen. Zumal die USA Tschiang Kai-schek nach wie vor als ihren persönlichen Vasallen betrachteten und mit diesem einen Beistandspakt abgeschlossen hatten. Noch jahrelang fungierten die USA als Besatzungsmacht auf Taiwan, da dieses formal japanisch besetztes Gebiet blieb, das von den USA verwaltet wurde.

Yoshiko Kawashima sollte das alles nicht mehr erleben. Sie wurde im November 1945 von Häschern Tschiang

Kai-scheks in Peking festgenommen und als Kollaborateuse in eine Zelle des Hebei Gefängnisses gesperrt. Der Prozess gegen sie begann einen Monat später. Ihre Verteidiger versuchten, ihren Fall vor ein Militärgericht zu bringen, um sie als kämpfendes Individuum aburteilen zu lassen – und damit die drohende Todesstrafe zu vermeiden. Denn sie stand nun als Verräterin vor Gericht, und auf Hoch- und Landesverrat stand bei den nationalchinesischen Behörden die Todesstrafe.

Doch all diese Bemühungen liefen ins Leere, da Tschiang Kai-schek ein schnelles Ende des Prozesses wünschte, mit dem beabsichtigten Urteil: der Todesstrafe. Und so kam es auch. Am 20. Oktober 1947 wurde Yoshiko zum Tode verurteilt und nach einigem Hin und Her am 25. März 1948 von einem Erschießungspeloton hingerichtet. Nach der Liquidierung wurde ihr Körper öffentlich zur Schau gestellt. Ein japanischer Mönch nahm sich dann der Leiche an, um sie einäschern zu lassen. Letztlich wurde ihr Leichnam jedoch in einem Blechsarg eingeschweißt nach Japan geschickt, wo sie am Wohnort ihrer Adoptivfamilie in Matsumoto beigesetzt wurde. In Japan ist sie bis heute eine Berühmtheit.

Damit endete die Lebensgeschichte von Yoshiko Kawashima, der »Mata Hari des Ostens«. Wie ihr westliches Pendant wurde auch Yoshiko nur einundvierzig Jahre alt. Wie sie starb sie an einen Pfahl gefesselt, hingerichtet von einem Erschießungskommando.

Philip Agee (1935–2008)

Der Gläubige

Ein überzeugter Idealist tritt seine Traumstelle an: als *case officer*, also als verantwortlicher Agent vor Ort, des US-Auslandsgeheimdienstes, der Central Intelligence Agency (Zentrale Nachrichten-Behörde / CIA). Seine Vorstellung ist es, im Namen Amerikas die Welt zu einem besseren Platz zu machen. Er will Diktatoren bekämpfen, für die Demokratie streiten, Verbrecher hinter Schloss und Riegel bringen. Doch es soll ganz anders kommen, und schließlich wird aus ihm einer der berühmtesten Ankläger der in seinen Augen verbrecherischsten Organisation auf Gottes Erdboden: der CIA.

Philip Agee, geboren als Sohn von wohlhabenden, katholisch-gläubigen Eltern, verbringt eine idyllische, materiell sorglose Kindheit voller Geborgenheit und Rechtschaffenheit im »Sonnenschein-Bundesstaat« Florida. Er wohnt mit seiner Familie in einem großen, luxuriösen Haus direkt neben einem exklusiven Golfclub.

Nach Highschool und College studiert er, wie von seinen Eltern gewünscht, Jura an der konservativen katholischen Universität von Notre Dame du Lac im US-Bundesstaat Indiana und macht 1956 einen ordentlichen Abschluss. Kurze Zeit später beginnt er den obligatorischen Militärdienst (lange vor der Einführung der kostengünstigeren Berufsarmee) bei der US-Luftwaffe.

Von Kindheitstagen an hat er einen Traum: Er möchte die Welt sehen, und er möchte dem Guten zum Durchbruch verhelfen. Sein Heimatland, die USA, sieht er – ganz im Einklang mit der in den Schulen propagierten nationalen Ideologie – als »auserwähltes Land« an, dem niemand anderes als Gott selbst die Rolle einer Führungsmacht zugedacht hat.

Das wenige, was er von US- und Weltgeschichte in Schule und Univerität vermittelt bekommt, hinterlässt bei ihm den Eindruck, die USA sei eine Heldennation: allzeit bereit, sich für die Schwachen und Rechtlosen zu engagieren, das Böse zu bekämpfen (wie im Fall Hitler und nach 1945 im Fall der Sowjetunion und ihrer kommunistischen Verbündeten weltweit) und dem Guten zum Durchbruch zu verhelfen – und dabei auch gleich noch ihre eigene Kultur, ihre eigene Lebensart, den American Way of Life als bestmögliche Daseinsform zu verbreiten. Also Kaugummi und Rock 'n' Roll, Nylonstrümpfe und Lucky Strike-Zigaretten, Coca-Cola und Musicals und natürlich die aus den Studios von Hollywood in die Welt strömenden Monumentalfilme sowie die Krimis und Western, die das amerikanische Prinzip »Erst schießen, dann fragen« propagieren.

Nach drei Jahren als Militärpilot verwirklicht Agee seinen Traum. Er bewirbt sich 1960 bei der CIA und wird sofort genommen. Er ist überglücklich und sieht sich an seinem Lebensziel angekommen: als Kämpfer an vorderster Front sein Leben für die Durchsetzung des amerikanischen Traums, des Wahren, Schönen und Guten einzusetzen.

Acht Jahre verbringt er an der geheimen Front, zumeist in Süd- und Mittelamerika, dem sogenannten amerikanischen Hinterhof. Von seinem ersten Auftrag, für diplomatische Zwietracht zwischen Ecuador und Kuba zu sorgen, bis hin zu seiner letzten Station in Mexico City. Dabei befindet er sich nur formell im Ausland. Denn die

Länder südlich der USA werden von der Supermacht als ihre ureigenste Einflusssphäre angesehen. Zu den von ihm eingesetzten geheimdienstlichen Mitteln gehören Bestechung, Bedrohung, illegales Abhören und die Fälschung von Dokumenten.

Die USA sind generell gewillt, in Südamerika alle Mittel einzusetzen, um die betreffenden Länder innerhalb des US-Hegemonialreichs zu halten und zu verhindern, dass etwa andersdenkende, anders ausgerichtete Regierungen, die möglicherweise sogar das Wohl der eigenen Bevölkerung im Sinn haben könnten, an die Macht gelangen. Selbst dann, wenn es mittels einer, von den Amerikanern als ihr ureigenstes Prinzip verkauften, ordnungsgemäßen demokratischen Wahl passiert. In diesem Fall wird das Votum des jeweiligen Volkes kurzerhand beiseite gefegt und eine den USA genehme Militärdiktatur installiert, wie dies in Mexiko und Chile in den nächsten Jahren und Jahrzehnten immer wieder passiert.

1968 ist Agee in der Forward Operation Base (Vorfeld-Operationsbasis/FOB) Mexico City stationiert – und muss kurz nach seiner Ankunft mitansehen, wie die von den USA gestützte Militärregierung Mexikos angesichts einer schweren Wirtschafts- und Sozialkrise die demonstrierenden Studenten und Arbeiter rücksichtslos zusammenschießen lässt. Sein Weltbild ist mittlerweile in den Grundfesten erschüttert durch die Details, die er etwa CIA-intern über den Vietnamkrieg erfuhr, Dinge, die in den USA nicht in der Presse standen. Dinge, die er mit seinem idealistischen Ansinnen und seinem nach wie vor praktizierten katholischen Glauben nicht in Einklang bringen kann. So auch die Tatsache, dass sich die damaligen Präsidenten von Costa Rica, Mexiko und Kolumbien als CIA-geführte Marionetten herausstellen.

Ein Jahr später, 1969, ringt er sich zu einem dramatischen Schritt durch: Trotz zahlreicher schneller Beförderungen, Gehaltsaufbesserungen und der Aussicht auf eine Führungsposition in der Zentrale entschließt er sich, mit seinem bisherigen Leben, mit seiner bisherigen Arbeitswelt, mit seinen bisherigen Vorstellungen und Idealen radikal zu brechen. Er kündigt, verlässt die CIA und zieht sich in die Provinz zurück. Denn er hat einen Plan. Er möchte die Welt aufklären über die in seinen Augen als gesetzlose Verbrechertruppe agierende CIA. Also setzt er sich hin und beginnt, ein Buch zu schreiben.

Es wird fünf Jahre dauern, bis er *Inside the Company: CIA Diary* fertig und einen Verlag gefunden hat, der sich traut, dieses Buch zu drucken. Denn es prangert nicht nur die ebenso geheimen wie verbrecherischen Machenschaften der CIA an, sondern nennt auch Ross und Reiter: Agee veröffentlicht eine ganze Reihe von Klarnamen geheimer Mitarbeiter des über die ganze Welt verstreuten Spionagenetzwerks der CIA.

Die CIA tut nun das, was sie in solchen Fällen immer zu tun pflegt: Sie versuchte mit allen legalen und illegalen Mitteln, die Veröffentlichung dieser Anklageschrift zu verhindern. Doch am Ende gelingt es Agee 1975 tatsächlich, das Buch zu publizieren. Es erscheint in Großbritannien und wird sofort zu einem Bestseller, der in nicht weniger als siebenundzwanzig Sprachen übersetzt wird (1979 in deutscher Sprache als *CIA Intern: Tagebuch 1956–1974* veröffentlicht). Zu seinen Motivationen, das Buch zu schreiben, sagt Agee in einem Interview, dass Millionen Menschen auf der ganzen Welt aufgrund von Verbrechen der CIA gestorben seien. Angesichts dessen habe er nicht länger untätig herumsitzen können.

Agee bekam nach Erscheinen des Buchs die gesamte Bandbreite der CIA-Maßnahmen zu spüren. Er erhielt Todesdrohungen, wurde öffentlich beschuldigt, für den KGB zu arbeiten, und sollte die Verantwortung für den Tod der von ihm enttarnten CIA-Agenten übernehmen. Natürlich wurde ihm auch nachgesagt, beruflich bei der CIA ein völliger Versager gewesen zu sein, der sich dem Alkoholismus ergeben und reihenweise Botschaftsfrauen belästigt habe, völlig überschuldet gewesen sei und ohnehin kurz vor der Kündigung gestanden habe.

Agee flieht nach England. Doch der US-Außenminister Henry Kissinger steckt 1978 der britischen Regierung, dass Agee den Tod zweier britischer Geheimagenten verursacht habe. Das Vereinigten Königreich lässt ihn daraufhin umgehend als unerwünschte Person ausweisen. Die CIA behauptet weiterhin, Agee habe von sowjetischen und kubanischen Geheimdiensten über eine Million Dollar als Lohn für Geheimnisverrat erhalten, was er vehement abstreitet.

Andere westeuropäische, mit den USA verbündete Länder wie Frankreich, Italien, die BRD und die Niederlande weigern sich, den ehemaligen Geheimdienstler aufzunehmen. Über seine anstrengende Flucht vor dem Bannfluch, den die US-Regierung über ihn verhängt hat, berichtet Agee in seinem 1987 erscheinenden Buch *On the Run*. Als die USA Agee seinen Pass entziehen, verschärfen sie seine präkere Situation noch – so wie es später Edward Snowden ergehen soll.

1980 gewährt die sozialistisch regierte Inselrepublik Grenada Agee Asyl. Doch die sozialistische Militärregierung wird 1983 durch eine »Strafexpedition« der US-Armee mit Waffengewalt vertrieben. Agee muss erneut fliehen und findet Asyl im ebenfalls sozialistisch regierten Nicaragua.

Nachdem er 1978 die westdeutsche Ballerina Giselle Roberge heiratete, kommt er 1979 in den Besitz eines BRD-Reisepasses. Künftig verbringt er je eine Hälfte des Jahres in Hamburg und eine in Havanna. Ab 1990 besitzt er die deutsche Staatsbürgerschaft.

Ebenfalls 1978 beginnt Agee, eine geheimdienstkritische Zeitschrift herauszugeben, die sich *Covert Action Information Bulletin* nennt (Informationsbulletin zu Geheimaktionen). Erneut behauptete die CIA, dies sei auf Befehl des KGB geschehen, was Agee wiederum abstreitet.

Als er im Jahr 2000 nach Kuba übersiedelt, gründete er auf der sozialistischen Karibikinsel ein Reisebüro namens *Cubalinda* (Schönes Kuba), das Kuba-Reisen für US-Bürger organisierte. Ende 2007 wird Agee in ein Krankenhaus in Havanna gebracht, wo man Magenkrebs im fortgeschrittenen Zustand diagnostiziert. Nach der sofortigen Operation stirbt er am 7. Januar 2008 auf Kuba und wird dort beigesetzt.

George Blake (1922–2020)

Der Auserwählte

Wenn jemand das biblische Alter von achtundneunzig Jahren erreicht, ist das schon etwas Besonderes. Die Öffentlichkeit ist geneigt, anzunehmen, dass dieser Mensch sich eines besonderen Wohlwollens Gottes erfreut. Während die meisten Erdbewohner weit früher sterben, durch Krankheit oder Unfall, ist es diesen besonderen Menschen vergönnt, bei bester Gesundheit und hochangesehen die Hundert so gut wie voll zu machen. Bei der »biblischen« Person, um die es hier gehen soll, war es um das Ansehen allerdings nicht besonders gut bestellt. Diese Person galt zumindest im Westblock als einer der größten Verräter aller Zeiten.

George Blake, geboren als Georg Behar in Rotterdam, nimmt in vielerlei Hinsicht eine Sonderstellung unter den großen Spionage-Persönlichkeiten des zwanzigsten Jahrhunderts ein. Im Jahr seines Todes, 2020, war er der letzte lebende Zeitzeuge der »großen Epoche« der von Menschen betriebenen Spionage-Auseinandersetzungen. Noch kurz vor seinem Ableben kommentierte er aus seiner Wohnung in Moskau die Weltlage und die aktuellen Geschehnisse.

Blake wuchs als Kind einer protestantischen Mutter und eines sephardisch-jüdischen Vaters ägyptischer Herkunft auf. Vater Albert Behar hatte im Ersten Weltkrieg in den britischen Streitkräften gedient und einen der höchsten britischen Orden verliehen bekommen, die Meritorious Service Medal. Nach dem Krieg baute er eine erfolgreiche Handschuh-Manufaktur auf, deren Gewinne der Familie ein komfortables Leben ermöglichten. Seine jüdische Abkunft verschwieg der Vater bis zu seinem Tod 1936. Gestorben ist er an den Spätfolgen der Vergiftung während eines deutschen Senfgas-Angriffs im Ersten Weltkrieg, dessen Opfer er wurde, die bei ihm zu einem inoperablen Lungenkrebs führte.

Schon ein Jahr zuvor war der dreizehnjährige Georg, angesichts der zunehmenden Spannungen in Europa im Zuge der deutschen Aufrüstung und der seit 1933 in Deutschland mit Terror, Antisemitismus, Antibolschewismus und aggressiver Außenpolitik regierenden NSDAP, zu einer reichen Tante nach Ägypten geschickt worden, wo er seine Schulbildung an der English School in Kairo fortsetzte. Anschließend wechselte Georg ans Downing College in Cambridge, um dort Russische Sprache und Kultur zu studieren.

Während seiner Zeit in Kairo verbrachte der junge Georg viel Zeit mit seinem Cousin Henri Curiel, der später zu den Führungskadern der Kommunistischen Partei Ägyptens gehörte. Rückblickend sagte Blake, die Begegnung mit Curiel, der damals schon Marxist gewesen sei, habe seine generellen Überzeugungen entscheidend geprägt.

Pünktlich zum Ausbruch des Zweiten Weltkriegs war Blake zurück in den Niederlanden. 1940 besetzten deutsche Truppen das Land. Blake wurde zunächst interniert, aber bald wieder freigelassen, weil er erst siebzehn Jahre alt war. Wie sein Bruder schloss er sich dem niederländischen Widerstand an, ging in den Untergrund und fungierte dort als Kurier. 1942 schlug er sich über Belgien, Frankreich, Spanien und Gibraltar bis nach Großbritannien durch, wo er im Januar 1943 ankam und zunächst in London blieb.

Hier traf er seine Mutter und seine Schwestern wieder, die im Sommer 1939 ausgewandert waren. 1943 beschloss seine Mutter, den gemeinsamen Familiennamen zu anglifizieren und erhielt zusammen mit allen Kindern die Erlaubnis, künftig den Namen Blake zu führen.

George Blake, wie er sich jetzt nannte, trat noch 1943 der Royal Navy bei, wurde aber schon ein Jahr später vom britischen Auslandsgeheimdienst Secret Intelligence Service, auch als Military Intelligence, Section 6 (MI6) bekannt, rekrutiert, für den Dienst an der »unsichtbaren Front«. Den Untergrundkampf gegen die deutschen Besatzer führte eine Spezialeinheit der britischen Streitkräfte und Geheimdienste, die Special Operations Executive (Einheit für Spezialoperationen / SOE), der Blake beitrat.

Bis zum Ende des Zweiten Weltkriegs arbeitete er für die niederländische Sektion der SOE. Seine Verlobung mit einer MI6-Sekretärin scheiterte, da deren Familie die jüdische Herkunft Blakes ein Dorn im Auge war. 1946 wurde Blake nach Hamburg versetzt, wo er am Verhör deutscher U-Boot-Kapitäne der Kriegsmarine teilnahm.

1947 absolvierte er im Auftrag des MI6, im Hinblick auf seine künftige Verwendung gegen die Sowjetunion, einen weiteren Russisch-Sprachkurs, wieder am Downing College in Cambridge. Sein nächster Dienstort war allerdings Seoul (Südkorea), wo er offiziell als Vizekonsul, tatsächlich aber als MI6-Resident arbeitete und ein britisches Agentennetz führte. Ziel seiner dortigen Tätigkeit war es, so viele Informationen wie möglich über Nordkorea, die Volksrepublik China und den Fernen Osten der Sowjetunion zusammenzutragen.

Am 25. Juni 1950 brach der von den Westmächten gezielt provozierte Koreakrieg aus, der zunächst jedoch anders verlief als von Washington und Co gedacht. Die Truppen Nordkoreas, unterstützt von Freiwilligen aus der Volksrepublik China, überrannten den Süden und nahmen sogar dessen Hauptstadt Seoul ein. Da Großbritannien, genauso wie andere Commonwealth-Länder (darunter Australien) an der Seite der USA gegen Nordkorea in den Krieg eingetreten waren, wurden die in Seoul festgenommenen Briten, darunter Blake, zu Kriegsgefangenen erklärt und in die nordkoreanische Hauptstadt Pjöngjang gebracht.

Die erbarmungslose Kriegsführung der südkoreanischen und der US-Armee, inklusive vieler Massaker und der Verwendung illegaler biologischer und chemischer Kampfstoffe, machten aus dem latenten Kommunisten Blake nun den überzeugten Kommunisten Blake. Insgesamt drei Jahre blieb er in nordkoreanischer Gefangenschaft. Während dieser Zeit meldete er sich als Freiwilliger für eine Mitarbeit als Doppelagent im sowjetischen Geheimdienst.

1953 erlangte Blake im Rahmen eines Gefangenenaustauschs die Freiheit wieder und konnte als Held und bemitleidetes Opfer kommunistischer Strafgefangenschaft nach Großbritannien zurückkehren. 1954 heiratete er die MI6-Sekretärin Gillian Allan und zog mit ihr 1955 nach Westberlin, seinen nächsten Einsatzort.

Seine Aufgabe war es dort, sowjetische Offiziere als Quellen beziehungsweise Doppelagenten anzuwerben. Er selbst sollte in britischem Auftrag als Doppelagent agieren – sprich sich zum Schein von sowjetischen Diensten anwerben lassen, um in Kontakt mit hochrangigen KGB-Offizieren zu kommen und zu versuchen, diese zu einem Seitenwechsel und zur Zusammenarbeit mit den britischen Diensten zu überreden..

Tatsächlich arbeitete Blake bei diesem Auftrag als Dreifach- oder Triple-Agent: Er war offiziell MI6-Agent, der sich zum Schein von sowjetischen Agenten anwerben ließ, tatsächlich jedoch in KGB-Diensten agierte. Jedenfalls gab er alle relevanten Informationen, an die er gelangen konnte, an seine sowjetischen Agentenführer weiter. Dazu gehörten neben den Namen aller britischen Agenten, die gegen die Sowjetunion arbeiteten, auch die Namen vieler sowjetischer Geheimdienst- und Militäroffiziere, die für die Briten spionierten, wie auch umfangreiche Details zur vielleicht wichtigsten angloamerikanischen Spionageoperation in Berlin während der Fünfzigerjahre, der »Operation Gold«.

Im Rahmen der »Operation Gold« wurde in einem gemeinschaftlichen Unternehmen der Geheimdienste CIA und MI6 von Westberlin aus unter der Sektorengrenze zu Ostberlin ein Tunnel vorgetrieben, der weit in DDR-Gebiet hineinreichte und die CIA in die Lage versetzte, einen unterirdischen DDR-Kommunikationsknotenpunkt anzuzapfen, über den die Haupttelefonleitungen zwischen den sowjetischen Streitkräfte sowie dem KGB-Hauptquartier in der DDR (Berlin-Karlshorst) und Moskau liefen. Diese Operation war die Nachfolge-Aktion zur »Operation Silver«, bei der die Sowjetbotschaft im damals noch unter den vier Siegermächten geteilten Wien auf diese Weise angezapft worden war. Die »Operation Gold« war dem KGB jedoch von Anfang an bekannt. Fast ein Jahr nachdem der Tunnel in Betrieb genommen worden war, wurde die Operation von KGB und MfS in einer spektakulären Aktion öffentlich gemacht, als Nachweis, wie weit die westlichen Dienste zur Informationsgewinnung bereit waren zu gehen.

Da im Westen zu diesem Zeitpunkt nicht bekannt war, dass der KGB den Tunnelbau von Anfang an »begleitet« hatte, galt die »Operation Gold« der CIA, dem BND und dem MI6, aber speziell auch der Westblockpresse lange Jahre als »Riesenerfolg« der westlichen Geheimdienste. Bis herauskam, dass Blake den KGB von Anfang an über die Operation unterrichtet hatte und so nur gezinktes Spielmaterial über die angezapfte Leitung in den Westen gelangte.

Während seiner neunjährigen Tätigkeit als Doppelagent und sowjetischer Kundschafter soll Blake mehr als vierzig MI6-Agenten im Ostblock an den KGB verraten und auf diese Weise fast die gesamte operative Tätigkeit des MI6 in Osteuropa lahmgelegt haben. 1959 gelang es Blake sogar, den über mehrere Jahre sorgfältig herangeführten und platzierten Westblock-Maulwurf im sowjetischen Militärgeheimdienst, Oberst Popov, zu enttarnen, der ein Jahr später hingerichtet wurde.

1961 geriet Blake seinerseits in Verdacht, ein KGB-Maulwurf innerhalb des MI6 zu sein. In Gang gebracht hatte die Ermittlungen gegen Blake der polnische Überläufer Michał Goleniewski, der von der CIA aus Polen ausgeschleust und in die USA geschmuggelt worden war. Blake wurde festgenommen, als er von seinem damaligen Einsatzort Beirut (Libanon), wo er sich am Middle East Center for Arab Studies (MECAS) der britischen Streitkräfte fortbilden sollte, zu einem Kurzbesuch in London eintraf. Das MECAS war bis zu seiner Schließung 1978 eine Agentenschmiede des MI6 für den arabischen Raum.

In seinem Verhör erklärte Blake, er sei von den Nordkoreanern keineswegs gefoltert oder einer Gehirnwäsche unterzogen worden. Vielmehr habe er freiwillig die Seiten gewechselt, woraufhin er ein umfassendes Geständnis ablegte.

Entsprechend der Gesetzeslage betrug die maximale Haftstrafe für seine Vergehen vierzehn Jahre. Im Prozess gegen Blake wurde jedoch ein umstrittenes Verfahren angewandt, das manche juristischen Experten als Rechtsbeugung bezeichneten: Seine Spionageaktivitäten, die sich in fünf verschiedenen Zeiträumen zugetragen hatten (vor dem Krieg, nach dem Krieg etc.), wurden als fünf verschiedene Vergehen betrachtet, so dass er im Mai 1961 vor dem altehrwürdigen Gericht Old Bailey in London zu einer unverhältnismäßig hohen Strafe von zweiundvierzig Jahren Haft verurteilt wurde. Angeblich entsprach das der Zahl der West-Agenten, die aufgrund seiner an die Sowjetunion gelieferten Informationen getötet wurden. Es handelte sich um die zweitlängste jemals von einem britischen Gericht verhängte Freiheitsstrafe.

Doch Blake dachte gar nicht daran, klein beizugeben. Er wartete geduldig, bis sich ihm die richtige Gelegenheit bot. Fünf Jahre hatte er schon im als ausbruchsicher geltenden Hochsicherheitsgefängnis Wormwood Scrubs verbracht. Zahllosen Angeboten der Sowjetunion auf einen Austausch Blakes hatte Großbritannien eine schnöde Absage erteilt, wegen der besonderen Schwere des Verrats. Blake schmiedete die ganze Zeit über Pläne, aus dem Zuchthaus zu fliehen. Was ihm schließlich auch gelingen sollte. Von entscheidender Bedeutung war dabei die Hilfe von drei Mithäftlingen, die er während des Gefängnisaufenthalts kennengelernt hatte. Zwei von ihnen (Michael Randle und Pat Pottle) waren »linke« Aktivisten gegen die britische Atombewaffnung. Sie sahen die Verurteilung Blakes zu zweiundvierzig Jahren Haft ohne die Möglichkeit vorzeitiger Entlassung als völlig überzogenes Strafmaß an. Der Dritte (Sean Bourke) war ein IRA-Aktivist.

Den drei Helfern gelang es, Sprechfunkgeräte ins Gefängnis zu schmuggeln. Unbemerkt von seinen Wärtern verständigte sich Blake so mit seinen Gehilfen. An einem verregneten Sonntag, dem 22. Oktober 1966, kletterte er abends – als der größte Teil seiner Mithäftlinge an einer Filmvorführung teilnahmen – unbemerkt aus einem Fenster zum Gefängnishof und wartete auf der Innenseite der sieben Meter hohen Außenmauer, wo ein weiterer Helfer ihm von draußen eine selbstgebastelte Strickleiter zuwarf. Blake kletterte über die Mauer, sprang von oben herab und verletzte sich dabei an Gesicht und Handgelenk. Der Helfer fuhr Blake mit einem Auto zu einem vertrauenswürdigen Arzt, der ihn versorgte. In der Zwischenzeit mit seiner Frau und den drei gemeinsamen Kindern wiedervereint, wurde die Familie Blake von einem weiterer Helfer in einem Campingbus versteckt nachts mit der Fähre nach Belgien geschmuggelt. Dann ging es weiter bis an die innerdeutsche Grenze, wo sie an einem geheimen Übergangspunkt in die DDR gelangten. Dort nahm sein sowjetischer Führungsoffizier Blake in Empfang. Er wurde in die Sowjetunion gebracht, ließ sich dort von seiner Frau scheiden und begann ein neues Leben.

Die nächsten Jahrzehnte verbrachte Blake in der Sowjetunion und unterrichtete die nächste Kundschafter-Generation im Spionagehandwerk. 1990 publizierte der Achtundsechzigjährige seine Autobiografie unter dem Titel *No Other Choice* (Keine andere Wahl). Von seinem britischen Verleger hatte er die schöne Summe von sechzigtausend Pfund Sterling als Vorschuss bekommen. Allerdings intervenierte die britische Regierung und beschlagnahmte die Summe, bevor sie in die Sowjetunion transferiert werden konnte.

1991 wurden Blakes Helfer Pottle und Randle wegen ihrer Hilfe bei seiner Flucht vor Gericht gestellt, im Prozess aber schließlich freigesprochen.

Blake lebte bis zuletzt in Moskau, bezog eine russische Rente und blieb ein bekennender Kommunist. 2007 erhielt er aus der Hand des russischen Präsidenten Wladimir Putin den Orden der Freundschaft. In Großbritannien wurde er nach wie vor per Haftbefehl gesucht, dort drohte ihm bei einer Einreise die Verhaftung samt Aussicht, seine Reststrafe absitzen zu müssen.

Blake bestritt zeitlebens, Großbritannien verraten zu haben. Denn um zu betrügen, müsse man sich einem bestimmten Land zugehörig fühlen; er habe sich jedoch niemals Großbritannien zugehörig gefühlt und sei ergo auch kein Verräter.

Guy Burgess (1911–1963)

Der Unglückliche

Unter den männlichen Angehörigen der britischen Oberschicht gab und gibt es aus vielfältigen Gründen eine weitverbreitete Neigung zum Spionagehandwerk. Diese hat besonders in der Epoche vor dem Zweiten Weltkrieg die Richtung einer Reihe von Lebenswegen entschieden.

Die Geheimdienste wurden damals als Teil der Armee geführt und ihr Personal von zumeist der Oberschicht angehörenden Vertretern des Offizierskorps gebildet. Ihnen gemeinsam war die Erziehung in Eton, das Studium in Oxford oder Cambridge, der Besuch der Militärakademie in Sandhurst, die Werte, der Reichtum, der großbürgerliche Lebensstil. Unter diesen Mitgliedern der Oberklasse herrschte ein besonderes Vertrauensverhältnis, was mit nur laxen Kontrollen einer kleinen, als unwichtig erachteten Spionageabwehr einherging.

Die sowjetischen Dienste erkannten diesen hilfreichen Umstand schon früh und setzten entsprechende Aktionen in Gang. Dabei wurden die Elite-Universitäten gezielt mit Rekrutierungspersonal durchsetzt. Unter den Studierenden der Oberschicht sollten so aussichtsreiche Kandidaten für Spionagedienste frühzeitig gefunden und als Perspektivagenten, mit der Hoffnung auf eine Laufbahn an der Spitze von Armee, Wirtschaft oder Politik, auf den Weg gebracht werden.

Guy Burgess verkörperte einen solchen Kandidaten in Reinkultur. Er entstammte einer ebenso traditionsreichen wie wohlhabenden britischen Bankiersfamilie hugenottischen Ursprungs. Einige ihrer männlichen Mitglieder hatten sich militärisch hervorgetan.

Zunächst von einer Gouvernante erzogen, genoss Burgess ab dem neunten Lebensjahr eine standesgemäße Schulbildung auf dem vornehmen Eton College, durchlief dann wie sein Vater die königliche Marineakademie in Dartmouth und studierte ab seinem zwanzigsten Lebensjahr am ebenfalls vornehmen Trinity College in Cambridge. Seine Zeit an der Marineakademie beschrieb er später als traumatische Erfahrung, da dort eine strikte, absurde Disziplin herrschte und kleinste Abweichungen oder Verstöße mit körperlichen Strafen geahndet wurden. Offiziell erlangte er hier beste Beurteilungen und wurde – wie schon während der Schulzeit – auch für seine sportlichen Leistungen häufig ausgezeichnet.

Wie bei Richard Sorge (s. o.) starb auch Burgess' Vater früh: Er erlag einem Herzschlag, als sein Sohn gerade das dreizehnte Lebensjahr vollendet hatte. Trotz dieses schmerzlichen Verlustes schloss Burgess die Schule einige Jahre später mit Bestnoten und Auszeichnungen ab.

Speziell für seine historischen Aufsätze und sein Zeichentalent erhielt er viele Belobigungen. Zu diesem Zeitpunkt fiel Burgess regelmäßig durch explizit kommunistische Meinungsäußerungen auf, die aber allgemein als pubertäres Provokationsverhalten abgetan wurden.

Seinen Studienplatz am elitären Trinity College der traditionellen britischen Universitätsstadt Cambridge (neben Oxford der zweite jahrhundertealte Universitätsstandort Englands) hatte Burgess ebenso wie ein üppig dotiertes Stipendium in einem äußerst anspruchsvollen Wettbewerb gewonnen. Schon bald gehörte er – wie sein Studienkollege Kim Philby (s. u.) – zur Studentengruppe der Bestperformer.

Wie viele andere aufgeweckte, überdurchschnittlich intelligente Kommilitonen engagierte er sich in einem der studentischen Debattierclubs. Diese sind bis heute für den britischen Elitenachwuchs nicht nur eine rhetorische Talentschmiede, an der die international anerkannten Vortragsfähigkeiten britischer Snobs trainiert werden, sondern auch eine reichlich genutzte Kontaktbörse.

Burgess lernte gleich in seinem ersten Studienjahr einen vier Jahre älteren, homosexuellen Studienkollegen namens Anthony Blunt kennen. Dieser wiederum ermöglichte ihm den Zugang zu einem noch elitäreren Zirkel namens Cambridge Apostles. Dessen Mitglieder waren alle ausnahmslos hyperintelligente Sprösslinge vornehmer Familien. Hinzu kam, dass sich seine Mitglieder in antikonventioneller Aufwallung dem orthodoxen Marxismus verschrieben hatten. So war es für viele Mitglieder des Apostel-Klubs nur natürlich, sich angesichts der grassierenden Weltwirtschaftskrise 1929, dem Aufstieg des Faschismus in Italien und Deutschland und dem offenbaren Scheitern des kapitalistischen Systems – meist insgeheim – der Kommunistischen Partei Großbritanniens anzuschließen. Burgess und andere traten der Cambridge University Socialist Society bei, der ersten kommunistischen Zelle an der Universität.

Blunt tat aber noch etwas ganz Entscheidendes: Er stellte Burgess einem der örtlichen Agentenführer des KGB vor, die immer auf der Suche nach vielversprechendem Kundschafter-Nachwuchs waren. Der Agentenführer beschloss nach ihrem ersten Kontakt, Burgess als Perspektivagenten einzustellen. Denn dieser hatte angesichts seiner hohen Intelligenz und seiner sozialen Beziehungen in höchste gesellschaftliche Kreise eine steile Karriere vor sich – für jeden ausländischen Geheimdienst ein gefundenes

Fressen. Macht sich so ein Perspektivagent erst einmal auf den langen Marsch durch die Institutionen, ist er für die heimische Spionageabwehr nur sehr schwer zu enttarnen. Das gelingt eigentlich nur, wenn es zu Ablauffehlern bei der Kontaktaufnahme und Informationsübermittlung kommt. Oder wenn der Agent mit seiner Tätigkeit nicht zurechtkommt und entweder sich selbst enttarnt oder Verhaltensauffälligkeiten entwickelt, die zu seiner Enttarnung führen.

Der Agentenführer erteilte Burgess einen klaren Auftrag: Er müsse sich künftig jeglicher kommunistischer Äußerungen enthalten, um die britische Spionageabwehr nicht auf sich aufmerksam zu machen. Um seine Tarnung noch zu verbessern, solle er öffentlich dem Kommunismus ein für alle Mal abschwören und sich stattdessen auf der ultrarechten Seite des politischen Spektrums engagieren, etwa bei der pro-nazideutschen Vereinigung Anglo-German Fellowship, der Burgess 1934 dann auch beitrat.

Dort traf er einen guten Bekannten, seinen Studienkollegen Kim Philby, der aus demselben Grund beigetreten war. Denn in den oberen Sphären der britischen Gesellschaft war und ist eine rechtsradikale Gesinnung eher tolerabel als ein wie auch immer gearteter Philokommunismus, der augenblicklich zum gesellschaftlichen Ausschluss führt. Zusammen bildeten Burgess, Philby, Blunt, Donald Maclean und ein weiterer Studienkollege die später berühmt-berüchtigte Agentengruppe der Cambridge Five (»die Fünf aus Cambridge«).

Obwohl Philby dem sowjetischen Rekrutierer gegenüber auf Burgess' eigenwillige Persönlichkeit hinwies, empfand dieser es als vertretbares Risiko, sein Glück weiterhin mit Burgess zu versuchen. Burgess erhielt den (deutschen!) Decknamen »Mädchen«, später – passend zu seinem gesteigerten Alkoholkonsum – geändert zum ebenfalls sehr sprechenden »Hicks«.

Während des Studiums unternahm Burgess im Sommer 1934 auf Einladung der dortigen Studentenvereinigung eine zweimonatige Reise durch die Sowjetunion. Auf dieser Reise wurden ihm neben den Universitäten von Moskau und Leningrad einige der beeindruckenden, gerade der Fertigstellung entgegengehenden, riesigen sowjetischen GOELRO-Industriebauprojekte vorgeführt. Diese dienten der umfassenden Elektrifizierung des seit Jahrhunderten rückständigen Landes. Gemäß der Devise Lenins: »Kommunismus ist Sowjetmacht plus Elektrifizierung.«

Es lohnt sich an dieser Stelle, einen genaueren Blick auf den Rekrutierer und ersten Führungsoffizier der Cambridge Five zu werfen. Es handelt sich dabei um den knapp dreißigjährigen Arnold Deutsch, ein gebürtiger Österreicher und promovierter Chemiker, der 1934 von Moskau nach London geschickt worden war. Dort sollte er als Tarnung ein Studium an der philosophischen Fakultät der Universität London beginnen. Deutsch war übrigens ein Cousin von Oscar Deutsch, dem millionenschweren Eigentümer der britischen *Odeon*-Kinokette.

Während seines Aufenthalts in London wohnte Arnold Deutsch mit seiner Frau in dem sehr angesagten, avantgardistischen Isokon-Gebäude (im Apartment Nummer 7) im nördlichen, vornehmen Stadtteil Hampstead, Lawn Road 12, das nach den Prinzipien des Dessauer Bauhauses gestaltet worden war. Dort traf er auf sehr interessante Mitbewohner. Im selben Gebäude lebte niemand anderes als Jürgen Kuczynski mit seiner Familie. Der britische Inlandsgeheimdienst MI5 führte schon seit 1928 (!) ein Dossier zur Familie Kuczynski, basierend auf der Liste eines deutschen MI5-Agenten mit »gefährlichen

Kommunisten«. Die Kuczynskis wurden in der Kategorie KAEOT geführt (*keep an eye on them* – im Auge behalten). Gemäß britischer Pragmatik bekam Jürgen Kuczynski, von den britischen Diensten als GRU-Agent erkannt, dennoch 1936 anstandslos eine Daueraufenthaltsgenehmigung für Großbritannien, nach dem Motto »Ein erkannter Agent ist einfacher zu überwachen als unbekannte«. Aufgrund seiner statistischen Fachkenntnisse wurde Kuczynski sogar bei einer britischen Regierungs-Forschungsstelle angestellt, die sich mit der deutschen Wirtschaftsentwicklung beschäftigte. Jürgens Schwester Brigitte Kuczynski und ihr Mann Anthony Lewis wohnten ebenfalls in dem Avantgarde-Wohnblock, in der Wohnung Nummer 4. Eine weitere zeitweise Nachbarin war die Krimi-Autorin Agatha Christie, die hier – Zufall oder nicht – ihren einzigen Spionageroman *N oder M?* (1941) schrieb.

Guy Burgess, der sein Studium zugunsten der politischen Arbeit immer mehr vernachlässigte, verließ Cambridge im Frühjahr 1935 mit dem Auftrag, langfristig den britischen Geheimdienst zu unterwandern. Diesem Ziel diente auch die neuerliche Distanzierung von seiner kommunistischen Vergangenheit.

Nach längerer vergeblicher Jobsuche erhielt er über seine familiären Verbindungen eine Stelle als persönlicher Assistent eines konservativen Parlamentsabgeordneten, eine gute Ausgangsposition, um tiefer ins politische System Großbritanniens vorzustoßen und dort hilfreiche Bekanntschaften aufzubauen. Da dieser ebenfalls der nazifreundlichen britisch-deutschen Freundschaftsgesellschaft angehörte, unternahmen die beiden gemeinsam mehrere Informationsreisen nach Deutschland, wo Burgess weitere interessante Kontakte knüpfen konnte. Hilfreich war nicht zuletzt, dass beide homosexuell waren.

Zurück in London traf Burgess in einer bekannten Schwulenbar seinen künftigen festen Freund, einen neunzehnjährigen Tänzer, der bald bei ihm einzog. Seine ersten beruflichen Schritte unternahm Burgess ab Sommer 1936 als Mitarbeiter der staatlichen britischen Rundfunkanstalt BBC.

Aufgrund seiner öffentlichen antikommunistischen Verlautbarungen und seiner versierten Formulierungskunst trat schon bald der britische Auslandsgeheimdienst MI6 an ihn heran und engagierte ihn ab 1938 zur Herstellung von Kriegspropaganda in der dafür neu geschaffenen Geheimabteilung »Sektion D«. Dort war er unter anderem für die Zusammenarbeit des MI6 mit der BBC zuständig, mit dem Schwerpunkt antideutscher Propaganda.

Burgess teilte seinem KGB-Agentenführer 1938 – in München wurde gerade das infame gleichnamige Abkommen geschlossen und die Tschechoslowakei der Aggressivität Hitlers geopfert – mit, er habe aus zuverlässigen Quellen in höchsten Regierungskreisen etwas sehr Interessantes erfahren: Großbritannien lege offenbar keinen Wert auf ein antideutsches Bündnis mit der Sowjetunion, da man davon ausgehe, es allein (mit den verbündeten USA an der Seite) mit Deutschland aufnehmen zu können. Möglicherweise war das ein zusätzlicher Auslöser für Stalin, wenige Monate später den kurzfristigen Bündnispakt mit Deutschland zu schließen.

Burgess holte auch noch Philby in die »Sektion D« und veranstaltete gemeinsam mit diesem Trainingskurse für Saboteure, die schon bald ins deutschbesetzte Gebiet geschickt werden sollten. Philby sagte später, diese Kurse seien komplett wertlos gewesen, da weder er noch Burgess zu diesem Zeitpunkt über militärische Kenntnisse verfügt hätten.

Ansonsten legte sich Burgess nicht gerade Zurückhaltung auf, verstrickte sich in Auseinandersetzungen mit der Personalabteilung über seine ihm unzureichend erscheinende Bezahlung und ließ seinem Hang zum Intrigenspinnen freien Lauf. Aber die heute vorliegenden Informationen dazu können auch spätere negative Propaganda der britischen Geheimdienste sein, gedacht, um ihn in der Öffentlichkeit möglichst schlecht dastehen zu lassen.

Während Philby zusammen mit der »Sektion D« schon bald der Sabotage-Spezialabteilung des MI6, der Special Operations Executive (Einheit für Spezialoperationen / SOE), zugeteilt wurde, erhielt Burgess nach mehreren Zusammenstößen mit der Polizei, unter anderem wegen Trunkenheit am Steuer, die Kündigung. Er wechselte Anfang 1941 zurück zur BBC und war erneut dafür zuständig, Gäste für eine Radio-Kultursendung einzuladen. Da kamen ihm seine vielfältigen gesellschaftlichen Kontakte zugute, so dass er nie um einen interessanten Gast verlegen war. Er schreckte aber auch nicht davor zurück, Personen aus seinem inneren Freundeskreis sowie seine Spionagekollegen einzuladen. So etwa Anthony Blunt, mittlerweile offiziell ein anerkannter Kunsthistoriker, dem schon bald die Betreuung der königlichen Kunstsammlung übertragen wurde. Nebenbei führte Burgess auch weiterhin kleinere Aufträge für den MI6 aus. 1941 zog er mit Blunt zusammen in ein »standesgemäßes« Haus im vornehmen Stadtteil Mayfair, im Zentrum Londons.

1944 wechselte Burgess von der BBC ins britische Außenministerium, genauer gesagt in die Nachrichtenabteilung. Hier war er dafür zuständig, in London ansässigen internationalen und nationalen Journalisten die offizielle britische Politik zu erläutern. Zur großen Freude seiner KGB-Auftraggeber erhielt er nun auch Zugang zu Geheimmaterial wie den vorbereitenden Unterlagen der britischen Delegation bei der Alliierten-Konferenz von Jalta, auf der die Grundzüge Nachkriegseuropas festgelegt wurden. Später wurde er persönlicher Sekretär des stellvertretenden Außenministers und erhielt damit Zugang zu weiteren Geheimmaterialien. Tausende dieser Unterlagen übergab Burgess in Kopie seinem sowjetischen Agentenführer.

Die nächste der beruflichen Stationen von Guy Burgess war für die Sowjetunion ebenfalls von höchstem Interesse: Anfang 1948 war er für kurze Zeit bei einer streng geheimen Abteilung des britischen Außenministeriums namens Information Research Department (Informations- und Forschungsabteilung / IRD) tätig. Diese Organisation stellte eine der britischen Zentralen für psychologische Kriegsführung gegen die Sowjetunion dar. Dort wurden Dokumente und Nachrichten gefälscht und zu »schwarzer Propaganda« verarbeitet – die schlimmste Stufe der Propaganda, in der es um die Zersetzung des Feindes geht, der in jeglicher Hinsicht im schlimmstmöglichen Licht dargestellt wird, mit dem Ziel seiner Vernichtung.

Kurze Zeit später wurde er wieder mit regulären Aufgaben im Außenministerium betraut und begleitete den stellvertretenden Außenminister im März 1948 zur Gründungskonferenz der NATO in Brüssel. Anschließend führte ihn seine Arbeit in die Fernost-Abteilung des Ministeriums – auf dem Höhepunkt des chinesischen Bürgerkriegs zwischen den Kommunisten unter Mao Tse-tung und den Rechtsnationalisten unter Tschiang Kai-schek.

Gesundheitliche Folgen hatte dann ein Sturz bei einem alkoholgeschwängerten Kneipenbesuch: Burgess fiel eine Treppe hinunter und zog sich eine schwere Kopfverletzung zu, die ihm für den Rest seines Lebens heftige Kopfschmerzattacken einbrachte.

1950 wurde er zum Zweiten Sekretär der britischen Botschaft in Washington, D.C. befördert, einem der wichtigsten Posten, die das britische Außenministerium zu vergeben hatte. Er wurde auf diesem Posten Nachfolger eines gewissen Kim Philby, der nun als offizieller MI6-Vertreter in den USA fungierte und dabei wiederum Nachfolger eines gewissen Donald Maclean (Deckname »Homer«) wurde.

Wie man sieht, blieben diese Jobs für lange Zeit immer »in der Familie«. Burgess war trotz häufiger Zusammenstöße mit örtlichen Ordnungskräften weiterhin mit höchst geheimen Vorgängen befasst, so mit der Koordination der britisch-amerikanischen Zusammenarbeit im gerade ausgebrochenen Koreakrieg.

Der Einsatz von Burgess an der »unsichtbaren Front« hätte auf diese Weise noch eine ganze Weile weitergehen können – und dieser hätte noch weitere hochinteressante Informationen nach Moskau liefern können. Aber zum einen hatte Burgess offenbar die Tätigkeit in britischen Regierungsstellen zu diesem Zeitpunkt gründlich satt. Und zum anderen bekam der inzwischen beim MI6 ausgerechnet in der Spionageabwehr tätige Philby nun Hinweise auf den Tisch, denen zufolge der Schatten eines Verdachts auf seinen Kollegen und Mitspion Maclean fiel.

Burgess war inzwischen vom britischen Botschafter in den USA entlassen worden und bekam nun den Auftrag, nach England zu reisen, Maclean vor der bevorstehenden

Enttarnung zu warnen und dessen Flucht in die Sowjetunion zu organisieren.

Burgess kam Anfang Mai 1951 in Großbritannien an. Nach einer entsprechenden Warnung von Philby entschloss sich Burgess, dessen diplomatische Karriere ohnehin beendet war, gemeinsam mit Maclean unterzutauchen und Großbritannien auf geheimen Schleichwegen ohne Kenntnis der britischen Behörden zu verlassen. Das geschah gegen die ausdrückliche Order seines Agentenführers, da das auffällige doppelte Überlaufen von zwei hochrangigen britischen Diplomaten automatisch zu Verdachtsmomenten gegen den mit beiden eng befreundeten Philby führen musste. Andererseits benötige man in Moskau einen weltgewandten Betreuer für Maclean, der absehbar in Moskau Akklimatisierungsschwierigkeiten haben würde. So schlugen sich auf Schleichwegen nach Moskau durch, tauchten dort gemeinsam unter und verschwanden damit von der Bildfläche.

Jahrelang herrschte in London großes Rätselraten, wohin es die beiden prominenten Mitglieder der Oberschicht verschlagen habe. Umso größer war der Schock, als beide 1956 in Moskau im Rahmen einer Pressekonferenz auftraten und ihre Übersiedlung in die Sowjetunion mitteilten sowie die Tatsache, dass sie in den Jahren vor ihrem Verschwinden für die UdSSR spioniert hätten.

Diese Flucht zweier hochrangiger Mitarbeiter der britischen Sicherheitsdienste führte neben einer innenpolitischen Krise auch zu einem tiefgreifenden Bruch zwischen Großbritannien und den Geheimdiensten der USA, die schon längere Zeit gemutmaßt hatten, dass die britischen Dienste großräumig von sowjetischen Spionen unterwandert worden seien und sich nun in ihrem Verdacht bestätigt sahen. Zumal gerade kurz zuvor der

Physiker Klaus Fuchs als sowjetischer Spion aufgeflogen war (s. o.).

Burgess lebte künftig – aus Sicherheitsgründen – unter falschem Namen und war als Jim Andrejewitsch Elliot gemeldet. Häufig von britischen Freunden und Verwandten besucht, berichteten diese über die angebliche Schwermut, die ihn umgebe. 1956 wurde ihm gestattet, nach Moskau umzuziehen (vorher waren er und Maclean unauffällig in der Provinz »geparkt« gewesen) und auch seine Beziehung zu einem sowjetischen Lover wurde toleriert.

Im Gegensatz zu Maclean, der schnell die russische Sprache lernte, sich wider Erwarten gut in Moskau einlebte und als nachrichtendienstlicher Ausbilder beim KGB arbeitete, ergab sich Burgess einmal mehr dem Alkohol. Er arbeitete nun in der Werbeabteilung eines Verlags, der russische Übersetzungen britischer Literatur herausgab. Burgess zeigte sich Freunden gegenüber weltanschaulich und in Sachen seiner Kundschaftertätigkeit frei von Reue. Seine Tätigkeit für den KGB habe mit Verräterei nichts zu tun.

Wenige Jahre später verschlechterte sich sein Gesundheitszustand. Anfang 1963 floh auch Philby nach Moskau und besuchte Burgess im Krankenhaus. Dieser starb wenig später mit nur zweiundfünfzig Jahren an akutem Leberversagen.

Er war an seinem neuen Wohnort in Moskau nicht glücklich geworden. Sein schon in Großbritannien ausgeprägter Hang zum Alkohol sowie die von ihm praktizierten sexuellen Ausschweifungen hatten ihn immer wieder in Konflikte mit den sowjetischen Behörden gebracht. Doch nach England konnte er nicht zurück, da er dort umgehend verhaftet und zu einer langen Haftstrafe verurteilt worden wäre.

Erst nach seinem Tod wurde Burgess ins heimatliche Großbritannien zurückgebracht: Seine Asche wurde im Familiengrab in West Meon in Hampshire beigesetzt. Während er in den Jahren nach seinem Tod in westlichen Publikationen zunächst als Trunkenbold und unwichtigstes Mitglied der Cambridge Five porträtiert wurde, änderte sich dieses Bild später. Heute neigt man zur Auffassung, dass Burgess im Gegenteil eine sehr wichtige Rolle für die Gruppe spielte und über einen langen Zeitraum deren Zusammenhalt organisierte. Statt als Spion und Verräter wurde er in letzter Zeit eher als Revolutionär und Idealist dargestellt – und als unübertroffener Netzwerker.

Bezeichnend für die Cambridge Five ist, dass keiner der Fünf jemals für seine Spionagetätigkeit bestraft wurde – sei es, dass sie sich durch Flucht der Verurteilung entzogen, sei es, dass keine gerichtsfesten Beweise vorgelegt werden konnten, sei es, dass man das Ganze wie im Fall Blunt auch von Seiten der britischen Regierung unter den Teppich kehren wollte. Im KGB wurden die Cambridge Five gemäß ihrer Bedeutung die »Großartigen Fünf« genannt.

Jay Lovestone (1897–1990)

Der Fanatiker

Eine Besonderheit geheimdienstlicher oder geheimdienstähnlicher Strukturen im entwickelten Kapitalismus ist der Kampf gegen die Gewerkschaften. Denn diese stellen eine ständige (wenn auch zumeist nur rein theoretische) Bedrohung der ungestörten Profitmaximierung seitens der Großkonzerne dar. Und werden daher von Geheimdiensten oder geheimdienstähnlichen Strukturen bis heute mit Argwohn betrachtet.

In den auch in dieser Disziplin führenden USA gibt es sogar einen Fachausdruck dafür: *union busting*, auf Deutsch: Gewerkschafts-Zerschlagung. Entsprechend spezialisierte Unternehmen bieten genau das als Dienstleistung an. Und zwar schon seit über hundert Jahren.

Zu den »herausragenden« Vertretern – oder genauer gesagt zu den schlimmsten Verbrechern – auf diesem Gebiet zählt ein Mann mit dem Namen Jakow Libschtein alias Jay Lovestone. Seine Karriere, seine beruflichen Tätigkeiten, seine Ziele, seine »Leistungen« und seine Hinterlassenschaften ergeben zusammen ein Bild rücksichtsloser politischer Manipulation, das einen Frösteln macht.

Man fragt sich unwillkürlich: Wie konnte so ein Mensch abends noch gut schlafen? Wurde er nicht permanent von einem schlechten Gewissen gepeinigt, angesichts seiner weltweiten Schandtaten? Und welche biografischen Hintergründe führten dazu, dass er so wurde, wie er war? Das wollen wir uns im Folgenden anschauen.

Geboren wurde Jakow Libschtein (Яков Либштейн) 1897 in einem kleinen, weltvergessenen Dorf am Rande des Gouvernements Grodno, damals im Westteil des zaristischen Russlands gelegen. Sein Vater war ein angesehener Rabbiner. Nach der gescheiterten Russischen Revolution von 1905 brachen an vielen Orten antisemitische Pogrome aus, die jüdische Bewohner des Ansiedlungsrayons in Lebensgefahr brachten. Diese in Menschen- jagden ausartenden Exzesse sorgten dafür, dass Vater Libschtein sich entschloss, 1906 in die USA auszuwandern. Zunächst nur begleitet von einer Tochter, die restliche Familie kam ein Jahr später nach. Jakow war damals zehn Jahre alt.

Vater Libschtein fand am neuen Wohnsitz der Familie in New York keine Anstellung als Rabbiner. Möglicherweise lag das daran, dass er sich zeitlebens weigerte, Englisch zu lernen. Er hielt die Familie mit Hilfstätigkeiten in Synagogen und mit Hebräisch-Unterricht notdürftig über Wasser. Seine beiden Töchter arbeiteten in örtlichen Textilbetrieben und sorgten so für zusätzliches Einkommen.

Das wurde den Gebräuchen der damaligen Zeit entsprechend dazu benutzt, den beiden Söhnen, Jakow und Morris, ein Studium zu finanzieren. Jakow besuchte von 1915 bis 1918 das New Yorker City College, eine Hochschule von gutem Ruf, die aufgrund ihrer überwiegend aus der Arbeiterschaft stammenden Studenten *Poor man's Harvard* (»das Harvard des armen Mannes«) genannt wurde – Harvard, bei Boston gelegen, war damals wie heute eine sehr teure, weiße Elite-Universität im US-Bundesstaat Massachusetts.

Nach dem College begann Jakow ein Jurastudium an der New York University, das er aber nach wenigen Monaten abbrach. Dafür erhielt er wenig später eine andere wichtige Urkunde: Ihm wurde die amerikanische Staatsbürgerschaft verliehen. Um die als Makel empfundene osteuropäische Herkunft zu verschleiern und angesichts des verbreiteten

Antisemitismus in den USA seine Chancen auf eine berufliche Karriere zu verbessern, ließ er gleichzeitig seinen Namen anglisieren. Er hieß fortan Jay Lovestone.

Lovestone war jetzt zweiundzwanzig Jahre alt und stand vor der schwierigen Frage, wie er seinen weiteren beruflichen Lebensweg gestalten solle. In seinem familiären und stadträumlichen Umfeld gab es zahlreiche Anhänger sozialistischen Gedankenguts. Seine ältere Schwester war bereits Mitglied einer Gewerkschaft, der International Ladies' Garment Workers' Union (Internationale Damenoberbekleidungs-Arbeiter-Gewerkschaft / ILGWU). Mit ihr besuchte er einige Veranstaltungen der Gewerkschaft. Nachdem er bereits 1914, im Alter von siebzehn Jahren Mitglied der Socialist Party of America (Sozialistische Partei Amerikas/ SPA) geworden war, leitete er dort während seiner Zeit am City College die Intercollegiate Socialist Society (Schulübergreifende sozialistische Gesellschaft / ISS).

Nach dem Kriegseintritt der Vereinigten Staaten 1917 beziehungsweise nach der Oktoberrevolution in Russland scheint sich seine politische Haltung drastisch nach rechts verändert zu haben. Ob dafür die Vorgänge in seiner alten Heimat entscheidend waren? Das konnte bis heute nicht abschließend geklärt werden. Jedenfalls trat er nun für die Umbenennung der ISS in Social Problems Club (Club für soziale Probleme) ein und ließ Einwände von Parteimitgliedern, die weiterhin revolutionäre Positionen vertraten, nicht mehr gelten.

Seine neue, konservativere Ausrichtung zeigte sich auch bei einer Diskussionsveranstaltung mit dem berühmten Journalisten, Schriftsteller und SPA-Mitglied John Reed, der ebenso erfolgreich wie sympathisierend die Oktoberrevolution in Russland beschrieben hatte (in seinem Buch *Ten Days that Shook the World*, 1919, auf Deutsch 1922 erschienen unter dem Titel *Zehn Tage, die die Welt erschütterten*). Lovestone meldete sich zu Wort und griff Reed für seine prosowjetischen Ansichten scharf an, auch wenn er argumentativ gegen Reed keine Chance hatte. Von besonderem Interesse ist Lovestones Aktivität wenig später. Der ebenfalls rechtslastige SPA-Parteivorstand hatte nämlich beschlossen, die lästig werdenden linken Vertreter im Mitgliederspektrum um Reed aus der Partei auszuschließen. Reed gründete daraufhin mit einigen Mitstreitern die Communist Labor Party of America (Kommunistische Arbeiterpartei Amerikas / CLPA). Einen Tag später gründeten Lovestone und einige andere SPA-Mitglieder, die nicht aus der SPA ausgeschlossen worden waren, eine Konkurrenzorganisation: die Communist Party of America (Kommunistische Partei Amerikas / CPA), in deren Exekutivkomitee Lovestone gewählt wurde.

Dieser merkwürdige Vorgang, der bereits eine Art Vorwarnung für die künftigen destruktiven Aktivitäten Lovestones darstellt, bedarf einer kurzen Erläuterung. Denn die Gründung der CPA durch Lovestone und einige Mitstreiter war offenbar ganz gezielt dafür gedacht, der Gruppierung um Reed und ihrer CPLA von Anfang an eine Konkurrenzpartei entgegenzustellen, mögliche Interessenten zu verwirren und das Aufkommen einer neuen, mächtigen linken Konkurrenz der SPA zu verhindern.

Teile und herrsche, so lautete schon ein Grundsatz im antiken Rom. Und genau das praktizierten Lovestone und Co offenbar wörtlich und im Auftrag der SPA. Lovestone führte eine klassische Undercover-Operation durch, unter falscher Flagge, denn – wie sich zeigen sollte – hatte er keinerlei Ambitionen, eine wirkliche kommunistische Partei zu etablieren. Stattdessen ging es um Zersetzung, um die Schwächung des »echten« linken Flügels der amerikanischen Parteienlandschaft. Seine zersetzende Tätigkeit innerhalb der amerikanischen Linken führte Lovestone bis 1929 fort.

Im Gegensatz zu der für alle Interessenten offenen CPLA stützte sich Lovestones CPA hauptsächlich auf Scharen osteuropäischer Immigranten, die kaum Englisch sprachen. Denn darauf kam es auch nicht an. Lovestone benötige einfach Stimmvieh, um seinem antikommunistischen U-Boot – denn darum handelte es sich bei der CPA – den Anschein einer »normalen« Partei mit Mitgliedern und Mitgliederentscheiden geben zu können. Die CPA sah denn auch wenig überraschend in der nächsten Zeit ihren Hauptdaseinszweck darin, die konkurrierende CPLA erbittert zu bekämpfen.

Nachdem Reed 1920 mit gerade einmal dreiunddreißig Jahren in Moskau an Typhus starb, zerfiel die CPLA und ihre Reste wurden in die CPA integriert. Diese änderte ihren Parteinamen 1921 in Workers Party of America (Arbeiterpartei von Amerika / WPA) und blieb bis 1929 die lautstärkste (schein-)kommunistische Partei in den USA. Denn unter Lovestones Führung war sie wie ihre Vorgängerin nur pro forma eine kommunistische Partei und tatsächlich ein pseudolinkes Machtinstrument in den Händen des sich bald als korrupt herausstellenden Lovestone.

Lovestones Position an der Spitze der Partei geriet in Gefahr, als eine größere Gruppe linker Gewerkschaftsaktivisten aus Chicago der Partei beitrat. Deren ebenso kommunistischer wie politisch ambitionierter Anführer Bill Foster plädierte für eine Mitgliederwerbung unter den Industriearbeitern der Großkonzerne. Denn diese wurden von der bislang dominierenden und nach handwerklicher Qualifikation organisierten konservativen Gewerkschaft, der American Federation of Labor (Amerikanisches Arbeitsbündnis / AFL) nicht vertreten. 1923 setzte Foster gegen den Widerstand Lovestones die Verlegung des Parteihauptquartiers nach Chicago durch. Es bildete sich nunmehr ein starker Widerpart zu den durchweg am rechten Rand des Mitgliederspektrums angesiedelten »College Boys« (den Hochschulabsolventen um Lovestone): die Industriearbeiter aus dem mittleren Westen um Foster. Im März 1925 versuchte Foster, Lovestones Einfluss auszuschalten, indem er ihn in Moskau vor der Exekutivkommission der Komintern (EKKI) wegen dubioser Machenschaften anklagte. Dort, im Mutterland des Kommunismus, der Sowjetunion, hoffte er auf Hilfe gegen den von ihm als äußerst dubios eingeschätzten Lovestone. Moskau war »von Amts wegen« für die kommunistischen Parteien aller Länder zuständig.

Zwischen Lovestone und Foster herrschte neben der politischen Gegnerschaft auch eine starke persönliche Abneigung. An dieser ließ Lovestone öffentlich keinen Zweifel. So kam es 1925 auf dem WPA-Parteitag in Chicago zu lautstarken Auseinandersetzungen und Schlägereien zwischen Anhängern beider Lager. Bei einem erneu-ten Schlichtungsversuch seitens der Komintern bewarfen sich Lovestone und Foster mit derben Schimpfworten.

Um den ewigen Streit zu beenden, erließ die Komintern nun einen bindenden Befehl: Foster, der unter den Parteimitgliedern längst eine satte Mehrheit hinter sich hatte, wurde angewiesen, der auf den Parteitagen immer wieder unterlegenen Gruppe um Lovestone wichtige Entscheiderposten in der Parteispitze abzutreten.

Diese im fernen Moskau getroffene, eklatante Fehlentscheidung ist umso unbegreiflicher, als die dubiosen

Machenschaften Lovestones zu diesem Zeitpunkt schon unübersehbar waren. Aber offenbar war Lovestone auch ein guter Schauspieler, der sich bei »Kadersitzungen« in Moskau als guter, sowjettreuer Kommunist zu verkaufen wusste – obwohl er in der Realität genau das Gegenteil war.

Natürlich war Lovestone auch ein strikter Gegner von Streiks und bevorzugte Verhandlungen hinter verschlossenen Türen, wo in Ruhe dubiose Deals verabredet werden konnten. Als 1926 in New York ein Streik zehntausender Textilarbeiter begann, engagierte sich Foster stark für dessen Fortführung, während Lovestone sich für einen Abbruch des Streiks aussprach. Am Ende musste der Arbeitskampf angesichts des massiven Einsatzes von Streikbrechern und brutalen, von den Konzerneigentümern bezahlten Schlägertrupps beendet werden – was Lovestone öffentlich als Bestätigung seines »vorsichtigen« Kurses ansah. 1928 begann er zudem, einem amerikanischen Sonderweg zum Sozialismus das Wort zu reden und sowjetische Vorstellungen nicht länger als alleinseligmachend zu akzeptieren.

Lovestone wollte die Partei endgültig auf einen Rechtskurs festlegen. Er behauptete schlankweg, die Klassengesellschaft in den USA sei gänzlich anders geartet als die sowjetische und eine Revolution daher strukturell in den USA ausgeschlossen.

Einmal mehr wurde er 1929 gemeinsam mit einer Abordnung seiner Partei nach Moskau eingeladen, wo er die Positionen der WPA vortragen sollte, die von Moskau zunehmend kritisch gesehen wurden. Lovestone hatte allerdings im Vorfeld durchgesetzt, dass er die Zusammensetzung der Delegation bestimmen dürfe, und nahm nur seine Anhänger mit. In Moskau angekommen, behauptete er, er repräsentiere neunzig Prozent der Parteimitglieder.

Foster reiste angesichts dieser illegalen Machenschaften auf eigene Faust nach Moskau und unternahm verzweifelte Versuche, Lovestones Intrigen einen Riegel vorzuschieben. Jetzt wurde selbst den »Moskauern« klar, dass hier etwas gewaltig falschlief. Lovestone beschuldigte seinerseits Foster vor der Kommission als Betrüger und Hinterzimmer-Manipulator. Gleichzeitig bereitete er noch in Moskau die erneute Spaltung der Partei vor und instruierte seine Gefolgsleute in Manhattan, alle relevanten Unterlagen aus der Parteizentrale mitzunehmen, alle Parteigebäude und -Wohnungen schnellstmöglich zu verkaufen und die Einnahmen zur Finanzierung der neuen Partei an einem geheimen Platz zu bunkern.

Foster erhielt Kenntnis von dieser – schriftlichen – Anweisung Lovestones und leitete sie postwendend an die Komintern weiter. Umgehend machten sich Milizionäre auf den Weg zu Lovestones Hotel, um diesen zu verhaften. Doch sie trafen niemanden an. Denn Lovestone hatte Moskau fluchtartig Richtung Berlin verlassen. Den nötigen Pass und das Flugticket hatte ihm wohl nicht zufällig ein FBI-Agent vor Ort beschafft – ein weiterer Beleg für die enge Zusammenarbeit Lovestones mit US-Diensten.

Wenig später traf Lovestone wieder in New York ein. Sein Putschversuch war fehlgeschlagen, und er wurde einen Tag später einstimmig aus der Communist Party USA (Kommunistische Partei der USA / CPUSA), wie die WPA ab 1930 hieß, ausgeschlossen, zusammen mit zweiundneunzig weiteren Anhängern und Gefolgsleuten.

Doch Lovestone dachte gar nicht daran, damit seine Zersetzungstätigkeit einzustellen. Vermutlich erhielt er auch entsprechende Anweisungen seiner Hintermänner aus den Kreisen um FBI und anderen staatsnahen Organisationen. Offenbar im Auftrag antikommunistischer, der Industrie und Hochfinanz zuzurechnender Finanziers startete er sofort die nächste subversive Aktion zur Zersetzung der kommunistischen Bewegung in den USA.

Er gründete eine neue Splitterpartei mit zweihundert Mitgliedern, die sich zunächst dem Namen nach analog zu den Leninschen Bolschewiki etwas hochtrabend Communist Party USA (Majority Group) (Kommunistische Partei der USA [Mehrheitsgruppe]: Bolschewiki heißt auf Deutsch »Mehrheitler«) nannte. 1932 wurde sie in Communist Party of the USA (Opposition) (Kommunistische Partei der USA [Opposition]) umbenannt.

Lovestones verriet seine wahre Gesinnung durch die Besuche zweier Berliner Tagungen (1930 und 1932) der Internationalen Vereinigung der Kommunistischen Opposition (IVKO), einem Zusammenschluss ehemaliger Kommunisten, die sich zum Ziel gesetzt hatte, den Schulterschluss mit den (längst von rechts unterwanderten) sozialdemokratischen Parteien herzustellen.

Als das nicht zum gewünschten Erfolg führte, verfolgte Lovestone einen neuen Plan: Die etablierte und mitgliederstarke Sozialistische Partei Amerikas (SPA) zu unterwandern beziehungsweise zu übernehmen. Zu diesem Zeitpunkt gab er sich auch öffentlich als erbitterter Gegner der Sowjetunion zu erkennen. Das führte zu einem weiteren Mitgliederschwund seiner Splitterpartei, die sich daraufhin erneut umbenannte, diesmal in Independent Communist Labor League (Unabhängige Kommunistische Arbeitsliga / ICLL) und 1938 in Independent Labor League of America (Unabhängige Arbeitsliga Amerikas / ILLA). Die »Partei« diente Lovestone nur noch als Rekrutierungsreserve für seine inzwischen ausgeweiteten offen antikommunistischen Aktivitäten.

Aus den verschiedenen von Lovestone geführten Splitterparteien ging auch eine Reihe weiterer antikommunistischer Gesinnungsgenossen (unter anderem der berühmte »Überläufer« Whittaker Chambers) hervor – Beleg dafür, dass man sich dort über den fanatischen Kampf gegen die Sowjetunion beziehungsweise den »Weltkommunismus« frühzeitig einig war. Diese Renegaten veröffentlichten nun eine ganze Reihe von »Reue-Büchern«, die in auffällig hoher Auflage verbreitet wurden. Darin beschrieben die Verfasser in tränenreichen Schilderungen dankbar ihre Bekehrung vom kommunistischen Irrweg und schworen, weder zu rasten noch zu ruhen, bis der Endsieg über den »Weltkommunismus« errungen sei.

Einige dieser »Köpfe« bildeten später das Kernteam der lange Jahre in München angesiedelten antikommunistischen US-Sender in Europa, Radio Liberty (Radio Freiheit) und Radio Free Europe (Radio Freies Europa), denen mehrfach vorgeworfen wurde, US-amerikanische Propagandasender zu sein. Beide vom US-Staat finanzierten Sender existieren bis heute, seit 1990 in Prag.

Um die Mitte der Dreißigerjahre erhielt Lovestone offenbar den Auftrag, die mächtige, mitgliederstarke und linksorientierte US-Gewerkschaftsbewegung ebenfalls auf antikommunistischen Kurs zu bringen. Die amerikanische Gewerkschaftsbewegung hatte sich just in dieser Zeit in zwei mächtige Blöcke gespalten: Auf der einen Seite standen die traditionellen Handwerkergewerkschaften innerhalb der American Federation of Labor (Amerikanisches Arbeiterbündnis / AFL), auf der anderen die Industriearbeiter-Gewerkschaften im Rahmen des Congress of Industrial Organizations (Kongress industrieller Organisationen / CIO).

Besonders innerhalb des CIO waren die kommunistisch orientierten Gewerkschaften stark vertreten. Diese errangen gerade in jenen Jahren eine Reihe spektakulärer Erfolge, so beim siegreich beendeten »Sitzstreik«, mit dem sie den Automobilkonzern General Motors dazu zwangen, Gewerkschaften und Betriebsräte in seiner Mitarbeiterschaft zuzulassen.

Den strikt antikommunistischen und arbeitgeberfreundlichen Gewerkschaften wie der ILGWU waren die erfolgreichen kommunistischen Arbeiterführer verhasst. ILGWU-Präsident Dubinsky schloss sich daher mit dem Chef der mächtigen Automobilgewerkschaft United Automotive Workers (Vereinigte Automobilarbeiter / UAW), Homer Martin, zusammen. Gemeinsam beschlossen sie, ein geheimes Aktionsteam zur Beseitigung des kommunistischen Einflusses im US-Gewerkschaftssystem aufzustellen. An die Spitze dieses Teams setzten sie niemand anderen als Jay Lovestone.

Lovestone zeichnete sich zu diesem Zeitpunkt dadurch aus, in New York linke Gewerkschaftsfunktionäre durch von ihm finanzierte Schlägertrupps so lange einschüchtern zu lassen, bis sie genervt aufgaben und ihre Stellen von antikommunistischen Scharfmachern übernommen werden konnten.

Lovestone behauptete später, erst im Zuge der Moskauer Schauprozesse seine Abkehr vom Kommunismus vollzogen zu haben. Eine eklatante Lüge, war er doch, wie gesehen, schon viele Jahre zuvor politisch-ideologischer Diversant und mit antikommunistischer politischer Untergrundtätigkeit befasst. – Möglicherweise war Lovestone das sogar von Anfang an, dann müsste man annehmen, dass er bereits als von amerikanischen Diensten beziehungsweise regierungsnahen und antikommunistischen Organisationen mit genau diesem Ziel, als Zersetzungsagent zu agieren, engagiert wurde.

Im März 1937 stellte ihm Dubinsky aus den geheimen Kassen seiner äußerst wohlhabenden Textilarbeitergewerkschaft die erstaunliche Summe von hunderttausend Dollar zur Verfügung mit dem Auftrag, damit die »befreundete« Automobilarbeitergewerkschaft UAW von allen tatsächlichen oder vermeintlichen »Roten« zu säubern. Lovestone war dabei innerhalb von nur zwei Jahren so erfolgreich, dass auch diese einstmals so mächtige Gewerkschaft in zwei Blöcke zerfiel. Er selbst blieb völlig im Hintergrund. Wie immer war das probate Mittel der rechten Gewerkschaftsfeinde, bewährte Organisationen und speziell die Bildungseinrichtungen der Gewerkschaft gezielt zu zerschlagen.

Lovestone empfahl dem rechten Gewerkschaftsboss Martin, die kommunistischen Vorstandsmitglieder der Gewerkschaft unter fadenscheinigen Gründen zu entlassen – was dieser auch tat und die Gewerkschaft nun auf einen scharfen Rechtskurs brachte. Allerdings überzog er es dabei, zumal als herauskam, dass er parallel mit Henry Ford über die Gründung einer »gelben Gewerkschaft«, also einer arbeitgeberfreundlichen Scheingewerkschaft, verhandelte, man sich allerdings angesichts überzogener Geldforderungen Martins nicht handelseinig wurde. Dieser wurde daraufhin seinerseits vom obersten CIO-Vorstand suspendiert. Martin endete schließlich auf der Gehaltsliste von Henry Ford, der ihm zur Belohnung für die erfolgreiche Lahmlegung der Automobilarbeitergewerkschaft eine hochdotierte Vorstandsstelle sowie Haus und Firmenwagen schenkte.

Die CPUSA organisierte nun einen Einbruch in die New Yorker Wohnung von Lovestone und erbeutete dabei

Dokumente, die umgehend nach Moskau geschickt wurden. Die Dokumente, die dort nach 1990 wiederentdeckt wurden, belegen, dass die Komintern zu diesem Zeitpunkt umfangreiche Anhaltspunkte dafür hatte, dass Lovestone seinem verbrecherischen Treiben im US-Regierungsauftrag nachging. Denn er verfügte bereits 1938 über nicht weniger als vier Pässe auf unterschiedliche Namen (mit ebenso vielen wohldotierten Bankkonten) und vier verschiedene Wohnungen.

Der nächste Karrieresprung für Lovestone folgte wenig später. 1941 engagierte ihn das Committee to Defend America by Aiding the Allies (ab 1942 Citizens for Victory), dessen Gewerkschaftskontakte er koordinieren sollte. 1942 bewarb er sich dann sogar bei dem neugegründeten US-Auslandsgeheimdienst, dem Office of Strategic Services (Büro für Strategische Dienste / OSS, dem Vorläufer der CIA). In seinem Bewerbungsschreiben verwies er darauf, dass er bereits auf eine jahrelange Erfahrung in der Untergrundarbeit in fünfzehn verschiedenen Ländern zurückblicken könne. Er erhielt zwar keine direkte Anstellung beim OSS, wurde aber für die Zeit des Zweiten Weltkriegs wegen nicht näher bezeichneter »kriegswichtiger Tätigkeiten« von der Wehrpflicht befreit.

Ab 1944 wurde in den USA die Nachkriegsplanung für Europa vorangetrieben, speziell unter dem Blickpunkt der Auseinandersetzung mit den traditionell starken kommunistischen Parteien in den verschiedenen west- und osteuropäischen Ländern. Es ging um nichts weniger als um die politische Zersetzung der Linken mit dem Ziel, den bürgerlichen Parteien zumindest in Westeuropa sichere Mehrheiten zu verschaffen und damit diese Länder – wie etwa Frankreich und Italien – im »westlichen Lager« und »auf westlichem Kurs« zu halten.

Besonders viele Sorgen bereitete den US-Strategen die Tatsache, dass Teile der europäischen Sozialdemokratie die antikommunistische Linie der Vorkriegszeit verlassen und eine Zusammenarbeit mit den vielerorts durch Nazi-Kollaboration diskreditierten bürgerlichen Parteien ausschlossen. Stattdessen bahnten sich hier aus US-Sicht bedrohlich wirkende Allianzen von sozialdemokratischen und kommunistischen Parteien an, die in absehbarer Zeit die politische wie parlamentarische Mehrheit in diesen Ländern erringen würden.

Damit war die beabsichtige politische Einflussnahme der USA in diesen Ländern bedroht. Nach der erfolgreichen Zersetzung und Spaltung der »entschärften« US-Gewerkschaftsbewegung, die bis 1945 völlig auf Regierungslinie gebracht worden war, sollten nun mit denselben Mitteln die westeuropäischen Gewerkschaften zu antikommunistischen Kampforganisationen umgebaut werden.

An den US-Botschaften in den westeuropäischen Ländern wurden sogenannte *Labor Attachés* tätig. Sie sollten die Aktionen koordinieren. Gleichzeitig kontaktierte das US-Außenministerium den bekannten Antikommunisten George Meany, denn dieser fungierte zu diesem Zeitpunkt als Schatzmeister des mächtigen antikommunistischen Gewerkschaftsdachverbands AFL. Er sollte zentraler Bestandteil eines perfiden Plans werden.

Um jeden Anschein staatlicher Einflussnahme zu vermeiden, sollte Meany aus den üppig gefüllten Gewerkschaftskassen quasi unbegrenzte Geldmittel zur Verfügung stellen, mittels derer – durch Terror, Korruption und Wahlkampfbeeinflussung – die westeuropäischen Gewerkschaften auf US-Linie gebracht werden sollten. Ebenso sollten alle aktiven Maßnahmen verdeckt, sprich mittels der Gewerkschaftsorganisationen, durchgeführt werden, um dadurch auch den kleinsten Anschein von US-amerikanischer Regierungseinmischung zu vermeiden. Dass die US-Gewerkschaften zu diesem Zeitpunkt längst der verlängerte Arm der US-Geheimdienste, sprich der US-Regierung, geworden waren, stellte zumindest für Moskau kein Geheimnis dar.

Ziel war die Etablierung und Durchsetzung »freier«, also antikommunistischer, Gewerkschaften in Westeuropa. Dubinsky empfahl den einschlägig bekannten und anerkennend Hurensohn (*son of a bitch*) genannten Lovestone als Mann der Wahl für die geheime Leitung dieser Aktivitäten.

Offiziell fiel der Startschuss im November 1944 beim AFL-Kongress in New Orleans, als dort das Free Trade-Union Committee (Komitee für freie Gewerkschaften / FTUC) gebildet wurde. Lovestone fungierte als dessen Exekutivsekretär. Diese Position übte er unglaubliche drei Jahrzehnte lang aus. Erst 1974 wurde er – wiederum durch Meany – entlassen. Doch zu den Gründen dafür später.

Für die kommenden zwei Jahrzehnte sollte das FTUC das zentrale Instrument verdeckter US-Außenpolitik in Gewerkschaftsangelegenheiten werden. Ab 1948 übernahm die CIA die Finanzierung des FTUC, dem jährlich heimlich hohe Millionenbeträge zur Verfügung gestellt wurden. Innerhalb der CIA zuständig für das FTUC war das Office of Policy Coordination (Büro für Politikkoordination / OPC). Im Gegensatz zu dem harmlos klingenden Namen war diese Abteilung tatsächlich der CIA-Bereich für »schmutzige Operationen«, für skrupellos geplante und brutal ausgeführte Untergrundaktionen. Geleitet wurde das OPC von Frank Wisner, der bei der Ermordung Präsident Kennedys 1963 eine unrühmliche Rolle spielen sollte.

Der zuständige CIA-Verbindungsoffizier Lovestones war eine Frau. Die nach außen hin als Lovestones persönliche Assistentin auftretende Louise Page Morris war in Wahrheit Lovestones Chefin. Die weiße Oberschichtstochter Morris musste sich erst an das brutale, halbkriminelle Milieu rund um Lovestone gewöhnen. Eine weitere Verbindungsperson war der kurz zuvor von der CIA im Zuge der Homosexuellenjagd in den USA entlassene Carmel Offie, der bei der FTUC »geparkt« wurde und ebenfalls Verbindungsaufgaben versah.

Lovestone begann seinen »Kreuzzug« gegen linke Gewerkschaftler in Europa also 1944, als ihn das US-Außenministerium mit der Auswahl der *Labor Attachés* beauftragte. Er sorgte natürlich dafür, dass nur stramme Antikommunisten berücksichtigt wurden und dass jeder, der in der Vergangenheit auch nur den Hauch von Sympathie für linke Ideen verraten hatte, keinerlei Chance bekam. Lovestone arbeitete dabei mit dem zuständigen Abteilungsleiter des US-Außenministeriums, Murphy, zusammen, der zu diesem Zeitpunkt bereits zwei Jahrzehnte mit der Beobachtung des »Weltkommunismus« befasst war und Lovestone in die Arbeit des ministeriumseigenen Geheimdienstes (Bureau of Intelligence and Research / Büro für Nachrichtenbeschaffung und Forschung) einband. Es lag nur nahe, dass Lovestone auch in Kontakt mit den anderen antikommunistischen »Diplomaten« des Außenministeriums kam, wie dem »Eindämmungs-Strategen« George F. Kennan.

Lovestones Auftrag bestand ab 1945 im Kern darin, mittels des FTUC den frischgegründeten Weltgewerkschaftsverband (World Federation of Trade-Unions / WFTU) entweder von allen linken Elementen zu säubern oder in möglichst viele kleine Splitterverbände aufzuspalten und damit weitestgehend zu schwächen. Er spielte also sein subversives Diversantenspiel auf internationaler Ebene weiter.

Die WFTU war im Herbst 1945 in Paris als weltweiter Dachverband der Gewerkschaften aller Länder gegründet worden. In ihr sollten alle gewerkschaftlichen Strömungen ungeachtet ihrer politischen Ausrichtung zusammenarbeiten. Sowohl der sowjetische Gewerkschaftsbund als auch der britische Trades Union Congress (Gewerkschaftskongress/TUC) und die amerikanische CIO traten der WFTU unverzüglich bei. Generalsekretär wurde der französische Kommunist Louis Saillant. Im Gegensatz zur CIO sperrte sich der andere mächtige US-Gewerkschaftsverband AFL, der wie gesehen bereits auf antibolschewistische Linie gebracht worden war, von Anfang an gegen eine Zusammenarbeit mit kommunistischen Gewerkschaftern. Meany musste allerdings zu seiner Überraschung im September 1945 feststellen, dass bei der eigentlich kommunistischen Gedankenguts unverdächtigen TUC-Führung eine von ihm vorgetragene, aber von Lovestone zusammengekleisterte Rede gegen die Mitarbeit im »von Moskau gelenkten« WFTU auf heftige Ablehnung stieß.

Es brauchte also einen neuen Plan. Und es war auch schon klar, worauf der abzielen würde: auf die Gründung eines eigenen, antikommunistischen Weltgewerkschaftsverbands. In bewährter Weise plante Lovestone die in den USA so außerordentlich erfolgreiche Strategie der Spaltung und Zersetzung fortzusetzen – entweder von innen heraus oder notfalls durch die Gründung von Konkurrenzunternehmungen.

Lovestone stellte nun ein europaweites FTUC-Netzwerk auf die Beine. Zentrale Positionen nahmen dabei der für Frankreich zuständige Irving Brown und der für Deutschland zuständige Henry Rutz ein. Brown arbeitete zu diesem Zeitpunkt parallel für das OSS und später für dessen 1947 gegründete Nachfolgeorganisation, die CIA. Sein Auftrag war es, verdeckte Operationen in Europa durchzuführen.

Eine dieser Unternehmungen war die Gründung und Finanzierung einer rabiat antikommunistischen, aber scheinbar »linken«, sprich sozialdemokratischen »Kulturvereinigung« namens Kongress für kulturelle Freiheit, der speziell in der BRD so herausragende »Lichtgestalten« der »linken« Szene wie Heinrich Böll und Willy Brandt zu seinen hochbezahlten Mitarbeitern zählen konnte. Bis 1948 verfügte das FTUC in jedem Land Westeuropas über ein dichtes Netz an Zuträgern und Mitarbeitern.

In der amerikanischen Besatzungszone Deutschlands war die US-Militärregierung (OMGUS) zu diesem Zeitpunkt mit der Ausarbeitung einer künftigen Arbeiterorganisationsstruktur befasst. Die mit den Gewerkschaftsangelegenheiten befassten Offiziere, überwiegend aus dem CIO-Umfeld, wandten sich gegen eine Zusammenarbeit mit den vor 1933 führenden deutschen Gewerkschaftsfunktionären. Sie unterstellten diesen entweder politische Inkompetenz oder deutschnationale Gesinnung.

Da es jedoch sofort zu Auseinandersetzungen mit dem US-Außenministerium kam, das genau das wollte – eine Zusammenarbeit mit den »bewährten«, im Zweifel konservativen Gewerkschaftsführern von vor 1933 – wurde zunächst ein Kompromiss gefunden: Für zwei Jahre sollte die Bildung von Gewerkschaftsorganisationen verboten werden. Stattdessen sollten nur Vertrauensleute auf Betriebsebene gewählt werden. Diese unbelasteten Aktivisten von der Basis sollten Erfahrungen sammeln, um anschließend »von unten« eine neue zentrale Gewerkschaftsbewegung aufzubauen.

Lovestone schäumte vor Wut. Den OMGUS-Offizieren warf er Naivität vor, da sie die drohende kommunistische Machtübernahme (nicht nur) in den BRD-Gewerkschaften nicht erkannten. Sowohl im US-Außenministerium als auch beim kommandierenden Militärbefehlshaber der US-Besatzungszone, General Clay, forderte er die umgehende Zulassung der alten Gewerkschaften samt ihres früheren Führungspersonals. Er ging so weit, jedem, der sich gegen seinen Plan aussprach, nun selbst kommunistische Gesinnung Moskauer Prägung zu unterstellen.

Lovestones Strategie hatte im gerade anlaufenden »Kalten Krieg« und der Definition der Sowjetunion als des neuen US-Feindes durchschlagenden Erfolg. Wenig später war keiner dieser Offiziere mehr in Amt und Würden. Das FTUC unterstützte nach Kräften den Aufbau »unpolitischer«, sehr wohl aber US-Politik-konformer, konfessions- und weltanschauungsloser Gewerkschaften. Lovestone förderte dabei in bewährter Manier hinter den Kulissen antikommunistisch eingestellte Gewerkschafter in jeder Hinsicht. Und das funktionierte so: Wer sich als braver Antikommunist gab, erhielt Geld, Lebensmittel, Büroausrüstung und das knappe, weil weiterhin nur mit Bezugsschein erhältliche Papier, um antikommunistische Flugblätter und Broschüren zu drucken. Direkt auf der Lohnliste des FTUC standen offenbar völlig korrupte DGB-Funktionäre wie Willi Richter und Ludwig Rosenberg. Sie wurden lange Zeit nicht nur finanziell großzügig unterstützt, sondern erhielten das gesamte »Wohlfühlpaket« inklusive erweiterter Lebensmittelzuteilungen. Und konnten sich so ganz der antikommunistischen Wühlarbeit und ähnlichen Intrigenspielen widmen.

Auch die SPD stand als bewährter antikommunistischer Verband im Fokus von Lovestones Bemühungen. Hier hatte er sich den rabiaten Antikommunisten Kurt Schumacher und seine Gefolgsleute als verlässliche Frontleute ausgesucht. Schumacher erhielt von Lovestone bereits 1947 über zehntausend Dollar, damals eine unglaublich hohe Summe, mit der man viele wankelmütige »Sozis« bestechen konnte. Denn damals standen wichtige Richtungsentscheidungen vor der Tür. Und Lovestone wie Schumacher wollten den noch hie und da verbreiteten »Kommunistenfreunden« in der SPD jegliche Basis entziehen.

Lovestone sorgte auch dafür, dass Schumacher im Herbst 1947 in die USA reisen konnte. Zum einen sollte er dabei die Vorzüge des American Qay of Life im Mutterland des Kapitalismus bewundern, zum anderen sollten wichtige Kontakte für die Zukunft hergestellt werden.

Lovestone arrangierte in Washington Treffen unter anderem mit FBI-Chef J. Edgar Hoover sowie den konservativen Politprofis Averell Harriman, James V. Forrestal und George F. Kennan. Im August 1948 flog Lovestone während der Berliner Blockade extra in die »Fronstadt« (also deren Westteil) und beriet die Westberliner SPD- und Gewerkschaftsfunktionäre bei Vorbereitung und Durchführung spektakulärer antikommunistischer Aktionen.

Ein ungeahntes Hindernis bei der weiteren »erfolgreichen« Arbeit in der BRD ergab sich von unerwarteter Seite. Lovestone musste feststellen, dass die Spitze der US-Militärregierung um General Clay grundsätzlich gegen Gewerkschaftsarbeit eingestellt war. Bei Clay und Co handelte es sich um knochenkonservative Gegner jeglicher Arbeiterorganisation. Also sozusagen um grundsätzliche Gewerkschaftsgegner von ganz rechts außen. Clay ließ zur Empörung Lovestones selbst rabiat antikommunistische Gewerkschafter wie Fritz Tarnow vom US-Militärgeheimdienst überwachen. Es dauerte einige

Zeit, bis Lovestone dem halsstarrigen und knochenkonservativen Clay das Konzept erklärt hatte, die Gewerkschaften generell auf rechts zu drehen und damit zu willigen Gefolgsorganisationen der USA zu machen.

Lovestone verstand seinen Auftrag als umfassenden Kampf gegen die Sowjetunion und ihre Weltanschauung auf jedem nur möglichen Gebiet. So bezahlte er die SPD-»Genossin« Toni Sender für die Abfassung und Verbreitung eines Pamphlets über das sowjetische System der Gulags. Auch das geheimdienstlich gegen die DDR arbeitende SPD-»Ostbüro« bezog Lovestone mit Hilfe Schumachers in seine Machenschaften ein. Als 1952 die letzten kommunistischen Funktionäre in der Führung der DGB-Gewerkschaften der BRD kaltgestellt waren, beendete das FTUC offiziell seine Arbeit in der BRD. Das in den Jahren zuvor aufgebaute Netz von Spitzeln in SBZ/DDR wurde weiter benutzt.

Lovestone hatte seinen zutiefst antidemokratischen, illegalen und kriminellen Auftrag, was die BRD anging, damit »glänzend« erfüllt. Dass er die Willensfreiheit, die politische Entscheidungsfreiheit, das demokratische Grundprinzip im Hinblick auf die Bevölkerung mit Füßen trat, scherte ihn überhaupt nicht. Obwohl sich die USA solcherlei vermeintlich »demokratische« Grundsätze nur zu gern demonstrativ auf die Fahne schreiben und stolz vor sich hertragen – und sich dabei als oberste Verteidiger von Freiheit und Demokratie gebären. Jeder vermeintliche Fehltritt der (kommunistischen beziehungsweise heute russisch-chinesischen) Gegenseite wird mit aller publizistischen Macht umso heftiger angeprangert.

Frankreich stellte im Gegensatz zu den etwas naiven BRD-Gewerkschaftern für das FTUC eine ungleich härtere Nuss dar. Das Problem: Hier gab es deutlich weniger korrupte Gewerkschafter als in der BRD. Zumindest am Anfang. Der Auftrag, den französischen Kommunisten die politische und wirtschaftliche Existenzgrundlage zu entziehen, war ungleich schwieriger auszuführen.

Nicht nur gab es in Frankreich den mächtigen Gewerkschaftsdachverband Confédération générale du travail (Allgemeiner Gewerkschaftsverband / CGT) mit fünf Millionen Mitgliedern, sondern mit der Parti communiste français (Kommunistische Partei Frank-reichs / PCF) eine die Arbeiterbewegung dominierende kommunistische Partei, die auch über starken Einfluss in den Gewerkschaften verfügte. Während der deutschen Besetzung Frankreichs hatten die Kommunisten zudem als zentrale Widerstandsorganisation erheblich an politischem Einfluss auch im Bereich der politischen Mitte gewonnen.

Lovestone begann unmittelbar nach seiner Ankunft im Land im November 1945 mit dem Naheliegendsten: der finanziellen Bestechung und illegalen Förderung antikommunistischer Gruppierungen innerhalb des CGT. Im Fokus standen dabei die beiden einzigen korrupten Funktionäre: Léon Jouhaux und Robert Bothereau. Lovestone empfahl den beiden kurze Zeit später, das in den USA so oft bewährte Prinzip anzuwenden und auf der nächsten CGT-Versammlung eine Spaltung der Organisation zu versuchen. Dafür stellte er über seinen französischen Statthalter Irving Brown unfassbare 100.000 Dollar zur Verfügung.

Doch trotz der immensen Bestechungssummen konnten letztlich nur etwa zwanzig Prozent der Delegierten für den Plan einer Spaltung »gewonnen« werden. Die Jouhaux-Fraktion ließ daher zunächst von dem Versuch ab, die Einheitsgewerkschaft zu zerstören. Auf Anweisung Lovestones starteten sie nun »Plan B«, die Gründung einer

Konkurrenzorganisation, in diesem Fall des rechten, antikommunistischen und korrupten »Gewerkschaftsdachverbandes«, hochtrabend Force Ouvrière (Arbeitermacht/FO) genannt.

250 käufliche Funktionäre versammelten sich Ende 1947 und hoben die FO offiziell aus der Taufe, als einen mit der CGT konkurrierenden, neuen Gewerkschaftsdachverband. Angesichts dieses »Durchmarschs« schickte die US-Botschaft in Paris Jubelnachrichten Richtung Washington.

Doch mit Korruption war es im Gegensatz zur BRD in Frankreich nicht getan. Als die CGT im »Hungerwinter« 1947/48 Streiks organisierte, profilierte sich die vom FTUC ferngesteuerte FO als kriminelle Streikbrecher-Organisation mit Kontakten ins »Milieu«. Es kam zu gewalttätigen Überfällen von FO-Handlangern und gedungenen Kriminellen auf streikende kommunistische Arbeiter.

Als besonders »durchschlagend« stellte sich die Zusammenarbeit mit dem aus Marseille stammenden Mafioso und »Gewerkschafter« Pierre Ferri-Pisani heraus. Ferri-Pisani rekrutierte in seiner Heimatstadt Verbrecher der korsischen Mafia und schickte diese bewaffneten Schläger und Mörder in bestreikte Häfen wie Marseille, Bordeaux, Le Havre und Cherbourg. Dabei ging es auch um die Entladung amerikanischer Waffentransporte, was die kommunistischen Hafenarbeiter verweigerten. Besonders wüst wüteten die FO-Schergen 1948 im Hafen von Marseille. Sie schreckten dabei weder vor schwerer Körperverletzung noch vor Mord zurück. Und waren stolz darauf, den »Kommunisten« reihenweise die Schädel zertrümmert zu haben.

Lovestone gratulierte dem Mafioso zu seinem »glänzenden Sieg« in Marseille. Parallel zur Streikbrecherei rief

Lovestone in Frankreich eine mit hohen Auflagen auftrumpfende antikommunistische Presse ins Leben und finanziert diese.

Noch komplizierter waren die antikommunistischen Anfänge in Italien. Nach der Erfahrung des Faschismus vom »Typus Mussolini« bis 1943 und dem blutigen Kampf gegen die auch vor schrecklichsten Massakern nicht zurückschreckenden deutschen Besatzer hatte sich eine natürliche Einheitsfront von links bis rechts gebildet, innerhalb derer die Kommunisten gleichberechtigte Partner waren. Lovestone sah hier die Parlamentswahl 1948 als entscheidende Richtungswahl an, die unbedingt im westlich-kapitalistischen Sinne gewonnen werden musste, wollte man nicht einen absehbaren Sieg der Kommunisten in Kauf nehmen. Lovestone agierte in enger Zusammenarbeit mit dem US-Außenministerium und der CIA zur gezielten Stärkung der nichtkommunistischen Parteien und zur Bekämpfung der kommunistischen und sonstigen linken Parteien mit allen Mitteln, einschließlich Mord.

War in Frankreich die korsische Mafia der Partner der Wahl, so kam in Italien die sizilianische Mafia als »natürlicher« Verbündeter von CIA, Außenministerium und Lovestone zum Zuge. Dabei konnte man auf Kontakte zurückgreifen, die schon seit 1943, seit der US-Landung auf Sizilien, bestanden und nie abgerissen waren. Damals hatte das US-Militär über New Yorker Mafiosi den Kontakt zur sizilianischen Cosa Nostra hergestellt und deren Fußvolk als Hilfstruppen bei der Vorbereitung und Durchführung der Landungsoperationen benutzt.

Zur »Pflege der Parteienlandschaft« setzten die Amerikaner tonnenweise das wertvolle, immer noch eine Mangelware darstellende Papier ein, zum Drucken von Flugblättern und Zeitungen, und viele Millionen Dollar an

Bargeld, die an Einzelpersonen und Organisationen verteilt wurden. In Italien betrieb Lovestone mit aller Gewalt die Spaltung des 1944 von Kommunisten, Sozialisten und Katholiken gemeinsam gegründeten Gewerkschaftsbunds Confederazione Generale Italiana del Lavoro (Allgemeiner Italienischer Gewerkschaftsbund / CGIL).

Als Schwachstelle beziehungsweise vielversprechenden Ansatzpunkt machte Lovestone die katholische Fraktion im Gewerkschaftsbund aus. Mitte 1948 reiste er persönlich nach Rom, um die entsprechenden Weichenstellungen vorzunehmen. Wie gut seine Kontakte in höchste militant-antikommunistische und knochenkonservative katholische Kreise waren, zeigte sich, als er eine Privataudienz bei Papst Pius XII. erhielt, was im rechtskatholischen Italien dem Ritterschlag gleichkam.

So war es kein Wunder, dass sich der katholische CGIL-Flügel mit seinen rund achthunderttausend Mitgliedern nach dem Attentat auf Kommunisten-Chef Palmiro Togliatti weigerte, am ausgerufenen Generalstreik teilzunehmen. Wenig später konnte Lovestone Washington auch hier Vollzug melden: Ende 1948 traten die Katholiken aus dem CGIL aus. Doch noch waren Millionen Arbeiter im »kommunistisch dominierten« CGIL organisiert. Das konnte so nicht bleiben. Daher versuchte Lovestone, auch die Sozialistdemokraten aus der CGIL herauszubrechen. Dabei spielte erneut persönliche Korruption die entscheidende Rolle. Irving Brown schrieb Lovestone nach einem weiteren organisatorischen Treffen in Rom, »Koffer voller Geld« unter den sozialdemokratischen »Linken« verteilt zu haben. Auch diese traten schließlich aus der CGIL aus, schlossen sich aber zu Lovestones Ärger nicht der katholischen LCGIL an, sondern gründeten eine eigene Gewerkschaft.

Lovestone war daraufhin so wütend, dass er den Sozialdemokraten Ende 1949 sämtliche Gelder sperrte, um so die Vereinigung der beiden Gewerkschaften zu erzwingen. Er musste nur wenige Woche warten, dann knickten die Sozialdemokraten ein und fügten sich seinem Wunsch. Von Stund an finanzierte der FTUC-Ableger in Italien den neuen antikommunistischen Dachverband Confederazione italiana sindacati lavoratori (CISL) im Kampf gegen die linke Unione Italiana del Lavoro (Italienische Arbeitsunion / UIL) und die rein kommunistische CGIL.

Doch damit nicht genug. Es gab ja noch weitere Ecken in der Welt, die dringend dem »kommunistischen Verbrecherregime« entrissen werden mussten. Weitere Millionen wurden etwa in so entfernte Länder wie Finnland und Taiwan unters antikommunistische Gewerkschaftsvolk gestreut. Ab 1949 finanzierte Lovestone auch die Antikommunisten im israelischen Gewerkschaftsdachverband Histadrut. 1951 waren Lovestones Leute mit ihren Geldkoffern in Indien unterwegs. Ein weiteres Büro betrieb antikommunistische »Gewerkschaftsarbeit« in Tokio.

Louise Page Morris war offiziell als FTUC-Angestellte in der Türkei, im Irak, in Ägypten, Pakistan, Indien, Burma, Thailand, Indonesien und Taiwan aktiv. Auch ein hochrangiger britischer Gewerkschafter stand auf der Lohnliste des FTUC, was bei britischen Geheimdienstlern (die mit dem Information Research Department ihr eigenes FTUC besaßen) erhebliche Irritationen auslöste, als sie davon erfuhren, weil sich Angleton, zu dieser Zeit Chef der Spionageabwehr der CIA, bei einem Besuch im Vereinigten Königreich verplapperte.

In Afrika wurde das FTUC zunächst hauptsächlich in den französischen Kolonien Nordafrikas tätig. Während des Unabhängigkeitskampfs dieser Länder versuchte das

Außenministerium mit Hilfe des »unverdächtigen« FTUC frühzeitig gute Kontakte zu bestimmten Unabhängigkeitsbewegungen zu bekommen. So arrangierte Lovestone 1951 den Besuch des algerischen Revolutionsführers Habib Bourguiba in den USA als »Einladung der AFL«.

In Marokko finanzierte Lovestone die Gründung des antikommunistischen Gewerkschaftsbunds Union Marocaine du Travail (Marokkanische Arbeitsgewerkschaft).

Für die Staaten südlich der Sahelzone, damals Schwarzafrika genannt, war Maida Springer beim FTUC zuständig. Sie war in den Dreißigerjahren eine der wenigen afroamerikanischen Textilarbeiterinnen, die antikommunistische Positionen unterstützten. Springer »bearbeitete« hauptsächlich Kenia, Uganda und Tansania, wo sie von den (konkurrierenden) britischen Behörden mehrfach ausgewiesen wurde. In Kenia vermochte sie es, mit Tom Mboya einen Proamerikaner an der Spitze der Gewerkschaftsbewegung zu installieren. In Tansania machte Gewerkschaftsführer Julius Nyerere, von Lovestone und Springer zunächst für absolut zuverlässig gehalten, eine dramatische Wandlung durch und näherte sich später der Sowjetunion an. Gipfel der »Unverfrorenheit« Nyereres war aus Lovestones Sicht, dass dieser seine Gewerkschafter zu Schulungszwecken ausgerechnet in die DDR schickte.

Nach der erfolgreichen Arbeit an der Zerschlagung von Gewerkschaftsbewegungen beziehungsweise nach deren gelungener Ausrichtung auf die Westblock-Politik wurde das FTUC 1955 keineswegs aufgelöst. Die so erfolgreiche Organisation und deren Netzwerke wurden weiter benutzt, und zwar für die »normale« Spionagearbeit der CIA. Das FTUC versorgte über die von ihm finanzierten Spitzel von nun an die CIA mit wertvollen Insider-Informationen aus der weltweiten Arbeiterbewegung und zu neu auftretenden Strömungen im linken Lager, aber auch zu »Erscheinungen« wie den Grünen, die schon frühzeitig von den US-Diensten als äußerst geeignetes Instrument zur Beeinflussung der linken politischen Szene im US-Sinne herangezogen wurden.

Das Führungsduo Lovestone-Morris war ab 1954 einer neuen CIA-Abteilung unterstellt, und zwar der von James Jesus Angleton geleiteten Spionageabwehr. Lovestone und Angleton trafen sich bis 1974 in der Regel mehrmals wöchentlich und telefonierten häufig miteinander. Beide Männer verband eine enge persönliche Freundschaft.

Auch Angletons Leben bietet Stoff für mehrere Romane, verwandelte sich der feinsinnige Jazz- und Poesieliebhaber doch im Laufe seiner Dienstzeit bei der CIA in einen fanatisch-hysterischen Agentenjäger, gebeutelt von einem krankhaften Verfolgungswahn, der dazu führte, dass Angleton phasenweise ganze Abteilungen der CIA lahmlegte, weil er fest davon überzeugt war, dass diese großflächig von sowjetischen Maulwürfen unterwandert seien. Nach Angletons Pensionierung stellte sich heraus, dass das alles nur Hirngespinste gewesen waren.

Angleton hielt Lovestones ausufernde, kein schmutziges Detail auslassende Berichte wie auch Lovestones »Arbeit« insgesamt für so brisant, dass er sie vor den regelmäßigen Kontrollen der internen Revision der CIA abschirmte. CIA-Direktor Helms warnte er, der *Inspector General* (Generalinspekteur) der Revisionsabteilung dürfe sowohl von Lovestones Abteilung als auch von dessen durchweg illegalen Aktionen nichts erfahren, sonst könne es für den CIA-Chef unangenehm werden.

1974 kam für Lovestone das Ende einer langen, aus seiner Sicht »erfolgreichen« Laufbahn, die jedoch in Wirklichkeit für die Gewerkschaftsbewegungen im Westen eine verhängnisvolle Manipulation bedeutet hatte und deren Kampfkraft auf Jahrzehnte hinaus, ja, genauer betrachtet, bis heute entscheidend schwächte. Es gelang linken Gewerkschaftern nie mehr, in Westeuropa die Leitung einer mächtigen Gewerkschaft zu übernehmen.

Lovestone war mittlerweile nicht mehr auf der Höhe der Zeit. Er verstand nicht, dass er sich mit seiner Opposition gegen die von Henry Kissinger eingefädelte Öffnung Richtung Volksrepublik China selbst in Abseits manövrierte. Mittlerweile hatten in der Staatsverwaltung der USA Personen die Machtpositionen übernommen, die einen etwas subtileren Kampf gegen den Kommunismus bevorzugten. Verbindungen mit Kriminellen und offene Korruption gehörten nicht mehr zum offiziellen Handwerkszeug. Dafür gab es andere Mittel, die genauso zuverlässig das gewünschte Ergebnis, nämlich Vasallentreue zu den USA, erzielten. Selbst bei den wenig später gegründeten Grünen.

Lovestone war nicht mehr in der Lage zu verstehen, dass die Annäherung an das kommunistische China ein »genialer« Schachzug Kissingers im fortgesetzten, auf das physische Ende der Sowjetunion abzielenden Kampf der USA gegen den Sowjetkommunismus war. China sollte natürlich nicht auf Dauer verschont werden, die Zersetzung Chinas sollte direkt nach dem Ende der Sowjetunion verschärft werden.

Die Zeichen der Zeit standen keineswegs auf »friedlicher Koexistenz der Systeme. Der Kampf sollte unaufhörlich weitergehen, nur mit subtileren Mitteln. Das jahrzehntelange Wettrüsten hatte die Sowjetunion schon erfolgreich wirtschaftlich geschwächt. Fortgesetzte Unterwanderungsaktionen in den Bündnisstaaten des Warschauer Vertrags (wie in Polen, wo zusammen mit der

Katholischen Kirche, sprich dem Vatikan, mit Milliardenmitteln eine Untergrundbewegung aufgebaut wurde, die schließlich als »Solidarność« erfolgreich das Ende des Kommunismus einläutete) taten ein Übriges.

Lovestone setzte sich auch gegen jede Verständigungslösung des Vietnamkriegs ein, der die USA einen hohen Blutzoll, erhebliche Dollarmilliarden und ihrer politischen Führung die Zustimmung der öffentlichen Meinung gekostet hatte. Abrüstungsgespräche mit der Sowjetunion kamen für Lovestone gleich gar nicht in Frage. Nur noch mit Irritation wurde der von ihm und Angleton ausgearbeitete Vorschlag aufgenommen, ausgerechnet den rabiaten Antikommunisten Dubinsky zum US-Botschafter in Moskau zu machen.

Den fanatischen Antikommunisten Lovestone holte nun sein eigener Fluch ein. Hatte ihm damals General Clay Schwierigkeiten gemacht, weil dieser nicht verstanden hatte, dass man die Gewerkschaften zur Zerschlagung des Kommunismus benutzen konnte (ebenso wie die SPD), so verstand nun Lovestone nicht mehr, dass man die Volksrepublik China im Kampf gegen die Sowjetunion nutzen konnte. Er machte in den Augen seiner Vorgesetzten nur noch Schwierigkeiten und bereitete damit seiner Entlassung der Boden.

Lovestone sah angesichts vieler deutschstämmiger, knochenkonservativer Politiker rund um Nixon (mit Namen wie Haldeman, Ehrlichman, und anderen) eine »deutsche Mafia« am Werk. Er bekam Angst um die von ihm in vielen Jahrzehnten erkämpften »Errungenschaften«. Aus unerfindlichen Gründen zählte Lovestone ausgerechnet den rechtskonservativen Henry Kissinger (der noch dazu aus Deutschland stammte) zu den »Totengräbern der westlichen Freiheit«.

Mittlerweile war in US-Gewerkschaftskreisen allgemein bekannt, dass Lovestone ein enger Mitarbeiter der CIA war. Parallel trug das Ansehen der CIA in der Weltöffentlichkeit durch eine unaufhörliche Reihe öffentlicher Skandale schwere Schäden davon, zumal als illegale Aktivitäten der CIA im Inland in den USA bekannt wurden. Lovestones langjähriger Gegner in der Gewerkschaftsführung, Walter Reuther, war 1970 unter rätselhaften Umständen tödlich verunglückt. Ob auch dieser Todesfall auf das Konto der CIA geht, konnte bis heute nicht zweifelsfrei nachgewiesen werden. Reuther hatte Lovestones rechte Hand Irving Brown schon 1961 als einen CIA-Agenten bezeichnet, der keinesfalls ein unabhängiger Gewerkschafter sei.

Am Ende war es Kissinger, der Meany dazu brachte, Lovestone aufs Abstellglas zu schiebenbeziehungsweise in den Ruhestand zu versetzen. Ein Jahr später war auch Angleton seinen Job bei der CIA los. Ab den Achtzigerjahren setzten Lovestone Alter und Krankheit zunehmend zu. Zuletzt fast erblindet, erlag er am 7. März 1990 im Alter von zweiundneunzig Jahren in New York einem Herzinfarkt. Die in der Washingtoner Zentrale der AFL-CIO veranstaltete Gedenkfeier wurde nur spärlich besucht, und zwar nach Aussagen informierter Beobachter von deutlich mehr CIA-Mitarbeitern als von Gewerkschaftern.

Lovestone blieb zeitlebens unverheiratet und kinderlos. Einige Jahrzehnte lebte er mit der sieben Jahre älteren Esther Mendelssohn zusammen, die er 1924 in Montreal als Mitglied der Kommunistischen Partei Kanadas kennengelernt hatte. Auch mit Louise Page Morris hatte der keinesfalls als Kostverächter durchs Leben wandelnde Lovestone ab 1950 eine Liaison.

Das FBI führte Lovestone übrigens noch in den Zwanzigerjahren als Kommunist in den Akten. Dass er die

Seiten gewechselt hatte (oder gar von Anfang an ein doppeltes Spiel betrieb), war dem FBI angeblich entgangen, obwohl das schwer vorstellbar ist, angesichts der nachrichtendienstlichen Durchdringung der USA durch das geheimdienstartig organisierte FBI. So hintertrieb der FBI-Chef J. Edgar Hoover noch 1942 angeblich die Einstellung Lovestones beim OSS. Hoover hielt Lovestone, den ehemaligen Kommunisten, offenbar für einen besonders raffiniert getarnten sowjetischen Agenten. Noch 1950 gab er den Befehl für Ermittlung gegen Lovestone. Er wurde beschattet, sein Telefon und seine Post überwacht, denn er stand im Verdacht, in eine geheime Aktion der US-Armee eingebunden zu sein. Dagegen hatte Hoover grundsätzlich nichts – nur dass er vermeintlich nicht eingeweiht war, fuchste ihn. Erst 1952 erfuhr Hoover offiziell, dass Lovestone für die CIA arbeitete. Daher warnte er den überall »antiamerikanische Umtriebe« witternden Senator McCarthy 1954 davor, ein Verfahren gegen Lovestone in Gang zu setzen. Lovestone sei zwar, so Hoover, eine »ziemlich schmierige Type«, aber er sei nun mal im Auftrag der US-Regierung damit befasst, als »unverdächtiger Dritter« bestimmte geheimdienstliche Aktionen innerhalb des weltweiten Gewerkschaftsmilieus für die CIA durchzuführen. Dennoch ließ Hoover die Überwachung Lovestones noch bis 1957 fortsetzen.

In der BRD erhielt Lovestone dagegen 1960 das Große Verdienstkreuz am Bande, für seine unschätzbaren Verdienste »um die deutsch-amerikanische Freundschaft«.

Donald Maclean (1913–1983)

Der Sonnyboy

Donald Duart Maclean wurde das Interesse an Politik schon in die Wiege gelegt, kam er doch als Kind des gleichnamigen Parlamentsabgeordneten Donald Maclean in London zur Welt. Sein Vater fühlte sich der liberalen Bewegung zugehörig und stand immer in Opposition zur Konservativen Partei, aber auch zur »linken« Labour Partei. Aufgrund seines in langen Parlamentsjahren erworbenen Ansehens war Vater Maclean längere Zeit sogar der offizielle Oppositionsführer im Parlament. Gekrönt wurde seine Parlamentslaufbahn, als er 1931 Erziehungsminister in der Koalitionsregierung wurde.

Sohn Donald wuchs teils in London, teils in dem seiner Familie aufgrund ihrer Abstammung vertrauten Schottland auf. Die ausführliche Diskussion politischer Tagesereignisse, aber auch der Weltpolitik gehörten im Hause Maclean ganz selbstverständlich dazu. Auch die weitere Verwandtschaft war von intellektueller Brillanz geprägt, etwa sein Onkel, der berühmte britische Gynäkologe Ewen Maclean, der als »Vater« des britischen Hebammen-Wesens gilt und der sich um die Professionalisierung der Geburtshilfe im Vereinigten Königreich verdient machte.

Nach der Schulzeit im ruhigen und provinziellen England an der von seinen Eltern ausgewählten koedukativen Modellschule, an der spätere Berühmtheiten wie der Komponist Benjamin Britten und der Nobelpreisträger Lloyd Hodgkin seine Klassenkameraden waren, zog es Donald zur traditionellen britischen Universität Cambridge. Als ausgezeichneter Schüler hatte er in einem anspruchsvollen

Wettbewerb einen der begehrten Studienplätze an der Trinity Hall, einem der ältesten Colleges von Cambridge, gewonnen. Er begann, Sprachwissenschaften zu studieren, außerdem engagierte sich der schon als Schüler durch sportliche Leistungen hervortretende Donald in der Rugby-Mannschaft des Colleges.

Das unbeschwerte Teenagerleben des Neunzehnjährigen bekam einen Knacks, als 1932 sein Vater unerwartet starb. Er erlag im Alter von 68 Jahren einem Herzschlag. Vielleicht in einer Art grundsätzlicher Rebellion gegen das ungerechte Schicksal begann Donald sich nun nachdrücklicher politisch zu äußern. Sein Herz schlug auch politisch auf der linken Seite, und im Laufe des Studiums wurden seine kommunistischen Überzeugungen schließlich dem gesamten College bekannt. Nach wie vor Literatur- und Sprachwissenschaften studierend, engagierte er sich – wie viele seiner Studienkollegen – bei den verschiedenen Hochschulzeitschriften, die teils von Studenten, teils von Professoren herausgegeben wurden. So schrieb er Buchrezensionen für die Zeitschrift *Cambridge Left* (Linkes Cambridge) und setzte sich für eine nachdrücklich marxistisch geprägte Literaturwissenschaft ein.

1934 wurde er Herausgeber der Zeitschrift *Silver Crescent* (Silberner Bogen), der Studentenzeitschrift des Trinity College, ein äußerst angesehener Posten, für den nur herausragende Studierende in Frage kamen. Er setzte sich in seinen Leitartikeln mit den Nachwirkungen der Weltwirtschaftskrise von 1929 auseinander, mit der allgemeinen Wiederaufrüstung in Europa, wie sie vor allem Deutschland betrieb, das seit 1933 von einem gewissen Herrn Hitler regiert wurde, und attestierte England eine ausgewachsene kapitalistische Krise, die unweigerlich zu kriegerischen Handlungen führen werde. Daher sei es wichtiger als je zuvor, dass sich alle aufrechten, jungen Linken so stark wie nur möglich in der Tagespolitik engagierten. Gleichzeitig setzte er sich für die Einführung eines demokratisch gewählten Studierendenrats ein – denn bis zu diesem Zeitpunkt gab es keine wirkliche Vertretung für die Belange und Interessen der Studenten.

Selbstverständlich, so Maclean, müssten endlich den weiblichen Studierenden die gleichen Rechte wie den männlichen Studenten eingeräumt werden – was zu diesem Zeitpunkt noch nicht der Fall war. Und schließlich forderte er, dass die Gebäude von Trinity Hall auch von Studenten für politische Versammlungen genutzt werden dürften, was bis dahin streng verboten war.

Über seine Studienkollegen Anthony Blunt und Kim Philby sowie den überall präsenten Guy Burgess wurde Donald Maclean zu kommunistischen Diskussionskreisen eingeladen, an denen er bald Gefallen fand. Dabei kam er ins Visier sowjetischer Rekrutierungsoffiziere, die regelmäßig nach Perspektivagenten unter den herausragenden Studierenden der Elite-Kaderschmiede Ausschau hielten. Die Offiziere luden ihn zu einem Gespräch ein, und man wurde sich schnell handelseinig. Denn beide Seiten konnten in dieser Situation nur gewinnen.

Zunächst schloss Maclean allerdings 1935 sein Studium mit hervorragenden Noten und mit Auszeichnung ab. Anschließend bewarb er sich für den Diplomatischen Dienst Großbritanniens, er hoffte also auf eine Laufbahn im Außenministerium.

Trotz seiner bekannten – und auch dem Inlandsgeheimdienst MI5 nicht verborgen gebliebenen – linken Gesinnung wurde er genommen. Er hatte sich inzwischen, neben seinen linken Grundüberzeugungen, eine äußere konservative Schale zugelegt, obwohl es ihm manchmal schwerfiel, die Fassade aufrechtzuhalten. Auch die Abschlussprüfung des Vorbereitungsjahrs schloss er mit Auszeichnung als einer der Jahrgangsbesten ab. Dass eine entfernte Familienangehörige, Lady Violet Bonham Carter, ebenfalls im Prüfungsausschuss saß, war dabei sicher hilfreich. Während der Prüfung fragte ihn einer der Dozenten, ob er als Student kommunistische Ansichten vertreten habe. Das war offensichtlich eine Fangfrage, mit der man ihn aus der Reserve locken wollte. Denn es dürfte den Prüfern bekannt gewesen sein, dass er in seinem zweiten Studienjahr – wie so viele andere Cambridge-Studenten, etwa Kim Philby und Guy Burgess – an einer vom sowjetischen Studentenverband organisierten Rundreise durch das Mutterland des Kommunismus teilgenommen hatte. Maclean antwortete, dass ihm die ursprünglich so attraktiv erscheinende kommunistische Ideologie mittlerweile verbohrt und realitätsfern vorkomme – so war es mit seinen Führungsoffizieren abgesprochen, um seine weitere Karriere nicht zu gefährden. Seiner weiteren Karriere im britischen Außenministerium stand nun also nichts mehr im Wege.

Im Oktober 1935 trat er offiziell den Dienst im Außenministerium an. Er wurde zunächst der »Westlichen Abteilung« zugeteilt, zuständig für die Niederlande, Spanien, Portugal, Schweiz und den Völkerbund in Genf. 1936 erhielt er einen Posten in der Abteilung, die sich mit der Aufrüstung der »Achsenmächte« Deutschland und Italien befasste, aber auch mit der Sowjetunion.

Maclean bekam nun von seinen sowjetischen Führungsoffizieren eine Kontaktfrau, eine Kurierin, zugeteilt: Kitty Harris, die Frau des Vorsitzenden der Kommunistischen Partei der USA. Angeblich lautete der Codesatz zur gegenseitigen Erkennung beziehungsweise zur Signalisierung, dass alles in Ordnung ist und keine gegnerischen Beschatter in der Nähe sind: »Sie hatten wohl nicht erwartet, dass eine Frau kommen würde, oder?«, worauf Maclean antworten sollte: »Nein, aber es ist eine angenehme Überraschung.«

Während der nächsten beiden Jahre brachte Maclean insgesamt fünfundvierzig Archivboxen voll geheimer Regierungsdokumente abends in die Wohnung von Harris, wo sie fotografiert und nach Moskau weitergeleitet wurden, um die Kisten morgens wieder ins Außenministerium mitzunehmen.

Wie im diplomatischen Dienst üblich, erhielt Maclean Ende 1938 eine neue Stelle zugeteilt. Diesmal sollte er als Dritter Sekretär zur britischen Botschaft nach Paris gehen. An der Seine machte er zunächst durch modische Exzesse von sich reden: Die Botschafts-Sekretärinnen nannten ihn bald schon *Fancy pants* Maclean – seiner exaltierten Hosenwahl wegen.

Frankreich und Großbritannien zogen damals ein perfides Intrigenspiel auf. Denn sie boten Stalin über diplomatische Kanäle heimlich ein Dreierbündnis zur Abwehr deutscher Aggressionen an. Aber jedes Mal, wenn Stalin konkrete Vereinbarung treffen wollte, erfanden die beiden Länder neue Ausreden. Auch wurden nie hochrangige Generäle zu den verabredeten Treffen geschickt, sondern immer nur subalterne Offiziere. Die sowjetischen Behörden, also die Regierung um Stalin, schlossen daraus folgerichtig, dass es weder Frankreich noch Großbritannien ernst war mit dem Bündnis.

Gleichzeitig zog der britische Auslandsgeheimdienst MI6 ein weiteres Verwirrspiel auf. Dabei sollte die sowjetische Führung dazu gebracht werden, durch zahlreiche teils wahre, teils erfundene Meldungen über deutsche Hochrüstung und deutsche Aufmärsche Richtung Osten, in einem Akt der Verzweiflung einen Präventivkrieg gegen Deutschland zu beginnen. Hätten diese sich in einem blutigen Vernichtungskrieg bis zur völligen Erschöpfung bekämpft, wären Frankreich und Großbritannien ihre beiden heftigsten weltanschaulichen Gegner – Nazi-Deutschland und die kommunistische Sowjetunion – auf einen Streich »losgeworden«. Doch, beraten von seinen Geheimdiensten, hütete sich Stalin genau vor diesem von den beiden Westmächten suggerierten Schritt.

Die weiteren Monate und Jahre bis zum deutschen Überfall auf die Sowjetunion blieb das »Mutterland des Kommunismus« angesichts der Falschmeldungen durch die beiden Westmächte in einem Zustand andauernder Verunsicherung, erhöhter Kriegsbereitschaft und permanenter Umorganisation, gerade im Hinblick auf die Verteidigungsstellungen der Roten Armee. Das führte zum Zeitpunkt der tatsächlichen deutschen Invasion am 22. Juni 1941 dazu, dass die Rote Armee nur teilweise in Kampfbereitschaft war, so dass es ihr nicht möglich war, ihre zahlenmäßige Überlegenheit schon im ersten Kriegsjahr in Erfolge auf dem Schlachtfeld umzuwandeln.

Maclean saß während dieses weltpolitischen Ränkespiels an zentraler Stelle, war doch die britische Botschaft in Paris der Knotenpunkt, über den die anglo-französische Zusammenarbeit in geheimdienstlicher wie diplomatischer Hinsicht abgewickelt wurde.

Maclean griff sich an Dokumenten, was er erhaschen konnte, und ließ Kopien nach Moskau schicken. Zumal als sich Frankreich und Großbritannien Ende 1939 am »Winterkrieg« zwischen Finnland und der Sowjetunion auf Seiten Finnlands engagieren wollten, was sie zum Bündnispartner des nationalsozialistischen Deutschlands gemacht hätte. Nazideutschland unterstützte Finnland, denn die beiden Staaten standen seit 1918 in enger militärischer Verbindung miteinander. Deutschland hatte die »Staatswerdung« des bis zu diesem Zeitpunkt russischen Großherzogtums Finnland durch die Entsendung von Invasionstruppen, Waffenlieferungen und die Ausbildung von finnischen Soldaten an deutschen Kanonen und Panzern auf deutschen Truppenübungsplätzen entscheidend vorangetrieben.

Eine historische Parallele eröffnet sich zur heutigen Situation in der Ukraine: Ukrainische Soldaten werden auf deutschen Truppenübungsplätzen an deutschem militärischem Gerät ausgebildet und dann wieder in den Kampf gegen Russland geschickt. Diese Kontinuität der Unterstützung des Kampfes unterschiedlicher Länder gegen Russland durch Deutschland und viele andere Länder ist schon erstaunlich, vergegenwärtigt man sich, dass seitdem ziemlich genau hundert Jahre vergangen sind und auf beiden Seiten längst andere Nachfolgestaaten die Plätze eingenommen haben. Als Grund für jene antirussischen Geheimoperationen darf man mit Fug und Recht wohl das annehmen, was schon im kaiserlichen Deutschland als Begründung herangezogen wurde und was letztlich zur Oktoberrevolution, zum Sturz des Zarismus und zur Entstehung der kommunistischen Sowjetunion führten: Die Größe des Landes und der damit verbundene weltpolitische Einfluss, der Reichtum an Rohstoffen und die strategische Lage des Landes zwischen Europa und Asien. All das sollte und soll eingedämmt, unter Kontrolle gebracht und schließlich für künftige Wirtschafts- und Militärbeziehungen nach Asien genutzt werden.

Ende 1939 trat eine wichtige Änderung in Macleans Privatleben ein. Bei einer Party in Paris lernte er ein schüchternes Mädchen aus Amerika kennen: ein Scheidungskind auf Europareise mit seiner Mutter. Melinda und er heirateten wenig später, und sie begann ein Studium an der Pariser Universität Sorbonne. Wie sich später herausstellte, barg diese außergewöhnlich hübsche junge Dame tief in ihrem Innern eine unverbrüchliche Liebe zu Russland, zur Sowjetunion. So fiel es ihr später leicht, mit Maclean nach Moskau zu gehen, um dort dauerhaft zu leben. Doch noch war es nicht so weit.

Für Maclean verkörperte Melinda trotz ihres reichen, konservativen Elternhauses eine ganz wunderbare, unerwartete Mischung liberaler Weltanschauung, Eintreten für die Volksfront (also das Bündnis aller linken Parteien gegen die rechten Ausbeuterparteien) und eine völlige Unvoreingenommenheit dem Kommunismus gegenüber, den sie als Idee sehr interessant und lobenswert fand. Bei einer Party, lange vor ihrer Beziehung mit Maclean, verteidigte sie die Sowjetunion sogar gegenüber einer für die weiße russische Emigrantenopposition eintretenden Freundin. Maclean empfand Melinda nicht nur deshalb als Geistes- und Seelenverwandte.

Er vertraute ihr so sehr, dass er ihr gegenüber ziemlich schnell zugab, ein sowjetischer Spion zu sein. Ihre Reaktion bekräftigte seine Bewunderung für sie: Denn das Einzige, was sie sagte, war, dass sie ihm im Zweifelsfall immer helfen werde, sofern sie das könne.

Während des deutschen Überfalls auf Frankreich, als die deutschen Truppen schon vor Paris standen, wurden Donald und Melinda – sie war zu diesem Zeitpunkt bereits schwanger – in Paris getraut. Die britische Botschaft war schon evakuiert worden, und die Macleans folgten unmittelbar nach der Hochzeit dem übrigen Botschaftstross Richtung Südfrankreich. In Marseille bestiegen sie schließlich ein Schiff und reisten zurück nach London.

In der britischen Hauptstadt wurde Maclean der Abteilung für Wirtschaftskriegsführung des Außenministeriums zugeteilt. Kriegsgegner Deutschland sollte nun mit Sanktionen und anderen wirtschaftlichen Zwangsmaßnahmen, unter anderem einer schon gegen Napoleon bewährten Kontinentalblockade durch die britische Flotte, die weltweit größte Marinestreitmacht zu diesem Zeitpunkt, in die Knie gezwungen werden.

Kurz vor Weihnachten 1940 verließ Melinda die britische Insel und begab sich nach New York, um dort – ohne den Stress der permanenten deutschen Luftangriffe auf London und weite Teile der britischen Insel – ihr Kind zu bekommen, das jedoch wenige Tage nach der Geburt starb. Einige Wochen später, als sie sich halbwegs von diesem Schicksalsschlag erholt hatte, flog sie zurück nach London.

Maclean entwickelte sich in kurzer Zeit zu einem Spezialisten für Wirtschaftskriegsführung. Dazu gehörten Maßnahmen gegen die Zivilluftfahrt des Gegners, die Installation neuer britischer Militärbasen im Ausland und die gezielte Beschlagnahmung von strategischen Rohstoffen wie dem für die Munitionsherstellung unabdingbaren Tungsten.

1944 erhielt Maclean die äußerst ehrenvolle Berufung auf den renommierten Posten des Zweiten Sekretärs der größten Auslandsbotschaft Großbritanniens in Washington, D.C. Ab Mai 1944 wurde die US-Hauptstadt ihr neues Zuhause. Melindas Familie nahm sie und Donald sehr herzlich auf, und so verbrachten die Macleans ihre Ferien gern auf den familieneigenen Landsitzen auf Long Island oder am landschaftlich außerordentlich schönen Cape Cod. Ende des Jahres gebar Melinda in Washington einen Sohn.

In der US-Hauptstadt gehörten die Macleans, zumal nach Donalds Beförderung zum Ersten Sekretär der Botschaft, zur gehobenen Gesellschaftsschicht – speziell zur »Georgetown-Clique« rund um die mächtige Zeitungsverlegerin Katherine Graham, in deren Villa sich viele prominente US-Politiker, Wirtschaftsbosse, Militärs und Geheimdienstvertreter die Klinke in die Hand gaben. Jedenfalls fehlten die Macleans auf kaum einem der großen Empfänge oder einer der vielen Partys.

Maclean machte sich in der Botschaft einen Namen als hartarbeitender Aktenfresser, der jederzeit bereit war, für einen erkrankten oder schlicht lustlosen Kollegen, selbst im Hinblick auf außerordentlich dröge Aufgaben, einzuspringen. Aus Sicht seiner sowjetischen Führungsoffiziere war das natürlich genau die richtige Strategie, um sich in der Botschaft unentbehrlich zu machen und weit über seinen eigenen Tätigkeitsbereich hinaus Einblick in teilweise streng geheime Vorgänge anderer Abteilungen zu bekommen.

Maclean erhielt nun sogar zusätzlich den Posten eines Sekretärs des Combined Policy Committees (Gemeinsames Politik-Komitee), hinter dem sich die geheime Zentrale der nuklearen Forschungszusammenarbeit zwischen Großbritannien und den USA verbarg. Er wurde dadurch zu einer der sowjetischen Hauptquellen, was die Atomforschung – sei es auf der britischen Insel, sei es in den USA oder Kanada – anging. Maclean übersandte zwar im Gegensatz zu anderen Quellen (wie Klaus Fuchs, s. o.) keine technischen Daten zur Atomforschung. Dennoch gelang es ihm, extrem wichtige Detailinformationen wie die genaue Plutoniummenge, die in den USA mittlerweile in einem äußerst aufwendigen Prozess produziert wurde, zu bekommen.

Als britischer Vertreter im gemeinsamen Rat zum Austausch von Atomforschungserkenntnissen der USA, Großbritanniens und Kanadas konnte er der Sowjetunion nach jeder Ratssitzung jeweils den aktuellen Stand dieser Forschungen übermitteln. Dadurch waren die sowjetischen Wissenschaftler in der Lage, ungefähr abzuschätzen, in welchem Zeitraum und in welcher Menge die USA Atombomben bauen würden.

Macleans Verantwortungsbereich erstreckte sich mittlerweile aber auch – besonders wichtig im beginnenden Kalten Krieg – auf die gemeinsame angloamerikanische Militärstrategie für die Nachkriegszeit, besonders im Hinblick auf die strategisch besonders wichtigen Länder Griechenland und Türkei, die Vorarbeiten zur Gründung der NATO und zur gemeinsamen Politik im Hinblick auf die Verwaltung der ehemaligen Reichshauptstadt Berlin.

1948 erhielt Maclean mit fünfunddreißig Jahren die Berufung zum Kanzleichef der britischen Botschaft in Kairo. Er war zu diesem Zeitpunkt der jüngste Kanzleichef im gesamten Diplomatischen Dienst Londons. Doch in der Botschaft nahe der Pyramiden ergaben sich unerwartete Probleme in der Zusammenarbeit mit dem Ministerium für Staatssicherheit, dem Vorläufer des KGB.

Der von Moskau ausgewählte Kontaktmann erwies sich als äußerst unzuverlässig. Daher schlug Maclean vor, künftig die Übermittlung von Informationen über Melinda laufen zu lassen, die derlei bei einem Friseurbesuch an eine »zufällig« ebenfalls anwesende sowjetische Residentenfrau übermitteln könne. Und so geschah es auch.

Kairo gehörte damals zu den wichtigsten Auslandsposten des britischen Außenministeriums, speziell im Hinblick auf den nach wie vor möglichen Präventivkrieg der Briten und Amerikaner gegen die Sowjetunion.

Außerdem stellte der Suezkanal die zentrale Verbindung zum asiatischen Teil des britischen Empires beziehungsweise dessen Nachfolgeländer dar, aber auch für die neuen US-Militärbasen in Asien, die teilweise über Großbritannien mit Nachschub versorgt wurden.

Großbritannien war damals die führende Großmacht im östlichen Mittelmeer und damit an der sich abzeichnenden Frontlinie zum Ostblock. Britische Truppen waren sowohl am Suezkanal als auch in Palästina stationiert, auf den britischen Luftwaffenstützpunkten in der Kanalzone warteten mit Atomwaffen versehene US-Bomber darauf, einen Angriff auf Ziele in der Sowjetunion zu fliegen.

In Bezug auf die ägyptische Innenpolitik betrieb Großbritannien ein fahrlässiges »Laisser faire«, sprich, man ließ den Dingen ihren Lauf. Das war allerdings angesichts der in der Bevölkerung weit verbreiteten Unzufriedenheit mit dem korrupten Regime König Faruks einigermaßen unvorsichtig, zumal angesichts der sich zuspitzenden Blockkonfrontation mit der Sowjetunion. Maclean sprach sich intern – und dabei musste er nicht einmal lügen – für die Unterstützung von Reformerkreisen aus, wolle man nicht Gefahr laufen, das Land in die Hände der Sowjetunion fallen zu lassen.

Maclean war zu diesem Zeitpunkt in der Botschaft – abgesehen vom Botschafter – der entscheidende Mann, zuständig für die Koordination der angloamerikanischen Militärplanung und die Zusammenarbeit mit der ägyptischen Regierung. Doch mittlerweile begannen das Doppelleben und der damit verbundene Dauerstress an seinem Nervenkostüm Macleans zu zehren. Er sprach zu Entspannungszwecken immer stärker dem Alkohol zu. Als er einmal im Zustand fortgeschrittener Trunkenheit die Wohnung eines US-Botschaftsangehörigen demolierte, bat Melinda den britischen Botschafter um eine Auszeit für Donald angesichts dessen »angegriffener Gesundheit«. Sie habe einen Arzttermin in London vereinbart und werde mit Donald danach aufs Land ziehen, damit er wieder ins Gleis komme.

Möglicherweise war die Alkoholproblematik jedoch nur ein kunstvolles Täuschungsmanöver. Denn mittlerweile war die US-Spionageabwehr auf erste Hinweise gestoßen, dass es unter bestimmten Cambridge-Absolventen einen erhöhten Grad an Philokommunismus gab und wohl auch eine Zusammenarbeit mit sowjetischen Diensten. Angeblich mehrten sich die Anzeichen einer möglichen Enttarnung Macleans, so dass dieser mit der Krankschreibung erst einmal aus dem Fadenkreuz der US-Fahnder genommen werden konnte. Die lebenslustige Melinda hatte zu diesem Zeitpunkt eine Affäre mit einem ägyptischen Aristokraten, mit dem sie einen Spanienurlaub antrat, während Donald das Flugzeug nach London bestieg.

Ein paar Monate Auszeit in der ruhigen englischen Provinz genügten, um Maclean die ersehnte Erholung zu verschaffen. Melinda beendete ihre ägyptische Affäre und kehrte ins eheliche Heim zurück. Macleans Karriere hatte unter den ägyptischen Eskapaden nicht gelitten. Er wurde befördert und übernahm nun sogar die Leitung der US-Abteilung des britischen Außenministeriums. Damit erhielt er noch besseren Zugang zu Informationen, die für Moskau besonders interessant waren.

Der vielleicht wichtigste Hinweis Macleans stammte vom Dezember 1950, als ein kurzfristig anberaumtes Gipfeltreffen zwischen dem britischen Premierminister und dem US-Präsidenten Truman in Washington stattfand. Zu diesem Zeitpunkt wurde auf beiden Seiten des Atlantiks innerhalb der jeweiligen Regierungen und

Militärs die Forderung erhoben, den »kommunistischen Angriff« auf Südkorea mit dem Abwurf von Atombomben auf die Volksrepublik China zu beantworten. Die britische Seite erklärte jedoch auf dem Gipfel, dass sie entschieden gegen den Einsatz von Atomwaffen sei, da dies die Gefahr einer unkontrollierbaren Eskalation in sich berge. Truman sagte daraufhin zu, weder Atomwaffen einzusetzen noch den Krieg über Korea hinaus auszuweiten. Maclean konnte nur wenige Stunden nach dem Ende des Gipfeltreffens bereits eine Kopie des Sitzungsprotokolls nach Moskau schicken – und so diese wichtige Information dem Kreml zur Kenntnis bringen.

Mittlerweile war die US-Spionageabwehr in der Lage, den Verdacht gegen Maclean, ein sowjetischer Spion zu sein, aufgrund vieler unterschiedlicher Hinweise zu erhärten – das musste Kim Philby als neuer Geheimdienstkoordinator zwischen Großbritannien und den USA feststellen. Maclean machte unter diesen Umständen der Stress des Doppellebens erneut sehr zu schaffen. Ein Journalist, der ihn 1951 in London traf, sagte später, er sei erschrocken gewesen über das schlechte Aussehen des früheren Sonnyboys. Seine Hände hätten gezittert, sein Gesicht sei ganz gelb gewesen, seine Sprache verwaschen und undeutlich, teilweise habe er angefangen zu stottern.

Der britischen und der US-Spionageabwehr lagen zu diesem Zeitpunkt endlich konkrete Hinweise auf Macleans Spionagetätigkeit vor. Diese waren bei der Auswertung der sogenannten Venona-Protokolle angefallen. Dabei war die Codierung der chiffrierten Telegramme, die zwischen den sowjetischen Botschaften in Washington und London mit der Zentrale in Moskau ausgetauscht wurden, mit Hilfe der im Zweiten Weltkrieg gegen Deutschland perfektionierten, computergestützten Dechiffrierung teilweise geknackt worden. Was die Auswerter erkannten, war, dass ein Agent mit dem Decknamen »Gomer« (russisch für »Homer«) zwischen September 1944 und April 1945 insgesamt zwölf dieser chiffrierten Telegramme verschickt hatte, sechs von New York und sechs von Washington aus, was sich genau mit den jeweiligen Aufenthalten Macleans in diesen Städten deckte. Zudem konnte Teile des Inhalts decodiert werden, die auf tatsächliche Gegebenheiten in Macleans Leben (Geburtstage von Verwandten et cetera) hinwiesen. Von den insgesamt neun Verdächtigen war Maclean derjenige, auf den die meisten Anhaltspunkte zutrafen.

Der KGB und Philby waren überzeugt davon, dass Maclean einem verschärften Verhör in London oder Washington nicht standhalten würde. Daher wurde beschlossen, Guy Burgess nach London zu schicken, um Maclean zu warnen und ihm zur Flucht in die Sowjetunion zu raten.

Um einen handfesten Grund für die Reise nach London zu haben und nicht selbst in Verdacht zu geraten, provozierte Burgess daraufhin seinen Abgang, indem er an einem Tag dreimal mit der Washingtoner Verkehrspolizei wegen Geschwindigkeitsübertretung aneinander rasselte. Daraufhin entschied der britische Botschafter, ihn wegen unangemessenem Verhalten nach London zurückzuschicken, ganz wie von Burgess und Philby beabsichtigt. Die sowjetischen Führungsoffiziere wollten Maclean unbedingt aus Großbritannien herausholen, da er die gesamte Operation in Gefahr bringen konnte.

Vor die Wahl gestellt, verhaftet zu werden oder nach Moskau zu gehen, besprach sich Maclean einmal mehr ganz offen mit seiner Frau Melinda, die ihm zu seiner Überraschung nachdrücklich zuredete, nach Moskau zu reisen. Genau an seinem achtunddreißigsten Geburtstag war es so weit. Am 25. Mai 1951 fuhr er wie jedes Wochenende per Bahn nach Surrey, wo er und Melinda eine Landvilla fürs Wochenende unterhielten. Einige Stunden später tauchte Burgess dort auf. Nach einem gemeinsamen Abendessen verabschiedete sich Maclean von Melinda und seinen Kindern, stieg in Burgess' Auto und reiste ab.

Die beiden Spione fuhren zur Hafenstadt Southampton, nahmen die Fähre nach Frankreich und verschwanden dort spurlos. Sehr zur Verwunderung der ein paar Tage später auf das gemeinsame Verschwinden aufmerksam gewordenen Presse. Die überschlug sich mit den wildesten Vermutungen. Von Mord über einen tödlichen Unfall bis hin zu Spionageverwicklungen wurden alle Möglichkeiten durchgespielt. Dasselbe geschah bei den britischen und US-Geheimdiensten. Dort war man aufs Äußerste alarmiert über das Verschwinden von zwei britischen Topdiplomaten mit Zugang zu Geheimmaterial auf beiden Seiten des Atlantiks.

Erst fünf lange Jahre später sollte sich das Rätsel lösen. Doch Schritt für Schritt. Am Montag nach Macleans Verschwinden rief Melinda, wie mit Burgess besprochen, im britischen Außenministerium an und erkundigte sich nach dem Verbleib ihres Mannes. Dieser sei am Wochenende nicht nach Hause gekommen. Sie nehme an, er sei in diplomatischer Mission unterwegs, gab sie an und wollte wissen, wann sie ihn zurückerwarten dürfe. Der britische Inlandsgeheimdienst MI5, auch mit der Spionageabwehr betraut, nahm ihr die Räuberpistole ab. Sie wurde erst Wochen später vernommen, das Landhaus nie durchsucht. Drei Wochen nach Macleans Flucht gebar die hochschwangere Melinda ihr drittes Kind, eine Tochter.

Maclean lebte sich in der UdSSR schnell ein – im Gegensatz zu Burgess. Er lernte Russisch, promovierte und fungierte als Dozent für westliche Wirtschaftspolitik und britische Außenpolitik an der Moskauer Universität. Im Februar 1956 wurde das Geheimnis ihres Verschwindens gelüftet: Burgess und Maclean traten in Moskau lächelnd vor die Presse, wie nach einem gelungenen Streich, und bekannten sich zur Sowjetunion.

Melinda war Donald bereits 1952 mit den Kindern nach Moskau gefolgt. Ihre Hoffnung auf ein harmonisches Eheleben in der kommunistischen Metropole schien zunächst aufzugehen. Einige Jahre verliefen halbwegs harmonisch. Doch Macleans Alkoholkonsum näherte sich Anfang der Sechzigerjahre wieder der kritischen Marke, mittlerweile wurde er gewalttätig, wenn er getrunken hatte. Gleichzeitig hatte Melinda eine Affäre mit dem nunmehr ebenfalls in Moskau ansässigen Kim Philby. Ihre Affäre begann mit einem gemeinsamen Skiurlaub im Kaukasus 1964, als Philbys amerikanische Frau zu einem längeren USA-Urlaub abgereist war. Maclean kam schnell hinter die Affäre und kündigte Philby die Freundschaft. Philbys Frau kam ihm ebenfalls auf die Schliche und verließ Moskau für immer. Melinda zog zu Philby, doch nach drei Jahren zerbrach das Beziehungsglück. Melinda zog aus und nahm sich eine eigene Wohnung, bevor sie 1979 samt den Kindern für immer in die USA zurückkehrte. Sie hielt ihrem Mann Donald insofern die Treue, als sie bis zu ihrem Tod 2010 jeglichen Kontakt zur Presse (oder zu den westlichen Geheimdiensten) konsequent ablehnte.

Trotz aller Turbulenzen schaffte es Donald Maclean, ein international beachtetes Buch über die britische Außenpolitik fertigzustellen, das insbesondere die britische Unterstützung für den US-Überfall auf Vietnam vehement kritisierte. Maclean sagte Journalisten damals, er habe das

Honorar für die ärztliche Betreuung von vietnamesischen Soldaten gespendet.

Ende 1982 erkrankte Maclean an einer heftigen Lungenentzündung und wurde ins Moskauer Regierungskrankenhaus eingeliefert. Nach seiner Entlassung wurde er zum Pflegefall. Anfang März 1983 starb er im Alter von neunundsechzig Jahren. Entsprechend seiner testamentarischen Verfügung wurde er feuerbestattet und seine Asche zurück nach England gebracht, wo sie neben dem Grab seiner Eltern beigesetzt wurde.

Von allen fünf Kundschaftern der Cambridge Five gilt Maclean mittlerweile als derjenige, der die wertvollsten Informationen nach Moskau übermittelte. Seine herausgehobene Position im britischen Außenministerium verschaffte ihm Einblicke in und Zugriff auf Geheiminformationen, die den anderen vier nicht zugänglich waren. So konnte Maclean über Details der Entscheidungsfindung in der britisch-amerikanischen Zusammenarbeit berichten, insbesondere im Hinblick auf die atomare Bewaffnung, die Forschungen zur Kernenergie und die Gründung und Steuerung der NATO – und das zu Zeiten eines der Höhepunkte des Kalten Krieges, also in einer für die Sowjetunion entscheidenden, kritischen Phase der Blockkonfrontation. Das wird sein herausragendes Verdienst bleiben.

Melita Norwood (1912–2005)

Die Unauffällige

Hinterher ist man immer schlauer. Das gilt in diesem Fall insbesondere für die britische und US-amerikanische Spionageabwehr. Nie im Leben hätten die Geheimdienstprofis geglaubt, dass die unscheinbare, dem klassischen Typus einer Hausfrau so ideal entsprechende Melita Norwood eine der erfolgreichsten Kundschafterinnen des KGB, noch dazu in einem der sensibelsten Bereiche des Geheimdienstgeschäfts, der Atomforschung, sein könnte. Erst im gesegneten Alter von siebenundachtzig Jahren enttarnte sie sich selbst. Sie war zu diesem Zeitpunkt sowohl offiziell als auch in Spionagedingen längst im verdienten Ruhestand. Wie begann diese ungewöhnlich lange, ungewöhnlich erfolgreiche und ungewöhnlich unbekannte Spionagekarriere?

Geboren wurde Melita 1912 in der englischen Provinz als Tochter des lettischen Einwanderers Peteris Zirnis (Sirnis) und ihrer britischen Mutter. Auch in diesem Fall gab es eine familiäre Vorbelastung, die den Lebensweg der Tochter zumindest teilweise vorherbestimmte. Der Vater, ein ausgebildeter Buchdrucker, war politisch links eingestellt und sehr engagiert, gab eine eigene Arbeiterzeitung heraus, druckte darin auch von ihm selbst übersetzte Artikel Lenins und Trotzkis ab. Das Haus, in dem die Familie Sirnis wohnte, wurde von den Nachbarn schon nach kurzer Zeit als »russische Exklave« bezeichnet. Allerdings starb der Vater, als Melita sechs Jahre alt war, an Tuberkulose. Dieses frühkindliche Trauma prägte ihre Entwicklung.

Über die Schulzeit Melitas ist nichts bekannt. Als Kind einer Familie der unteren Mittelschicht war ihr ein Studium aus finanziellen Gründen eigentlich nicht möglich. Doch aufgrund ihrer exzellenten Schulnoten gewann sie ein Stipendium für eine Art Volkshochschule im provinziellen Southampton, an der sie Kurse in Latein und Logik belegte. Sie brach diese »Studienphase« aber schnell ab und ging 1931 in die Metropole, nach London, wo die Chancen, eine Arbeit zu finden, im Nachklang der Weltwirtschaftskrise am größten waren.

Das Glück war ihr hold. Sie fand eine gutbezahlte, nicht allzu anstrengende Stelle als Sekretärin in einer wissenschaftlichen Forschungseinrichtung – der Britischen Forschungsgemeinschaft für Nicht-Eisenmetalle (British Non-Ferrous Metals Research Association / BNFMRA). In London trat sie, was das politische Engagement anging, in die Fußstapfen des Vaters. Erst wurde sie Mitglied einer linken Splitterpartei und trat 1936 der britischen Kommunistischen Partei bei. Das blieb dem britischen Inlandsgeheimdienst MI5, der ansonsten eine lückenlose Überwachung aller auch nur im Entferntesten Sympathien für linke politische Positionen verdächtigen Personen praktizierte, erstaunlicherweise verborgen.

Bereits ein Jahr zuvor war Melita über linke Parteimitglieder dem sowjetischen Geheimdienst zur Anwerbung empfohlen worden. Zu diesem Zeitpunkt saß sie bereits seit drei Jahren als Sekretärin im Vorzimmer des Direktors der BNFMRA, einer äußerlich unscheinbaren, tatsächlich aber umso wichtigeren Einrichtung. Die Sowjets nahmen sie mit Handkuss, denn bei dem Betrieb handelte es sich tatsächlich um eine der ebenso zentralen wie geheimen britischen Atomforschungseinrichtungen. Von diesem Zeitpunkt an lieferte Melita dem sowjetischen Geheimdienst mit der Pünktlichkeit und Regelmäßigkeit eines Uhrwerks zentrale Geheimdokumente, die dort täglich von ihr bearbeitet wurden, und brachte sie nach ihrer Ablichtung wieder in das Forschungsinstitut zurück.

Im gleichen Jahr heiratete sie Hilary Norwood (geborener Nussbaum). Hilary war Mathematiklehrer, Kommunist und Funktionär einer Lehrergewerkschaft. 1937 kauften sie zusammen eine schlichte Doppelhaushälfte in einem Londoner Vorort und blieben dort bis an ihr Lebensende wohnen.

Melita war zunächst Teil eines Militärspionagenetzwerks der Vorläuferorganisation des KGB rund um die britische Marine-Einrichtung Woolwich Arsenal. Als dieses Netzwerk Anfang 1938 enttarnt wurde, hatte sie unglaubliches Glück. Bei der Hausdurchsuchung im Anwesen eines der Hauptverdächtigen wurde ein Ringbuch übersehen, in dem ihr Klar- und Deckname standen.

Angesichts der zunehmenden Kriegsgefahr in Europa übernahm sie nun der sowjetische Militärgeheimdienst GRU als Quelle, der in seinen Reihen nachmals so berühmte Kundschafterinnen wie »Sonja« alias »Ruth Werner« alias Ursula Kuczynski führte. Von besonderem Interesse waren für die sowjetischen Rüstungswissenschaftler die von Melita übermittelten Unterlagen zur britischen Atombombenforschung. Diese Entwicklungen liefen offiziell als Forschungsprojekt unter dem bewusst harmlosen Decknamen »*Tube Alloys*« (Rohrlegierungen).

Als Sekretärin des Institutsdirektors des BNFMRA hatte Melita Zugang zu Dokumenten der höchsten Geheimhaltungsstufe. Die von ihr übermittelten Unterlagen ermöglichten es den sowjetischen Wissenschaftlern, innerhalb eines Jahres eine Kopie der geplanten ersten britischen

Atombombe zu bauen und zwei Jahre technologischen Rückstands aufzuholen.

So ging es viele Jahrzehnte weiter. Melita hatte zwischendurch ein weiteres Mal großes Glück. Und zwar 1965, als der MI5 in der Lage war, sie zweifelsfrei als sowjetische Agentin zu identifizieren. Jedoch hätte eine Anklage bedeutet, die streng geheimen Ermittlungsmethoden, mit denen sie entdeckt worden war, offenlegen zu müssen. Daher wurde – wie es bei Geheimdiensten ab und an üblich ist – darauf verzichtet, diese Spionin auffliegen zu lassen. Stattdessen verschärfte man ihre Überwachung und sorgte dafür, dass sie in unauffälligen Schritten immer weniger geheime Dokumente zu Gesicht bekam – auf diese Weise ahnten weder Melita noch ihre Führungsoffiziere etwas von ihrer Enttarnung.

Sieben Jahre später ging sie ohnehin in Rente, womit auch ihre Agentenkarriere endete. Mit siebenundsechzig Jahren reiste sie ein letztes Mal in die Sowjetunion, um auch auf diese Weise Abschied zu nehmen. 1986 starb ihr Ehemann, der ihre Agententätigkeit angeblich von Anfang an missbilligte, aber niemals gegen sie aussagte. Ihrer Tochter hatte sie ihr Doppelleben erfolgreich verschwiegen.

Einige Jahre später sollten sie die alten Geschichten jedoch einholen. 1992 überreichte der KGB-Überläufer Wassili Mitrochin seinen britischen und amerikanischen »Gesprächspartnern« eine Liste sowjetischer Agenten, für die er fürstlich entlohnt wurde. Die Liste enthielt auch den Namen Melita Norwood. Da Melita zu diesem Zeitpunkt schon über achtzig Jahre alt war und man den für die britische Spionageabwehr peinlichen Fall nach wie vor nicht publik machen wollte, entging sie ein weiteres Mal der öffentlichen Enttarnung.

Da ihr Name aber an die Medien durchsickerte, trat sie im Alter von siebenundachtzig Jahren vor die Presse und bekannte sich zu ihrer Kundschaftertätigkeit. Außerdem gab sie freimütig zu, nach wie vor der Überzeugung zu sein, das Richtige getan zu haben. Sie habe mit der Sowjetunion ein damals dem Westen in sozialer und politischer Hinsicht weit überlegenes Land unterstützt, das mit beispiellosen gesellschaftlichen Errungenschaften und einer dramatischen Verbesserung des Lebensstandards von Millionen Menschen ihr immer als die bessere Gesellschaft erschienen sei. Bis 1917 hatte die überwiegende Mehrheit der russischen Gesellschaft bekanntlich im Elend gelebt, der Analphabetismus war weit verbreitet, die Kindersterblichkeit erschreckend hoch, die allgemeine Lebenserwartung niedrig. Die so wertvolle soziale Modellgesellschaft, die in der Sowjetunion nach der Oktoberrevolution aufgebaut wurde, sei von den angloamerikanischen Atomwaffenforschungen direkt bedroht gewesen. Das sei ihr immer klar gewesen. Daher habe sie darauf hingewirkt, die Sowjetunion mit gleichwertigen Waffen zur Abschreckung geplanter westlicher »Enthauptungsschläge« zu versorgen.

Agentenlohn hat Melita Norwood nie angenommen, ebenso die ihr angebotene sowjetische Zusatzrente verweigert. Wohl aber akzeptierte sie den ihr 1967 heimlich verliehenen Rotbannerorden, den höchsten Militärorden der Sowjetunion.

Kim Philby (1912–1988)

Der Ungebeugte

Harold »Kim« Philby ist mit jeder Faser seiner Existenz, bis hin zu seinem Spitznamen »Kim«, ein Kind des britischen Kolonialreichs. Sein abenteuerlustiger Großvater war, angezogen von den dort – auf Kosten der einheimischen Bevölkerung – zu erwirtschaftenden märchenhaften Reichtümern, von England nach Indien gegangen. Als Offizier in der britischen Indienarmee nahm er an der grausamen Unterdrückung berechtigter Volksaufstände teil. Später ließ er sich als Teemagnat auf der Indien vorgelagerten Insel Ceylon (dem heutigen Sri Lanka) nieder.

Kims Vater widmete, dank des väterlichen Reichtums dem Zwang zum Erwerbsleben enthoben, sein Dasein wissenschaftlichen Forschungen. Als Forscher, Arabist und zeitweiliger britischer Diplomat war er ein archetypischer Vertreter der britischen Oberschicht. Deren kaum kopierbare, einmalige Mischung aus Snobismus, Elitegedanken, Geld und »Selbstbewusstsein kraft Geburt« versetzte dann auch Kim selbst in die Lage, das zu tun, wofür er später berühmt-berüchtigt wurde: die wichtigsten Geheimnisse seines Landes an den »Erzfeind« zu verraten. Denn das war das Geheimnis seines Erfolgs, mit dem er sich der jahrelangen vergeblichen »Maulwurf«-Suche entzog: einem Oberklassen-Sprössling traute man etwas so Schockierendes wie Landesverrat einfach nicht zu.

Geboren am Vorabend des Ersten Weltkriegs im nordindischen Ambala, wuchs Philby zunächst auf dem asiatischen Subkontinent auf, bevor seine Familie ihn zur weiteren Schulausbildung nach England schickte. Bereits mit sechzehn Jahren begann der ausgezeichnete Schüler Harold Philby, der seinen Spitznamen »Kim« (nach einer Romanfigur von Rudyard Kipling) aus Indien mitbrachte, ein Geschichtsstudium am Trinity College in Cambridge. Der Kim aus dem gleichnamigen Roman Kiplings spionierte übrigens für Großbritannien, das sei nur als amüsante Anekdote am Rande erwähnt.

Schon nach kurzer Zeit am Trinity College schloss sich Philby seinen künftigen Doppellebensgenossen Guy Burgess, Anthony Blunt und Donald Maclean an. Sie alle verband eine Begeisterung für den Kommunismus der Marke Sowjetunion. Angeblich auf den Ratschlag ihres künftigen sowjetischen Führungsoffiziers hin wechselte Philby nach wenigen Semestern das Studienfach und widmete sich künftig der Wirtschaftswissenschaft.

Kaum das obligatorische, mit Auszeichnung bestandene Examen in der Tasche, zog es Philby – diesmal auf den Ratschlag eines ebenfalls für den Kommunismus entbrannten Dozenten hin – nach Wien, wo die kommunistische Untergrundbewegung mitten in den Auseinandersetzungen zwischen Nazis und den ständestaatlich orientierten Konservativen Österreichs Hilfe benötigten. Philby kam im Februar 1934 in Wien an und geriet mitten hinein in die Scharmützel der verschiedenen Aufstände und Putschversuche. Er engagierte sich bei einer illegalen Organisation, die es übernommen hatte, verletzte kommunistische Straßenkämpfer zwecks medizinischer Behandlung ins befreundete Ausland auszuschleusen.

Während dieser aufreibenden, aufregenden und nicht zuletzt gefährlichen Tätigkeit (die rechten Schlägertrupps kannten mit Kommunisten keine Gnade), schlug Amor zu. Philby verliebte sich auf der Stelle in eine Kollegin, die Kommunistin Litzy Friedmann (geborene Alice Kohlmann), und heiratete sie am 24. Februar 1934. Ihre Verbindung diente auch dem Zweck, dass Litzi durch ihre Heirat mit einem britischen Staatsbürger einen britischen Pass erhielt und nun durch die österreichischen Faschisten nicht mehr so einfach verhaftet werden konnte.

In der Zeit, die neben den Straßenkämpfen übrigblieb, arbeitete Philby, der ganz offenbar das drastische Kontrastprogramm zu seinem bisherigen entspannten, wenig aufregenden britischen Oberklasseleben genoss, bei Willi Münzenbergs Hilfskomitee für die Opfer des deutschen Faschismus. Dabei handelte es sich um eine Tarnorganisation der Kommunistischen Internationale, der in konservativen Kreisen berüchtigten Komintern. Sitz der Organisation war Paris, wo auch Münzenberg seit seiner Emigration 1933 ansässig war.

Der österreichische Kommunist Arnold Deutsch, später der Führungsoffizier aller Kundschafter der Cambridge Five, stellte den Kontakt zwischen Philby und dem sowjetischen Geheimdienst her. Dieser sandte ihn getarnt als Journalist nach Spanien, wo er im Hauptquartier des Putschisten Franco über dessen Siegeszug berichtete und gleichzeitig die faschistische Falange-Partei wie auch die Armee der Aufständischen ausspionierte. Bei einem Frontbesuch mit drei anderen Journalisten explodierte direkt neben ihrem Auto eine Artilleriegranate. Philbys drei Kollegen starben, er selbst trug nur eine leichte Verletzung davon. Diesen Tag betrachtete er fortan als seinen zweiten Geburtstag.

Zu seiner Überraschung musste Philby feststellen, dass auf Francos Seite auch ein Regiment irischer Freiwilliger kämpfte. Von Philby nach den Gründen dafür befragt, gaben die Iren an, als Katholiken keine andere Wahl zu haben, als an der Seite des rechtgläubigen Francos die gottlosen Kommunisten zu bekämpfen. Als Aufständische gegen das imperialistische Großbritannien hätte Philby die Iren eher auf der Seite der Republikaner erwartet. Im Rückblick urteilte er, dass die Haltung der Iren einen Beleg für die schädlichen Auswirkungen eines nur oberflächlichen, religiös dominierten Geschichtsbewusstseins darstelle.

Der Bürgerkrieg endete Anfang 1939 mit der Niederlage der linken Regierung und dem Sieg des von Nazi-Deutschland und dem faschistischen Italien unterstützten rechtsradikalen General Franco. Philby, von Franco am Schluss noch mit einem hohen Orden ausgezeichnet, kehrte nach London zurück.

Dort musste er nicht lange auf eine neue Aufgabe warten. Der am 1. September 1939 ausgebrochene Zweite Weltkrieg sorgte für einen erheblichen Personalbedarf bei der britischen Armee, aber auch bei den britischen Geheimdiensten. Doch zunächst berichtete Philby als Journalist für die Londoner Tageszeitung *Times* über den »seltsamen« Nicht-Krieg zwischen Deutschland und Frankreich 1939/40 sowie nach dem deutschen Überfall auf Frankreich über die Evakuierung des Kessels von Dünkirchen.

Parallel trat der Auslandsgeheimdienst MI6 nun – unter Vermittlung des zuvor schon dort tätig gewordenen Guy Burgess – an Philby heran und bot dem »versierten Journalisten« eine Stelle als Ausbilder für schwarze Propaganda an. Dabei sollte er Nachwuchs-Journalisten und Publizisten im propagandistischen Handwerk schulen, natürlich im Sinne des britischen Empire und gewürzt mit einer reichlichen Prise Antikommunismus.

Man erinnerte sich auch an seine spanischen Erfahrungen als hochdekorierter Franco-Freund (von seiner kommunistischen Untergrundtätigkeit wusste der MI6 angeblich nichts) und schickte ihn nun als Chef der britischen Spionageabwehr auf die iberische Halbinsel. Eine durchaus verantwortungsvolle Position, in der sich Philby so gut schlug, dass er kurz darauf zur britischen Untergrund-Kampfeinheit Special Operations Executive (Einheit für Spezialoperationen / SOE) versetzt wurde. Die SOE war in ganz Europa mit antideutschen Anschlägen beschäftigt, und Spanien stellte eines der »neutralen« Gebiete dar, in denen die deutschen Spionagedienste besonders aktiv waren, plante man doch nach wie vor einen Angriff auf die britische Exklave Gibraltar, was jedoch von Franco unermüdlich verweigert wurde. Während seiner Tätigkeit bei der SOE kam Philby erstmals mit US-Geheimdiensten in Kontakt, mit Agenten des Office of Strategic Services (Büro für strategische Dienste / OSS).

In dieser Zeit gehört Philby zu den sowjetischen Spionen, die Moskau vorab über die deutschen Pläne zu einem Überfall auf die Sowjetunion informierten und auch über die Absichten Japans, Ende 1941 nicht gegen die Sowjetunion und Sibirien, sondern im Gegenteil nach Süden Richtung der europäischen Kolonien in Sumatra und der Philippinen loszuschlagen.

Nach Einsätzen in Nordafrika und bei der alliierten Landung in Sizilien, kehrte Philby nach London zurück. Denn dort war Anfang 1944 die antisowjetische »Abteilung 9« des MI6 offiziell reaktiviert worden (sie war 1939 im Zuge der britische-sowjetischen Allianz stillgelegt worden), in die er nun eintrat. Gleich zu Anfang seiner Karriere im MI6 machte Philby eine Bekanntschaft, die einen Großteil seines weiteren Lebens bestimmen sollte: Er lernte unter der Belegschaft der von ihm oft aufgesuchten US-Botschaft in London einen jungen US-Amerikaner namens James Jesus Angleton kennen, der Jahre später der Leiter der Spionageabwehr der CIA werden sollte.

Der durchschlagende Erfolg von Philby und den übrigen Kundschaftern der Cambridge Five führte übrigens zeitweise in Moskau zu einem schwerwiegenden Verdacht: War es wirklich möglich, dass junge Nachwuchsmitarbeiter der britischen Geheimdienste so einfach Dokumente der höchsten Geheimhaltungsstufe kopieren und nach Moskau übersenden konnten? Oder sollte dahinter eine spezielle Täuschungsoperation des MI6 stecken? Es wurde vermutet, dass die Cambridge Five in Wirklichkeit Doppelagenten des britischen Geheimdienstes seien, mit dem Ziel der gezielten Verwirrung der sowjetischen Auslandsspionage. Doch letztlich gab es weder auf der britischen noch auf der sowjetischen Seite belastbare Hinweise dafür, dass die Cambridge Five ein doppeltes Spiel mit ihren sowjetischen Auftraggebern spielten.

Nach Kriegsende wurde Philby kurz in Istanbul eingesetzt, an der neuen Frontlinie gegen den nun als Hauptfeind angesehenen Weltkommunismus rund um die Sowjetunion. Hier entstand erneut eine kritische Situation für das sowjetische Spionagenetzwerk, als ein sowjetischer Überläufer den britischen und US-Diensten anbot, ihnen gegen die Zahlung einer hohen Geldsumme die Namen von drei hochrangigen sowjetischen Maulwürfen in den britischen Diensten zu verraten. Niemand anderes als Philby wurde damit beauftragt, sich dieser Sache anzunehmen und mit dem potenziellen Überläufer zu sprechen. Philby verständigte seine Führungsoffiziere in Moskau und zögerte die Verhandlungen mit dem sowjetischen Überläufer so lange hinaus, bis die sowjetischen Dienste ihn in Istanbul festnehmen und heimlich nach Moskau schaffen konnten.

Einen Monat später bot ein Überläufer der sowjetischen Botschaft in Kanada diesmal den USA seine Dienste an. Auch er verfügte angeblich über Hinweise auf hochrangige britische Doppelagenten, die in sowjetischen Diensten stünden. Doch auch diese Gefahr konnte neutralisiert werden, da Philby selbst mittlerweile eine führende Position in der britischen Spionageabwehr einnahm.

Wie zur Bestätigung, dass die britischen Dienste die zunehmenden Verdachtsmomente gegen Philby und Co nicht ernstnahmen, erhielt er 1946 für seine Verdienste im Krieg einen hohen Orden verliehen, den ruhmreichen Order of the British Empire (OBE) – der ihm nach seiner Enttarnung 1965 wieder aberkannt wurde.

An seinem neuen Arbeitsplatz in der britischen Botschaft in Ankara war es Philbys Aufgabe, die nach wie vor in der Türkei sehr aktiven russischen Emigrantenkreise zu infiltrieren. Doch merkwürdigerweise starben alle Kandidaten, die sich für Untergrundmissionen im britischen Auftrag bereiterklärt hatten, kurz nach ihrer heimlichen Einschleusung in die Sowjetunion eines plötzlichen Todes. Denn Philby hatte natürlich auch seine Führungsoffiziere über die jeweiligen Pläne genauestens informiert, so dass diese rechtzeitig Vorkehrungen treffen konnten.

Ähnlich verliefen die von Philby koordinierten Versuche von MI6 und CIA, die Regierung im mittlerweile kommunistischen Albanien zu stürzen und ein prowestliches Regime zu installieren. Die Briten rekrutierten dafür ehemalige albanische Nazi-Kollaborateure, die mittlerweile in der BRD, der Türkei und in Italien lebten, trainierten diese und statteten sie mit Waffen, Sprengstoff und Devisen aus. Ihr Auftrag war es, auf geheimen Wegen nach Albanien einzudringen und dort das »kommunistische

Regime« zu stürzen. Der deutsche Bundesnachrichtendienst (BND) war in diese Operationen ebenfalls eingebunden. Doch diesen »Regime change«-Versuchen war kein glückliches Ende bestimmt. Regelmäßig war die eng mit der Sowjetunion verbündete albanische Spionageabwehr in der Lage, die eingedrungenen Saboteure und Söldner zu lokalisieren und zu neutralisieren. Philby gelang es auch diesmal, aufkommende Verdachtsmomente, er sei der Verräter, der alle diese Operationen zum Scheitern gebracht habe, von sich abzulenken.

1949 wurde ein weiterer Umzug fällig: Philby war zum obersten Verbindungsoffizier britischer Geheimdienste in den USA ernannt worden. Offiziell als Erster Sekretär der britischen Botschaft in Washington tätig, setzte er seine Geheimdienstarbeit im Auftrag des MI6 fort. Seine Hauptaufgabe bestand in der Pflege enger Kontakte zur neugegründeten Central Intelligence Agency (Zentrale Informationsagentur / CIA), dem Nachfolger des OSS. Hier traf er wieder auf James Jesus Angleton, der mittlerweile für die CIA arbeitete und dort binnen kurzer Zeit zum Leiter der Spionageabwehr aufstieg. Mit ihm pflegte Philby besonders freundschaftliche Kontakte, aus naheliegenden Gründen. Denn so konnte er aus erster Hand erfahren, wen die Amerikaner jeweils im Spionageverdacht hatten. Angleton war gegenüber Philby völlig vertrauensselig – und bereute das viele Jahre später zutiefst. Als die drei »Apostel« Burgess, Maclean und Philby letztlich enttarnt wurden, entwickelte der in seinen freundschaftlichen Gefühlen zu Philby verletzte Angleton eine jahrzehntelange Psychose-ähnliche Manie, getragen von der Überzeugung, dass weitere Maulwürfe auch in der CIA am Werk seien. Seine immer umfangreicheren Absicherungs- und Abschottungsaktionen innerhalb der CIA führten dazu, dass phasenweise der gesamte US-Geheimdienst lahmgelegt zu werden drohte.

Doch noch war Philby in Amt und Würden – und wurde innerhalb des MI6 so hochgeschätzt, dass man zu diesem Zeitpunkt in London ernsthaft diskutierte, ob er ein geeigneter Kandidat für den Posten des MI6-Direktors wäre. Er hatte lange reale Chancen auf diesen Job. Letztlich scheiterte seine Berufung, weil man seine kommunistischen Anfänge aufdeckte. Das hatte ansonsten keine negativen Folgen für ihn, reichte aber aus, um ihn für den Direktoren-Job zu disqualifizieren. Wäre er tatsächlich MI6-Chef geworden, wäre das natürlich die aberwitzigste Wendung dieser Geschichte geworden: ein KGB-Kundschafter als Chef des britischen Geheimdienstes MI6!

Kurz nach Antritt seiner neuen Tätigkeit in Washington kam ein brisanter Vorgang auf Philbys Tisch in der britischen Botschaft. Die US-Regierung informierte darin ihre britischen Kollegen, dass im Rahmen eines Abhörprojekts namens VENONA brisante Erkenntnisse zutage getreten seien: Interne Dokumente der US-Atomwaffenforschung seien zwischen 1944 und 1945 offenbar über die britische Botschaft in Washington an die Sowjetunion weitergeleitet worden. Täter müsse ein Mitarbeiter der Botschaft sein, alles andere sei ausgeschlossen. Der Deckname des Absenders sei »Gomer« beziehungsweise »Homer« (Donald Maclean). Das bedeutete für die sowjetischen Führungsoffiziere natürlich höchste Alarmstufe. Denn es drohte nichts weniger als die Enttarnung des gesamten Netzwerks. Doch Philby konnte auch diesmal die Verdachtsmomente entkräften, indem er die Ermittlungen in andere Richtungen drängte.

Mittlerweile war auch Burgess vom MI6 nach Washington entsandt worden. Aus Sicherheitsgründen, um ihn bei seinen exaltierten Privataktionen überwachen zu können, quartierte ihn Philby im Souterrain des eigenen Wohnhauses ein, sehr zum Ärger seiner Ehefrau. Denn die wusste genau, was auf sie zukam. Burgess hatte in London schon einmal einige Monate bei ihnen gewohnt und durch tägliche Partys und Orgien das Familienleben ans Limit gebracht.

Als Maclean im April 1951 zweifelsfrei als sowjetischer Spion identifiziert worden war, hatten weder die USA noch Großbritannien ein Interesse daran, das zugrundeliegende Abhörprojekt VENONA publik zu machen. Daher unterblieben zunächst weitere Maßnahmen. Philby machte Maclean und Burgess allerdings klar, dass sie unter veränderten Umständen jederzeit mit einer Verhaftung zu rechnen hatten. Dieses Risiko war auch den Führungsoffizieren zu groß. Daher gaben sie den beiden Anweisung, in die Sowjetunion zu flüchten. Nun geriet natürlich auch ihr guter »Bekannter« Philby, der bis dato noch jeden Verdacht gegen sich hatte entkräften können, einmal mehr ins Visier der US-Spionageabwehr. Sie verdächtigte ihn, Burgess und Maclean gewarnt zu haben.

Die Briten taten, was meist passiert, wenn man keine wirklich gerichtsfesten Beweise hat: Philby wurde 1952 nach Großbritannien zurückgeschickt und trat offiziell in den Ruhestand. Beruflich besann er sich auf seine journalistischen Wurzeln und begann für die renommierte Sonntagszeitung *The Observer* zu schreiben. Trotz der erheblichen Verdachtsmomente gegen Philby wurde dieser überraschenderweise einige Zeit später vom amtierenden britischen Premierminister sogar ganz offiziell für unschuldig erklärt.

Doch damit waren die überraschenden Wendungen in Philbys Leben noch nicht beendet. 1956 ging er für die

Zeitung *The Economist* in den Nahen Osten, in die damals florierende Metropole Beirut, das »Paris des östlichen Mittelmeers« genannt. Dafür gab es vielerlei Beweggründe, unter anderem, dass Philbys Vater in einem vornehmen Vorort Beiruts eine luxuriöse Villa besaß, in der Philby und seine Familie von nun an wohnten. Wenig später wurde er in Beirut – man höre und staune – vom MI6 erneut angeworben, bei einer streng geheimen Untergrundaktion mitzuwirken. Es ging um die »Operation Musketier«, eine britisch-französische Militäroperation ganz im Stil der beiden alten Kolonialmächte. Zusammen mit den Israelis sollte der Suezkanal besetzt und in einem Staatsstreich die »sozialistische« Regierung Ägyptens unter Präsident Gamal Abdel Nasser aus dem Amt gejagt werden. Philby sorgte dafür, dass die Sowjetunion umgehend davon Wind bekam. In einem denkwürdigen Zusammenspiel verhinderten die UdSSR und die USA wenig später Nassers Sturz und zwangen Briten und Franzosen (und Israelis) zu einem demütigenden Rückzug.

Neben diesen Untergrundtätigkeiten arbeitete Philby aber auch intensiv journalistisch und wurde bald zu einem der anerkanntesten Experten für den Nahen Osten in den britischen Medien. 1962 geriet er erneut in akuten Verdacht, überaus freundschaftliche Gefühle für Moskau zu hegen, als er versuchte, eine überaus gutaussehende junge Dame der britischen Gemeinde in Beirut nicht nur ins Bett zu bekommen, sondern auch noch für den KGB anzuwerben. MI5 und MI6 entschlossen sich nun, Philby auf die Probe zu stellen. Sie schickten einen Kollegen Philbys aus früheren Geheimdienstzeiten, Nicholas Elliott, nach Beirut. Dieser sollte Philby ganz offen mit den Vorwürfen konfrontieren, um zu sehen, wie er reagiere. Philby stritt zunächst alles ab, gab dann jedoch zu, für eine fremde

Macht zu arbeiten. Gleichzeitig stieg Ende 1962 in auffälliger Weise sein Alkoholkonsum, auch wurde er immer öfter ausfällig. Ob es sich dabei um eine bewusste Inszenierung oder eine Reaktion auf den immer größer werdenden Stress handelte, ist bis heute unklar.

Anfang 1963 sollte Kim Philby ein weiteres Mal »interviewt« werden. Doch dazu kam es nicht mehr. Denn am 21. Januar 1963 verschwand er zunächst spurlos – um wenig später in Moskau wieder aufzutauchen. Dort gab er seinen endgültigen Übertritt in die Sowjetunion bekannt. Offenbar war er in Beirut von einem sowjetischen Frachter abgeholt und trotz scharfer Grenzkontrollen im mit Großbritannien verbündeten Libanon in die Sowjetunion geschleust worden.

Philby bekam in Moskau die erwünschte sowjetische Staatsbürgerschaft. Außerdem bot ihm der KGB eine Stelle als Ausbilder an. Seine Kenntnisse aus erster Hand wären für die Ausbildungsabteilung jedes Nachrichtendienstes Gold wert gewesen.

Kurz nach seiner Ankunft in Moskau heiratete er Melinda, die Ex-Frau Donald Macleans. Diese trennte sich jedoch nach einigen Jahren von ihm und ging wieder in den Westen. Philby heiratete nun Rufina, eine zwanzig Jahre jüngere Russin, mit der er bis zu seinem Tod 1988 zusammenlebte.

Nach seinem Tod wurde Kim Philby in einem Heldenbegräbnis auf dem Kunzewoer Prominentenfriedhof im Westen Moskaus beigesetzt.

T. E. Lawrence / Lawrence of Arabia (1888–1935)

Der Andere

Mit T. E. Lawrence, also jenem Thomas Edward Lawrence, um den es im Folgenden gehen soll, ist es so eine Sache. Dieser Name dürfte den meisten Zeitgenossen mittlerweile unbekannt sein. Häufig wird er mit dem skandalumwitterten Romanautor D. H. (David Herbert) Lawrence verwechselt, der es mit seinem sexuell expliziten Skandal-Bestseller *Lady Chatterley's Lover* zu zweifelhaftem Ruhm brachte. Beide sind weder verwandt noch verschwägert, teilen sich nur den in Großbritannien recht verbreiteten Nachnamen.

Nein, T. E. Lawrence hatte mit erotischen Beschreibungen und mit der Romanschriftstellerei an sich nichts am Hut. Dennoch bewegt seine Lebensgeschichte bis heute. Denn seinen Nachruhm verdankt er seinem Spitznamen: Aufgrund der Lebensabschnitte, die er im Nahen Osten zubrachte, ist er heute hauptsächlich als Lawrence of Arabia, »der arabische Lawrence«, bekannt.

Wie kommt also dieser T. E. Lawrence dazu, in die Auswahl der hier vorgestellten Persönlichkeiten von herausragender Bedeutung für die Geschichte der Spionage aufgenommen zu werden? Ganz einfach: weil er ein früher Vorläufer von James Bond war, der von manchen sogar als die eigentliche Inspirationsquelle für diese legendäre Agentengestalt in Buch und Film genannt wird. T. E. Lawrence hatte sich im Ersten Weltkrieg auf Seiten des Britischen Empires in Arabien ins Getümmel geworfen, dort undercover gefährliche Einsätze ausgeführt, örtliche Stämme gegen die türkischen Oberherren und ihre deutschen Verbündeten aufgewiegelt und damit entscheidend zur Schwächung der deutsch-türkischen Südostfront entlang der legendären Bagdadbahn beigetragen.

Doch dieses Leben war ihm nicht in die Wiege gelegt worden. Geboren wurde er 1888 als Sohn des anglo-irischen Adligen Sir Thomas Chapman und dessen Hausangestellter Sarah Junner. Die Bedeutung dieser nicht standesgemäßen Verbindung und der unehelichen Geburt für das weitere Leben von T. E. Lawrence darf nicht unterschätzt werden. Chapman verließ seine angeheiratete Familie und zog mit Junner zusammen. Sie nannten sich scherzhaft Mr. und Mrs. Lawrence, nach dem Namen von Sarahs ebenfalls unehelichem Vater. Geheiratet hat Chapman die Mutter seiner Kinder allerdings nie. Uneheliche Geburten waren zu diesem Zeitpunkt nicht nur in der britischen Oberschicht eine häufige Erscheinung. Die Familien lebten in Haushalten mit vielen hauptsächlich weiblichen Angestellten, die für die Herren der Schöpfung ein natürliches »Jagdrevier« in erotischer Hinsicht darstellten. Die vielen unehelichen Geburten waren zudem der noch nicht vorhandenen Empfängnisverhütung geschuldet.

In Thomas Edwards Jugend wohnte die Familie im englischen Universitätsstädtchen Oxford. So lag es nahe, dass T. E. dort 1907 am Jesus College ein Studium begann. Er entschied sich für das Fach Geschichte, war die Historie doch ein Gebiet, für das er sich als Kind sehr interessierte. So hatte er schon als Schüler mit einem Klassenkameraden ausgedehnte Fahrradtouren durch Großbritannien und Nordfrankreich unternommen und dabei zahlreiche historische Denkmäler und Gebäude besucht, die er auch zeichnete.

Diese Lust an der Entdeckung neuer Landstriche prägte sein weiteres Leben. Mit einundzwanzig Jahren brach er

1909 ein erstes Mal zu einer dreimonatigen Wanderung durch Palästina auf, wo er viele der mittelalterlichen Kreuzritterburgen besichtigte. Seine Abschlussarbeit am Ende seines Studiums beschäftigte sich dann auch logischerweise mit dem Einfluss der Kreuzzüge auf die militärische Architektur, also den Burgenbau, im mittelalterlichen Europa.

Zwischen 1910 und 1914 nahm T. E. an Ausgrabungen des British Museum im damals noch türkischen Syrien teil. Somit tauchte er schon lange vor Ausbruch des Ersten Weltkriegs tief in die Geschichte und die Gesellschaft des künftigen Kriegsschauplatzes ein, der sein Leben letztlich bis zu seinem Tod bestimmen sollte.

Der sprachbegabte Lawrence lernte dort, fließend Arabisch zu sprechen. Außerdem kam es zu ersten handgreiflichen Auseinandersetzungen mit deutschen Bautrupps, die an der berühmten Bagdadbahn bauten, einer vom türkischen Staat mit Unterstützung Deutschlands vorangetriebenen Bahnstrecke zwischen Istanbul und Bagdad – diese Kooperation versprach für die deutsche Seite strategische Vorteile im absehbaren Kampf gegen das britische Imperium und dessen Kolonien im Nahen und Fernen Osten. Die Strecke durchquerte Zonen, in denen die Briten Ausgrabungen vornehmen wollten. Bei den Bauarbeiten wurden aber regelmäßig Ausgrabungsstätten durch rücksichtslose Baggerarbeiten zerstört. Weitere Auseinandersetzungen zwischen Deutschen und Briten ergaben sich beim Engagieren der örtlichen Hilfskräfte, die von beiden arbeitsintensiven Unternehmungen heftig umworben waren.

Schon vor Kriegsausbruch wurde Lawrence zusammen mit einem ebenfalls wagemutigen Kollegen vom britischen Geheimdienst angeworben. Die beiden sollten, getarnt als Archäologen, den Stand der türkisch-deutschen Festungsbauten in der Wüste Negev feststellen, zeichnerisch und fotografisch dokumentieren und dann diese Informationen nach London weiterleiten. Die Festungsbauwerke wurden von den Briten als aggressiver Akt der Angriffsvorbereitung interpretiert, im Hinblick auf einen möglichen deutsch-türkischen Angriff auf die britische Kolonie Ägypten und den strategisch wichtigen Suez-Kanal.

Im Oktober 1914, drei Monate nach Kriegsausbruch, meldete sich der sechsundzwanzigjährige Lawrence freiwillig zur britischen Armee. Er wurde auf Empfehlung eines ehemaligen Archäologiekollegen in eine Geheimdiensteinheit der Armee aufgenommen, dem sogenannten Arabischen Büro, das in Ägypten seine Basis hatte.

1915 spitzte sich die Situation in Arabien, also dem Hinterhof des mit Deutschland verbündeten Osmanischen Reichs, zu. Dazu trugen die Briten nach Kräften bei. Speziell förderten sie massiv – mit Geld, Waffen, Druckmaschinen und Papier – die arabisch-nationalistische Widerstandsbewegung, die das türkische Joch nach jahrhundertelanger Unterdrückung endlich abschütteln wollte. Gleichzeitig verhandelten die Briten mit dem Emir des zentralen islamischen Religionszentrums Mekka, der angeboten hatte, einen antitürkischen Aufstand zu leiten. Als Gegenleistung – und das ist an dieser Stelle für den weiteren Fortgang der Geschichte sehr wichtig – forderte er nichts außer einer britischen Garantie, sich nach dem Sieg über die Mittelmächte Deutschland, Österreich und Türkei dafür einzusetzen, einen unabhängigen arabischen Staat auf dem Gebiet von Syrien, Mesopotamien und dem heutigen Saudi-Arabien zu schaffen.

Dabei gab es nur ein kleines Problem: Mit den Briten in der Entente verbündet war die Kolonialmacht Frankreich, die von ihrem Protektorat Libanon aus ein Auge auf das benachbarte, noch-türkische Syrien und seine Bodenschätze (Öl, Erze, Metalle) sowie die fruchtbaren Landstriche mit reicher Landwirtschaft geworfen hatte. Die Franzosen waren also strikt gegen einen künftigen arabischen Staat, der nach dem Krieg Syrien einschließen würde. Syrien, das stand für die Franzosen fest, würde künftig ihre Kolonie sein, zur hemmungslosen Ausbeutung und materiellen Bereicherung. Auch die britische Verwaltung in Indien sprach sich gegen einen neuen arabischen Nationalstaat aus – sie hatte Mesopotamien längst als zusätzliches landwirtschaftliches Versorgungsgebiet für Indien eingeplant, nach dem absehbaren Zerfall des Osmanischen Reichs, das zu diesem Zeitpunkt noch vom Balkan bis kurz vor Indien reichte.

Währenddessen beaufsichtigte Lawrence im Arabischen Büro die Erstellung genauer geographischer Karten des teilweise noch völlig unerschlossenen Gebiets, stellte einen täglichen Lagebericht von der »Front« zusammen und war für die Vernehmung von türkischen und arabischen Gefangenen zuständig (wobei durchaus auch vor Folter nicht zurückgeschreckt wurde – der Krieg heiligt allzu oft alle Mittel). Lawrence sprach sich sowohl für die Schaffung eines arabischen Nationalstaats als auch für eine weitere handstreichartige Landung an der türkischen Mittelmeerküste aus, um den Zusammenbruch des Osmanischen Reichs zu beschleunigen.

Zu diesem Zeitpunkt steckte allerdings die bereits erfolgte britisch-französisch-russische Landungsoperation in Gallipoli, nicht weit von Istanbul, in ernsthaften Schwierigkeiten, so dass an eine zweite Landung nicht zu denken war. Zumal nach der wenige Monate später eingetretenen Niederlage samt verlustreichem Rückzug von Briten, Franzosen und Russen.

Ende 1915 verlangte der Emir von Mekka eine sofortige Zusage von Großbritannien für den künftigen arabischen Nationalstaat. Andernfalls werde er sich mit den ihn ebenfalls umwerbenden Türken verbünden und zum Dschihad, zum Heiligen Krieg, gegen Briten und Franzosen aufrufen. Interessanterweise waren die Türken zuvor von ihren deutschen Verbündeten gedrängt worden, den Heiligen Krieg gegen Briten und Franzosen in Arabien auszurufen und die religiöse Inbrunst der Bevölkerung für ihre geopolitischen Zwecke zu nutzen. Dabei spielte Baron Max von Oppenheim eine entscheidende Rolle. Der Berliner Archäologe, Kunstsammler, Orientalist und Mäzen war während des Ersten Weltkriegs geheimdienstlich für Deutschland im Nahen Osten tätig und hatte sich schon lange für die Ausrufung des Dschihad gegen Briten und Franzosen ausgesprochen. Letztlich kamen diese Pläne aber nicht zur Ausführung. Die Briten ließen sich jedenfalls zu einem halben Versprechen herab, das dem Vorhaben eines neuen arabischen Nationalstaats grundsätzlich ihren Segen gab, aber speziell im Bezug auf Palästina und die übrige Mittelmeerküsten noch Vorbehalte anmeldete.

1916 leitete Lawrence Untergrundoperationen in Mesopotamien und dem restlichen türkisch-besetzten Arabien. Dabei ging es um die Durchbrechung der türkisch-deutschen Belagerung der von den Briten gehaltenen Festung Kut. Er wiegelte zu diesem Zweck die bis zu diesem Zeitpunkt noch verhältnismäßig friedlichen arabischen Stämme der Gegend mit Geld, Waffen und Versprechungen gegen die Türken auf. Doch zunächst scheiterten die Pläne, trotz umfangreicher Bestechung auch der türkischen Würdenträger vor Ort.

Mittlerweile waren Anfang 1916 in Paris die Verhandlungen des sogenannten Sykes-Picot-Abkommens zum

Abschluss gekommen. Dabei handelte es sich um ein Geheimabkommen, das hinter verschlossenen Türen zwischen Briten und Franzosen, unter Ausschluss ihrer beiden übrigen Verbündeten – den Russen und den Italienern –, ausgehandelt wurde. Es betraf nichts weniger als die künftige Aufteilung des türkischen Reichs nach einem siegreichen Ende des Ersten Weltkriegs. Frankreich und Großbritannien wollten brüderlich halbe-halbe machen und die Beute allein unter sich aufteilen, den übrigen Verbündeten nichts davon gönnen. Großbritannien sollte dabei Palästina, Jordanien und den südlichen Irak bekommen, die Franzosen einen Teil der östlichen Türkei, Kurdistan, Syrien und Libanon.

Die von den Briten angezettelte »Arabische Revolte« begann im Juni 1916, hatte zunächst aber keinen durchschlagenden Erfolg. Lawrence wurde jetzt nach Mekka geschickt, um eine ständige Verbindung zwischen den Aufständischen und Großbritannien herzustellen, deren Hauptbedarf zu erfassen und nach London zu übermitteln. Ende Dezember 1916 arbeitete Lawrence mit Faisal, dem Sohn des Emirs von Mekka und eigentlichen militärischen Anführer der Revolte, einen erfolgreichen Kriegsplan für 1917 aus. Den Beduinen-Streitkräften unter Faisal riet Lawrence statt direkter Frontalangriffe zu einer Strategie unaufhörlicher Nadelstiche – also zur modernen Form der asymmetrischen Kriegsführung, wie sie bis heute zu praktizieren versucht wird. Wie man sieht, beruhen die meisten unserer heutigen »Errungenschaften« auf »Erfindungen«, die lange vor unserer Zeit gemacht wurden. Zur Begründung sagte Lawrence, dass den Beduinen für einen erfolgreichen Großangriff zum einen die schweren Waffen samt Luftunterstützung fehlten, es zum anderen aber auch an der nötigen Disziplin mangele, um großangelegte Operationen erfolgreich durchführen zu können. Bei guerrilla-artigen Überfällen auf einzelne Außenposten fielen diese Gegebenheiten nicht so ins Gewicht, waren die Beduinen an sich doch furchtlose Krieger, die im Kampf vor keiner Härte zurückschreckten.

Lawrence wirkte aber nicht nur im Hintergrund bei der Organisation von Nachschub an Waffen und Geld, sondern nahm direkt an Angriffsoperationen teil. So war er einer der Offiziere der Aufständischen, denen es 1918 gelang, die bis dahin türkische Regionalhauptstadt, das zur Festung ausgebaute Damaskus (heute Syrien), einzunehmen. Er war auch bei einem Angriff auf die im Rückzug befindlichen türkisch-deutschen Streitkräfte bei Tafas dabei. Die Türken veranstalteten dabei ein Massaker unter der örtlichen Zivilbevölkerung. Daraufhin ermordeten die Aufständischen mit Lawrence' Erlaubnis alle in ihrer Hand befindlichen Gefangenen.

Ob und wann Lawrence von den Details des geheimen Sykes-Picot-Abkommens erfuhr, ist bis heute unbekannt. Erkennbar ist jedoch, dass er 1918 die arabischen Truppen gezielt in Richtung des künftigen französischen Kolonialgebiets dirigierte, sehr zum Ärger der Franzosen. Nach der erfolgreichen, handstreichartigen Eroberung des strategisch wichtigen Hafens von Akaba erhielt er jedoch für alle weiteren Operationen freie Hand vom britischen Oberkommandierenden der Region.

Bei einem seiner Aufklärungsvorstöße, die er persönlich in arabischer Verkleidung durchführte, wurde Lawrence 1917 von den Türken, die ihn für einen Araber hielten, gefangengenommen, gefoltert und sexuell missbraucht. Viele Historiker sehen in diesem Ereignis den Ausgangspunkt einer schweren Traumatisierung.

Krönung seines »Schaffens« in Arabien war die Vorbereitung und Durchführung des Sturmangriffs auf Damaskus in der Endphase des Krieges. Am 1. Oktober 1918 zogen australische und Beduinen-Streitkräfte in Damaskus ein und nahmen die Kapitulation der türkischen Besatzung entgegen. Lawrence organisierte eine provisorische arabische Regierung in der Stadt und Umgebung unter Faisal, der die Metropole zur Hauptstadt seines neuen arabischen Reichs machen wollte. Doch die Franzosen hatten nach wie vor etwas dagegen und besiegten schließlich dank überlegener Bewaffnung die letzten Beduinenstreitkräfte 1920. Damaskus wurde nun Zentrum des Jahre zuvor vereinbarten französischen Kolonialreichs in Arabien.

Für Lawrence stellte das eine fürchterliche Wendung der Geschichte dar. Stand er doch vor seinen ehemaligen arabischen Verbündeten wie ein Verräter da. Denn er hatte sich persönlich für die Gültigkeit der britischen Zusage, nach Kriegsende einen unabhängigen arabischen Staat auszurufen, verbürgt. Während der gesamten Schlussetappe des Krieges hatte Lawrence versucht, seine Vorgesetzten davon zu überzeugen, dass ein unabhängiger, mit Großbritannien verbündeter arabischer Nationalstaat im ureigensten britischen Interesse sei. Doch damit drang er zu seiner großen Enttäuschung nicht durch – und die Geschichte nahm ihre eigene Wendung.

So ist es kein Wunder, dass Lawrence aus dem eigentlich siegreich beendeten Krieg frustriert, wütend und resigniert nach Hause kam. Er begann, für das britische Außenministerium zu arbeiten. Gleichzeitig verbreiteten Filmaufnahmen über die »britischen Heldentaten« in Arabien während des Krieges seinen Ruhm und seinen neuen Spitznamen »Lawrence of Arabia«.

T. E. Lawrence war die Rückkehr in ein »normales« Zivilistenleben nach seinem aufregenden Soldatenleben wie so vielen anderen kriegstraumatisierten Soldaten aller kriegführenden Länder unmöglich. Der bürokratische Alltag im Ministerium bedrückte ihn. In dem von ihm so geliebten Frankreich galt er seit seinen Vorstößen in Syrien als Staatsfeind. Bis heute wird er dort überwiegend negativ dargestellt, was auch damit zu tun hat, dass Frankreich bis 1945 heftige Probleme mit der »unwilligen« arabischen Zivilbevölkerung hatte, die deutlich zeigte, was sie von ihren neuen Kolonialherren hielt. Da kam es natürlich ganz gelegen, mit Lawrence einen Sündenbock für alle politischen und militärischen Probleme in Syrien zu haben.

1922 kündigte er seine Stellung im Außenministerium und heuerte – um wenigstens eine Art von Soldatenleben weiterpraktizieren zu können – bei der ihm immer besonders attraktiv erscheinenden Luftwaffe an. Dort diente er bis 1935 zurückgezogen als einfacher Soldat bei einer in der Provinz stationierten Einheit. Er beschäftigte sich – angesichts der Insellage Großbritanniens naheliegend – mit der Wasserrettung abgestürzter Piloten. Dabei entwickelte er eigenhändig ein Hochgeschwindigkeitsrettungsboot, da die üblichen Rettungsboote sich als viel zu langsam erwiesen, um im Wasser treibende Bruchpiloten rechtzeitig zu retten.

Während dieser Zeit schrieb Lawrence damals berühmte, in hohen Auflagen gedruckte Bücher wie *Die sieben Säulen der Weisheit* (1935), eine autobiografische Schilderung seiner Rolle im arabischen Widerstand gegen die Türkei, bei deren Abfassung ihm der berühmte Autor und Freund George Bernard Shaw half.

Es gibt im Übrigen eine bemerkenswerte Gemeinsamkeit zwischen Lawrence und Richard Sorge. Beide verband, ohne dass sie voneinander wussten, eine gemeinsame Leidenschaft: Sie liebten es, mit leistungsstarken Motorrädern bei atemberaubenden Geschwindigkeiten von teilweise über hundertsechzig Stundenkilometern über Landstraßen zu brettern. Psychologisch lässt sich das wohl leicht erklären: als Ersatz, als Kompensation für die schmerzlich vermisste Intensität des Lebens im Krieg, an der Front, mit seinen täglichen Herausforderungen, der täglichen Lebensgefahr, der täglich überstandenen halsbrecherischen Situationen. So dienten illegale, lebensgefährliche Motorradrennen über ungesicherte Landstraßen als Ersatz für das Soldatenleben, das beide offenbar tiefgreifend traumatisiert hatte, das beide aber schmerzlich vermissten.

Während Sorge bei der Wahl seiner Motorräder auf keine bestimmte Marke festgelegt war, solange die Dinger nur schnell fuhren, durften es bei Lawrence nur Erzeugnisse einer bestimmten Firma sein. Er hatte sich schon früh in die sowohl bärenstarken als auch ästhetisch außergewöhnlich schön gestalteten Motorräder der 1919 gegründeten Marke Brough Superior verliebt. Die Motorräder dieser Marke galten als »Rolls Royce auf zwei Rädern«. Speziell das Modell SS 100 hatte es Lawrence angetan. Dabei handelt es sich um ein »Super Sport«-Modell, dessen Name für eine garantierte Höchstgeschwindigkeit von hundert Meilen pro Stunde stand, also umgerechnet über hundertsechzig Stundenkilometer. Im Laufe der Zeit wuchs sein persönlicher »Rennstall« auf nicht weniger als acht Motorräder dieser Marke an, die er alle jeweils George nannte.

Im Mai 1935, wenige Monate nach seinem Ausscheiden bei der Luftwaffe, verunglückte Lawrence bei einem Motorradausflug mit George VII. ganz in der Nähe seines Landsitzes im Alter von sechsundvierzig Jahren tödlich.

Er hatte bei hoher Geschwindigkeit in einer uneinsehbaren Kurve erst im letzten Augenblick zwei radelnde Kinder vor sich auf seiner Straßenseite entdeckt und war beim Versuch, ihnen auszuweichen, gestürzt. Dabei zog er sich schwere Kopfverletzungen zu, denen er wenige Tage später erlag.

Sein Tod führte unter anderem zur Entwicklung der bis dahin ungebräuchlichen Motorradhelme als obligatorisch vorgeschriebenes Sicherheitsmerkmal. Zum Begräbnis des berühmten Kriegshelden kamen viele Prominente, darunter Winston Churchill (dem er einige Zeit als Privatsekretär gedient hatte), der berühmte Romanautor E. M. Forster (*Fenster mit Aussicht*) und die Society-Dame Lady Astor.

Zum Nachlass von T. E. Lawrence gehören Tausende von Briefen, die der leidenschaftliche Briefeschreiber während seines Lebens verfasst hatte. Unter anderem korrespondierte er mit Persönlichkeiten wie George Bernard Shaw, Winston Churchill und Robert Graves.

Ein Mysterium umgibt die sexuelle Orientierung des zeitlebens als Junggeselle lebenden Hagestolzes. Während einige ihm Abenteuer mit Damen der Gesellschaft nachsagen, gibt es andere Forscher, die ihm eine latente Homosexualität unterstellen. Die dritte Gruppe von Forschern geht davon aus, dass er zeitlebens asexuell war und blieb. Sein angeblicher Liebhaber während der Zeit in Arabien, ein junger Beduine namens Selim Ahmed, genannt Dahoum, starb schon 1918 an Typhus. Alle drei Forschergruppen stimmen überein, dass er eine starke Neigung zum Masochismus hatte. Dies rührte mutmaßlich von den übertriebenen Züchtigungen her, die ihm seine Mutter hatte angedeihen lassen und zwar bei den kleinsten Unachtsamkeiten oder Widerworten.

Den 1918 angebotenen Ritterschlag für seine Kriegsverdienste lehnte Lawrence ab. In seinen Augen hatte Großbritannien, sein Heimatland, die Araber, die so engagiert für die Briten gekämpft hatten, durch das Sykes-Picot-Abkommen schändlich betrogen. Von so einem Land wollte er keine Adelswürde annehmen.

Dem berühmten Namensvetter von T. E., dem Schriftsteller D. H. Lawrence, war ebenfalls kein langes Leben vergönnt. Er starb nach einem ruhelosen Künstler-Wanderleben an der französischen Mittelmeerküste, der legendären Côte d'Azur, im Künstlerdörfchen Vence, 1940 mit gerade einmal vierundvierzig Jahren. Allerdings ist seine Todesursache weniger spektakulär, eher tragisch. D. H. Lawrence hatte sich früh mit der damals noch unheilbaren Tuberkulose infiziert, die bei mehr als der Hälfte der Betroffenen zum Tode führte. Dieser Krankheit erlag er schließlich.

Dr. Elsbeth Schragmüller (1887–1940)

Die Widerspenstige

Eine Frau in der Männerwelt. Nein, das trifft es nicht genau. Eine Frau in der Männer-/Machowelt der Soldaten. Nein, das trifft es immer noch nicht. Eine Frau in der Männer-/Machowelt der coolen Spione an der »unsichtbaren Front« der internationalen Geheimdiensttätigkeiten. Das trifft es schon eher. Und zwar für die Frau, um die es im Folgenden gehen soll.

Ihr Name ist Elisabeth »Elsbeth« Schragmüller. Geboren 1887 in Schlüsselburg. Beim Thema Spionage liegt es nahe, spontan an den russischen Ort Шлиссельбург, zu Deutsch Schlüsselburg, zu denken, östlich von Sankt Petersburg am Ladogasee gelegen, in dem heute etwa dreizehntausend Einwohner leben. Doch das ist in diesem Fall verkehrt. Denn Elisabeth Schragmüller kam in einem anderen, viel kleineren Örtchen namens Schlüsselburg zur Welt, heute ein Ortsteil von Petershagen (Kreis Minden), gelegen im nördlichsten Zipfel Nordrhein-Westfalens, direkt an der Landesgrenze zu Niedersachsen. Bekannt ist dieses deutsche Schlüsselburg mit seinen knapp fünfhundert Einwohnern für ein einmaliges Scheunenviertel, eine intakt gebliebene Ansammlung von sechsundzwanzig historischen Scheunen.

An seine berühmteste Tochter erinnert im Ort selbst nichts. Keine Spur blieb von ihr, kein Hinweis, keine Gedenktafel. Nun gut. Sie lebte auch nur zwei Jahre dort. Mit dem dritten Lebensjahr kam die Offizierstochter 1889 zur Großmutter väterlicherseits nach Minden. Der Vater, der nachmalige preußische Amtsmann Carl Anton Schragmüller, hatte »hinauf« geheiratet. Seine Braut, Valeska Cramer von Clausbruch, stammte aus der gleichnamigen, reichen, ursprünglich im rheinischen Hattingen beheimateten, 1571 nobilitierten Händler- und Spekulantenfamilie. Vater Schragmüller hatte also eine »gute Partie« geheiratet. Die Kinder, Elisabeth und ihr jüngerer Bruder Johann Konrad, von dem noch die Rede sein wird, hatten in diesem solventen Haus- und Ehestand keine Priorität. Sie rangierten »unter ferner liefen«.

Es war also der kleinen Elisabeth ein klassisches Familienleben nicht vergönnt. Von der Großmutter Schragmüller immerhin finanziell unterstützt, wurde sie bald in ein Mädchenpensionat, sprich ein Kinderheim der gehobenen Klasse, zu Weimar abgeschoben. Solche Etablissements verlangten teilweise mehr als 2.000 Reichsmark Jahres-»Pension« für die Betreuung und schulische Ausbildung der ihnen anvertrauten Zöglinge. Dafür wussten sie dann mit beheizten Turnhallen, Tennisplätzen und anderen Annehmlichkeiten aufzuwarten.

1897 war im Leben der mittlerweile zehnjährigen Elisabeth der nächste Umzug angesagt. Diesmal kam sie an das kurz zuvor gegründete erste deutsche Mädchengymnasium in Karlsruhe. Wie es ihr dort erging, lässt sich aus den erhaltenen Unterlagen nicht ablesen. Sie erhielt jedenfalls eine klassische gymnasiale Schulbildung inklusive zweier Fremdsprachen, Englisch und Französisch. An diesem Institut bestand sie elf Jahre später, im Alter von einundzwanzig, die Reifeprüfung, sprich das Abitur.

Ihre Großmutter unterstützte sie auch weiterhin finanziell. So konnte sich Elisabeth etwas Unerhörtes leisten: Sie begann ein Studium. Heim und Herd waren zu diesem Zeitpunkt noch immer die öffentlich propagierten Hauptwirkungszentren der holden Weiblichkeit. An deutschen

Universitäten zählten Frauen zu den absoluten Exoten. Und eine davon war nun Elisabeth.

Als ihre Alma Mater wählte sie die nicht allzu weit von Karlsruhe entfernte Universität im oberrheinisch-badischen Dreiländereck, nämlich die von Freiburg im Breisgau. Als eine der ältesten Universitäten Deutschlands hatte sie einen guten Ruf, konnte aber mit den Nobelpreisträgerschmieden andernorts, wie zum Beispiel in Göttingen, nicht konkurrieren.

Elisabeth entschied sich nicht nur zu studieren, sondern auch noch ein für Frauen völlig exotisches Studium zu beginnen. Zu jenem Zeitpunkt studierten die wenigen weiblichen Kommilitonen an deutschen Universitäten in der Regel Sprachen oder Kunstgeschichte, ein Studium, das als »Eheanbahnungsinstitut« für höhere Töchter galt. Elisabeth interessierte sich für anderes. Sie studierte Nationalökonomie, heute besser bekannt als Volkswirtschaftslehre.

Über die Hintergründe für diese auffällige Entscheidung gegen das Gängige, gegen die vorgezeichneten Bahnen, sind wir ebenfalls nur unzureichend informiert. Jedenfalls begann sie ihr Studium an der Dreisam, wechselte dann nach zwei Semestern an die Spree, an die Friedrich-Wilhelms-Universität (heute Humboldt-Universität) in der Reichshauptstadt Berlin, und dann nach weiteren zwei Semestern wieder zurück nach Freiburg, wo sie die restlichen vier Semester verbrachte und ihre Doktorarbeit verfasste.

Sie beendete das Studium mit der Promotion. Die pünktlich fertiggestellte – und für damalige Verhältnisse mit hundertzwanzig Seiten ziemlich umfangreiche – Doktorarbeit widmete sich dem Thema »Die Bruderschaft der Bohrer und Balierer von Freiburg und Waldkirch – Ein

Beitrag zur Gewerbegeschichte des Oberrheins«. Es war also eine der Lokalökonomie verpflichtete Untersuchung jener regionalen, mittelalterlichen Zunft der Schmuckhersteller (Bohrer und Polierer), um nicht zu sagen, Juweliere, die im »steinreichen« Oberrheingebiet ein bequemes Auskommen hatten. Die mündliche Prüfung, das Rigorosum, fand im Juli 1913 statt.

Ihre Suche nach einer dem abgeschlossenen Studium adäquaten Arbeitsstelle scheint nicht von Erfolg gekrönt gewesen zu sein. Im Nachhinein hat sie es in einer biografischen Notiz so dargestellt, als sei der folgende Lebensabschnitt bis zu dem großen Einschnitt, der ihr Leben auf eine gänzlich andere Bahn bringen wird, durchaus in ihrem Sinne verlaufen. Sie ging erneut nach Berlin und erhielt im schon damals frauenfreundlichen Lette-Verein einen Lehrauftrag für Staatsbürgerkunde, also die politische Erziehung der Auszubildenden im Verein. Nebenbei arbeitete sie auch noch bei der Reichsfürsorge, der späteren Volkswohlfahrt.

Doch ihr Leben änderte sich wie das vieler anderer Europäer nach kaum einem Jahr drastisch: Am 1. August 1914 brach der Erste Weltkrieg aus. Die jungen Männer wurden massenweise an die Front geschickt. Für junge, patriotische, von Kriegsbegeisterung erfasste junge Frauen blieben zu diesem Zeitpunkt nur Hilfsdienste. Die durchaus nationalbegeisterte Elisabeth Schragmüller versorgte nun an den verschiedenen Berliner Bahnhöfen ab- oder durchfahrende Soldatenzüge mit Trinkwasser. Doch das reichte der jungen Amazone schon nach kurzer Zeit nicht mehr. Sie wollte ebenfalls an die Front, ebenfalls dahin, wo der Kanonendonner unüberhörbar ist. Doch es sollte noch viele Jahrzehnte dauern, bis Frauen zur Ausbildung und zum Einsatz innerhalb der Kampftruppen zugelassen werden. 1914 war man noch nicht so weit. Weder in Deutschland noch in einem anderen kriegführenden Land.

Wieder einmal setzt sie ihren Kopf durch und ihren Plan um. Sie wollte an der Westfront ihre Sprachkenntnisse (Englisch und Französisch) in den Dienst der kaiserlichen Armee beim Kampf gegen die Entente stellen. Sie kaufte sich kurzentschlossen eine Bahnfahrkarte nach Brüssel. Dort residierte der deutsche Generalgouverneur für das besetzte Belgien. Ihr Plan: durch persönliche Vorsprache irgendeine Art von Anstellung in der Militärbürokratie zu erhalten.

Zunächst scheint ihr schöner Plan zu scheitern. Sie kommt zwar bis Brüssel, quartiert sich dort in einem günstigen Hotel ein und beginnt das Klinkenputzen bei allen möglichen deutschen Dienststellen. Doch der Männerbetrieb Armee ist auf so eine junge Dame nicht eingestellt. Sie könnte natürlich als Magd, Dienerin oder Köchin Hilfsdienste leisten. Doch das ist nicht nach ihrem Geschmack. Sie möchte einen echten Beitrag zum deutschen Kampf gegen Frankreich und Großbritannien leisten und nicht in irgendeiner Küche der Etappe in irgendwelchen Töpfen rühren.

Sie entwickelte einen neuen Plan. Mittlerweile hatte sie herausgefunden, in welchem Hotel der deutsche Generalgouverneur für Belgien, Generalfeldmarschall Wilhelm Colmar von der Goltz, zu diesem Zeitpunkt bereits dreiundsiebzig Jahre alt, logiert – und quartierte sich kurzentschlossen ebenfalls dort ein. Ihr Plan: den Generalgouverneur abpassen, ansprechen und ihm ihr Anliegen persönlich vortragen. Offenbar hatte sie damit Erfolg. Sie konnte den alten Herrn tatsächlich von ihren vielfältigen Fähigkeiten überzeugen, die in einer Etappenküche verschwendet wären. Denn sie bekam eine erste Anstellung in der Postzensur der Besatzungsbehörde. Mit von der Goltz – dem Generalfeldmarschall, Reorganisator (»Goltz-Pascha« genannt) des befreundeten osmanischen Heers und später Mittäter beim türkischen Genozid an den Armeniern – hatte sie jedoch nicht allzu lange das Vergnügen. Denn dieser wurde schon Ende November 1914 wieder dringend in die mit Deutschland verbündete Türkei zurückbeordert, um dort die Dinge im deutschen Sinne zu regeln.

Sein Nachfolger, Generaloberst Moritz von Bissing, ebenfalls schon siebzig Jahre alt, war offenbar seinerseits von den vielfältigen Fähigkeiten der energischen, zielstrebigen, jungen Dame angetan. Denn nach ihrer wohl »erfolgreichen« Tätigkeit bei der Postzensur konnte sie nun tatsächlich an die Front wechseln, allerdings nicht an die Hauptkampflinie mit ihrem Kanonendonner, sondern an die »unsichtbare Front«. Denn sie wurde nun Mitarbeiterin der Nachrichtensammelstelle beim Generalstab in Lille, sprich der örtlichen Leitstelle des geheimnisumwitterten deutschen Militärgeheimdienstes, der Spionageabteilung, genannt Abteilung III b, des deutschen Generalstabs, zuständig für Pressearbeit, Propaganda, Spionage und Spionageabwehr.

Ab 1915 verbuchte sie einen Karriereerfolg nach dem anderen und wurde schon nach kurzer Zeit zur Leiterin der Sektion Frankreich der Kriegsnachrichtenstelle Antwerpen ernannt. Wie sie später selbst zugab, wurde sie hier zur Agentenführerin, also zur Chefin eines eigenen Spionagenetzwerks, zu dem auch die berühmte Agentin H21 gehörte. Hinter diesem Kürzel verbarg sich niemand anderer als die legendäre Mata Hari, alias Margaretha Zelle (s. o.).

Leider konnte der Schleier der Geheimhaltung, der bis heute über der eigentlichen Tätigkeit Schragmüllers im Krieg an der »unsichtbaren Front« liegt, bisher nur ansatzweise gelüftet werden. Ihr eigener kurzer Rückblick aus dem Jahr 1929 ist nicht besonders aufschlussreich, was das betrifft. Und der umfassende mehrbändige Bericht, den Generalmajor Friedrich Gempp im Auftrag der NS-Verwaltung anfertigte, liegt seit siebzig Jahren im Militärarchiv zu Freiburg im Breisgau und harrt einer kommentierten Veröffentlichung. Weitere Teile dieses Berichts liegen offenbar im russischen Staatsarchiv in Moskau.

Auch über ihre Tätigkeit als Agentenführerin für Mata Hari hinaus scheint Schragmüller ihre Arbeit zur Zufriedenheit ihrer Vorgesetzten ausgeführt zu haben. Sie blieb bis Kriegsende in ihrer Position, nach den deutschen Teilrückzügen des Jahre 1918 zuletzt in Freiburg im Breisgau. Im Anschluss an die deutsche Kapitulation wurde sie im Range eines Oberleutnants demobilisiert. Obwohl für die Verleihung des Ordens Eisernes Kreuz II. Klasse vorgeschlagen, konnte ihr dieser Orden bis Kriegsende nicht mehr verliehen werden, da der deutsche Kaiser 1915 entschieden hatte, dass dieser nur Männern zukäme.

Mit dem Krieg war die glücklichste und erfolgreichste Phase in Schragmüllers Leben zu Ende. Sie blieb zunächst in Freiburg und wandte sich wieder den akademischen Gefilden zu. Sie studierte weiter, obwohl eine Habilitation von Frauen damals noch seltener war als ihre Promotion. Immerhin wurde sie 1921 als erste Frau Lehrstuhlassistentin beim Nationalökonomie-Professor Karl Diehl.

Offenbar war ihr ein eigenes Familienleben ebenso wenig beschieden wie eine Jugend im Elternhaus. Mit Mitte dreißig war sie zu diesem Zeitpunkt auch schon weit jenseits des »heiratsfähigen« Alters damaliger Sitten und

Gebräuche. Generell ist über mögliche Beziehungen nichts bekannt, einen Ehemann scheint es nicht gegeben zu haben. Ob sie sich – wie etwa die damals berühmte Schauspielerin Sibylle Schmitz – möglicherweise zum eigenen Geschlecht hingezogen fühlte, ist bis heute ungeklärt. Ihr ehemaliger Spionage-Chef Oberst Walter Nicolai scheint jedenfalls die von ihm als »gutaussehend, attraktiv« beschriebene Schragmüller auch emotional geschätzt zu haben. Ob sich mehr daraus ergab, ist bis heute unbekannt.

Elisabeth hatte mit Vater, Mutter und einem Bruder in Freiburg gelebt und zog Ende der Zwanzigerjahre nach München. Über ihr weiteres Leben dort gibt es kaum greifbare Informationen. Dass sie die Machtergreifung der Nazis 1933 aufgrund ihrer generellen politischen Orientierung nach rechts begrüßte, ist anzunehmen. Immerhin lebte sie in der nun »Hauptstadt der Bewegung« genannten Isar-Metropole, einem der Kulminationspunkte der NS-Ideologie in Deutschland.

Eine dramatische Wendung ergibt sich für ihr Leben 1934. Erst starb ihr Vater, bis dahin Mittelpunkt und Ernährer der Familie, kurz darauf wurde ihr in der NS-Hierarchie aufgestiegener Bruder Johann Konrad Schragmüller während der »Röhm-Affäre« erschossen. Und das kam so.

Konrad, geboren 1895, besuchte als Kind die königlich-preußische Kadettenanstalt in Berlin-Lichterfelde, die Hauptkadettenanstalt in deutschen Landen. Ihm war also vergönnt, was seiner Schwester zeitlebens verwehrt blieb: der Dienst an der Waffe, der Dienst in der deutschen Armee. Zu den weiteren Zöglingen der Hauptkadettenanstalt zählten viele spätere Generäle, aber auch Hermann Göring, der »rote Baron« Manfred von Richthofen sowie der Schriftsteller Ernst von Salomon, der seine Zeit in der »Anstalt« in einem autobiografischen Roman schildert.

Der ihm dort eingeimpften Kriegsbegeisterung konnte Johann Konrad Schragmüller angesichts des von ihm – wie von vielen anderen national Begeisterten – als »Glücksfall« betrachteten Kriegsausbruchs 1914 mit knapp neunzehn Jahren Taten folgen lassen. Er begann seine militärische Karriere als Fähnrich im Jäger-Regiment zu Pferde Nummer 13. Ein Jahr später war er bereits Offizier. 1916 wechselte der Oberleutnant Schragmüller wie Richthofen und viele weitere Infanteristen zur drastisch vergrößerten und unter Personalnot leidenden Luftwaffe des Kaiserreichs.

Nach der deutschen Kapitulation 1918 blieb er militärisch aktiv. Er engagierte sich nun bei den neuen, »spontan« entstandenen Soldatengruppierungen, den sogenannten Freikorps, die von der SPD-geführten Reichsregierung in enger Absprache mit Industrie und Finanzwirtschaft sowie dem Adel zur Niederschlagung der kommunistischen Aufstände in Berlin, Hamburg und München, aber etwa auch zur Bekämpfung der polnischen Nationalisten in Oberschlesien eingesetzt wurden. Als sämtliche linken Umsturzbemühungen blutig niedergeschlagen worden waren, stellten die großen Industriekonzerne, Banken und Versicherungen, die bisherigen Hauptgeldgeber der Freikorps, deren Finanzierung ein. Die Freikorps, nun arbeits- und brotlos geworden, lösten sich daraufhin auf. Viele ehemalige Freikorps-Söldner zogen sich in die Landwirtschaft zurück. Für die meisten anderen Berufszweige waren sie als häufig traumatisierte »Berufssoldaten« schlicht nicht zu gebrauchen.

Auch Schragmüller schlug diesen Weg ein. Er übernahm den Verwalterposten auf dem Rittergut Schönberg in der Altmark (bei Stendal). Für sein immer noch der Monarchie nachtrauerndes, sozialdarwinistisches Innenleben fand er eine neue politische Heimat ganz rechts außen, bei den Rechtsradikalen von der NSDAP. Einmal dabei, beteiligte er sich am Aufbau der SA in der Altmark. Zum Dank erhielt er den Rang eines Untergruppenführers, was in der Reichswehr immerhin dem Rang eines Generalmajors entsprach – ein steiler Aufstieg für den bisherigen Oberleutnant.

Nach den großen Stimmengewinnen der NSDAP bei den Wahlen vom Juli 1932 – die NSDAP wurde stärkste Partei, verpasste aber mit siebenunddreißig Prozent der Stimmen deutlich die absolute Mehrheit – zog auch der Listenkandidat Schragmüller als einer der zweihundertdreißig neuen NS-Abgeordneten in den Reichstag ein. Nach der NS-Machtergreifung wurde der nunmehrige SA-Gruppenführer (Generalleutnant) Schragmüller, der offenbar über gute Drähte zur obersten SA-Führung um Ernst Röhm verfügte, von diesem als Sonderkommissar eingesetzt.

Im Mai 1933 ernannte Röhm seinen Protegé Schragmüller zum kommissarischen Polizeipräsidenten von Magdeburg. Seine Beförderung zum regulären Polizeipräsidenten folgte ein Jahr später. Doch zu diesem Zeitpunkt neigte sich seine Karriere ebenso wie die seines Ziehvaters Röhm schon – ohne dass es beide wussten – ihrem abrupten Ende zu. Hitler hatte sich entschlossen, den ständig von einer unvollendeten NS-Revolution schwadronierenden und immer wieder mit dem »Millionenheer« der SA drohenden Röhm ein für alle Mal aus dem Weg zu räumen – als Bauernopfer für Hitlers künftige enge Zusammenarbeit mit Reichswehr und Hochfinanz. Röhm war für beide Machtgruppierungen, die Reichswehr und die Hochfinanz, als »linkelnder« Nationalsozialist ein »rotes Tuch«. Tatsächlich plante Röhm, die von ihm geführte SA zur zentralen Machtbasis des NS-Staats auszubauen und im Gegenzug Reichswehr und Hochfinanz deutlich in ihrem Stellenwert zu reduzieren.

Ein Anlass für die Degradierung und Entmachtung Röhms war schnell gefunden. Schon seit Jahren war die offen praktizierte Homosexualität Röhms und seiner Entourage vielen hohen NS-Funktionären, aber auch anderen Exponenten der konservativen Gesellschaftsschicht, auf deren Unterstützung Hitler bei seinen Welteroberungsplänen angewiesen war, ein Dorn im Auge. Hitler hatte Röhms Dolce Vita bis zu diesem Zeitpunkt toleriert, da Röhm ein entscheidender Helfer beim Aufstieg der NSDAP zur machtvollsten Rechtsextremistengruppierung der Weimarer Republik Ende der Zwanzigerjahre gewesen war. Doch nun war er nicht länger auf Röhm angewiesen. Im Gegenteil: Röhm war ein Hemmschuh der weiteren Entwicklung. Der »Führer« war daher bereit, die komplette SA-Führung – und letztlich die gesamte, bisher zentral im NS-Apparat verankerte SA – zu opfern. Er befahl den eigentlich schon im Sommerurlaub weilenden Röhm samt seiner Entourage zu einer »außerordentlichen Führertagung« ins oberbayrische Bad Wiessee, wo die nichtsahnenden SA-Funktionäre in der nachmals berühmt gewordenen *Pension Hanselbauer* abstiegen (und dort angeblich Sodom und Gomorrha erblassen ließen). Hitler fuhr, begleitet von Goebbels, Göring und dem neuen starken Mann, SS-Chef Himmler, am frühen Morgen des 30. Juni 1933 von München nach Bad Wiessee, ließ die Pension von handverlesenen SS-Männern umstellen und die SA-Führungsclique verhaften. Röhm und seine Spießgesellen wurden in separaten Fahrzeugen nach München beziehungsweise Berlin gebracht und dort von SS-Erschießungskommandos ermordet. Insgesamt starben bei dieser »Reinigungsaktion« mehrere hundert Menschen. Teilweise benutzten die SS, aber auch NS-Größen wie Göring die Gelegenheit, um persönlich mit Gegenspielern und Konkurrenten abzurechnen, die kurzerhand miterschossen wurden.

Zu den Opfern dieser »Nacht der langen Messer«, die eigentlich eher ein »Morgen der Maschinengewehre« war, zählte auch Konrad Schragmüller. Ob er selbst zur Homosexuellenclique in der SA-Führung gehörte, ist bislang ungeklärt. Jedenfalls war er als einer der obersten SA-Funktionäre ebenfalls in Bad Wiessee anwesend und wurde dort verhaftet. Er gehörte zu den SA-Funktionären, die in die zentrale SS-Kaserne in Berlin-Lichterfelde, seine alte Wirkungsstätte, die ehemalige Hauptkadettenanstalt, verschleppt und dort umgebracht wurden.

Nach dem Tod von Vater und Bruder scheint der Rest der Familie in finanzielle Schwierigkeiten geraten zu sein. Schragmüllers Mutter war zu diesem Zeitpunkt schwerkrank, die im Haushalt lebende jüngste Schwester fand keine Anstellung. Elsbeths ehemaliger Chef Nicolai versuchte, ihr eine Rente als Einkommensquelle und Existenzgrundlage zu verschaffen.

Manche Biografen von Elsbeth Schragmüller fragten sich, warum sie nach 1934 keine weiteren Anstellungen mehr fand im NS-Staat. Dabei ist die Erklärung relativ simpel: Im »Dritten Reich« herrschte Sippenhaftung. So zählte Elisabeth Schragmüller zu den erweiterten Opfern des 30. Juni 1934, sie wurde als Angehörige von Konrad Schragmüller aussortiert. Von diesem Schlag sollte sie sich nicht mehr erholen. Elisabeth Schragmüller starb 1940 verarmt in einer kleinen Münchner Wohnung an Knochentuberkulose. Sie wurde nur dreiundfünfzig Jahre alt.

Eigentlich könnte sie als exzellentes Beispiel für weibliche Emanzipation herhalten: Sie war eine Frau, die zu durchaus frauenfeindlichen Zeiten, als Frauen als Menschen zweiter Klasse galten, denen nicht einmal das Wahlrecht zugestanden wurde, ganz zu schweigen von anderen Rechten wie etwa dem auf einen selbstbestimmten Schwangerschaftsabbruch, Karriere machte. Noch dazu in einer Männergesellschaft, in einer Männerwelt, im geschlossenen Zirkel des Soldatentums. Sie erfüllte die ihr übertragenen Aufgaben so »männlich«, dass ein Vorgesetzter, der von den nur mit »Schragmüller« unterschriebenen Berichten zu den neuesten Entwicklungen an der Spionagefront so begeistert war, dass er jenen ihm unbekannten mutmaßlichen »Leutnant« Schragmüller einmal kennenlernen wollte. Er trat die Reise nach Lille an und fragte an der Pforte des Dienstgebäudes nach »Leutnant Schragmüller«. Daraufhin wurde er zu einem Büro geführt, trat ein und musste zu seiner Überraschung feststellen, dass dieser vorbildliche Soldat Schragmüller eine Frau war.

Spätestens seit 1914, seit ihrem siebenundzwanzigsten Lebensjahr, lebte Elisabeth nachweislich in ungebrochener Nationalbegeisterung und ließ davon auch auf ihrem weiteren Lebensweg nicht mehr ab. Nach 1933 wäre sie eigentlich prädestiniert gewesen für eine Wiederverwendung in den ähnlich wie die Armee Hitlerdeutschlands sofort stark expandierenden Spionage-Diensten unter dem Hakenkreuz. Allein die unglückliche Verstrickung ihres ebenfalls deutschnationalen Bruders in die SA-Verwicklungen und schließlich in den vermeintlichen »Röhm-Putsch« wussten dies zu verhindern.

Es ist dennoch anzunehmen – mangels anderweitiger Dokumente –, dass sie bis zu ihrem allzu frühen Lebensende politisch weiterhin am rechten Rand agierte und vermutlich mit Tun und Treiben unter dem Hakenkreuz generell einverstanden war.

Ein Aspekt der Biografie Schragmüllers wurde im bisher Gesagten noch nicht beleuchtet: ihr Nachruhm, genauer gesagt: ihr Nachruhm zu Lebzeiten. Die Gerüchteküche in den Ländern der Entente, in Frankreich und Großbritannien, hatte schon im Verlauf des Ersten Weltkriegs gemunkelt, es gebe eine deutsche Superagentin an der Westfront, die den Truppen der Entente das Leben schwer mache. Der französische, der britische und der amerikanische Geheimdienst waren hinter ihr her, jedoch erfolglos (angeblich). Doch trotz dieser Gerüchte war Schragmüller selbst zu keinem Zeitpunkt selbst als Agentin hinter den feindlichen Linien tätig – ihr Arbeitsbereich war die Agentenführung von der Zentrale in Antwerpen aus. Sprich: Sie versah einen Bürojob. Lediglich ihren Spitznamen kannte man aus den Erzählungen zurückgekehrter West-Spione, die berichteten, dass sie von einem »Fräulein Doktor«, einer »Mademoiselle Docteur«, verhört worden seien. Daraus entwickelten sich Spekulationen, diese Superagentin sei Ärztin und auch in der Lage, bestimmte bedrohliche oder bewusstseinsmanipulierende Operationen an ihren Opfern vorzunehmen. Dass es sich schlicht um eine promovierte Geisteswissenschaftlerin handelte, die mit Medizin wenig bis gar nichts am Hut hatte, kam ihnen nicht in den Sinn. Weitere angebliche Beinamen waren »Fair Lady«, »La Baronne« und »Mademoiselle Schwartz«.

Hans Rudolf Berndorff, ein Kolportageschriftsteller mit »flotter Schreibe«, schilderte 1929 in seinem Roman mit frei erfundener Handlung namens *Spionage!* ein Fräulein

Annemarie Lesser, deren Vita sehr oberflächlich an der von Elisabeth Schragmüller orientiert ist. Berndorff spitzte zu, übertrieb und fügte auch »saftige Details« ein, Zutaten, die aus dem Buch den beabsichtigten Bestseller machten. Daher ist es auch kein Wunder, dass der Kitsch-Roman mehrfach verfilmt und als Theaterstück verwertet wurde. Berndorffs Fräulein Lesser bringt als Geliebte eines Offiziers mit sechzehn Jahren ein totes Kind zur Welt und wird daraufhin von den Eltern aus dem Haus geworfen. Später wird sie zur Morphinistin, beginnt dann ihre Spionagekarriere, um nach Kriegsende in einer Irrenanstalt zu enden. Vor 1918 erlebt sie, als junge Studentin getarnt oder als Putzfrau verkleidet, reihenweise erotische Abenteuer und spioniert gleichzeitig die Alliierten aus.

Sogar der berühmte Begründer der Sexualwissenschaft, Magnus Hirschfeld, beschrieb einige angebliche Episoden aus Schragmüllers Leben in seiner Sittengeschichte des Ersten Weltkriegs. Allerdings ließ auch er dabei seiner Fantasie allzu freien Lauf. Seiner Darstellung zufolge soll Elisabeth Schragmüller als eine Art Sherlock Holmes mit falschen Papieren über Paris zur französischen Seite der belgischen Front vorgedrungen sein, um die alliierten Truppen und den Festungsring Lüttich auszukundschaften. In Verkleidung einer Bäuerin sei sie dann durch die Front wieder auf die deutsche Seite gelangt. Anschließend habe sie 1916 in Paris einen deutschen Spionagestützpunkt aufgebaut und sei den französischen Agenten der Spionageabwehr über die Schweizer Grenze entkommen. 1918 habe sie als Krankenschwester verkleidet erneut in Frankreich unter den französischen Soldaten an der Front Informationen gesammelt. Sie sei dann in einem Lazarett erkannt worden, jedoch sei ihr – diesmal in französischer

Uniform – ein letztes Mal die Flucht gelungen. Damit waren Krieg und Buch zu Ende.

Zeitlebens am rechten äußeren Rand des politischen Spektrums irrlichternd, vor 1945 als promovierter Germanist und Offizier, nach 1945 im Umfeld des BND, beschrieb ein Autor namens Gert Buchheit in seinem 1966 erschienenen Buch *Der deutsche Geheimdienst: Geschichte der militärischen Abwehr* ebenfalls einige Episoden aus Schragmüllers Leben auf, diesmal zu großen Teilen auf dem erwähnten Gempp-Bericht basierend, ohne jedoch über die oberflächlichste Schilderung ihrer Lebensstationen hinauszukommen.

Auch die Filmindustrie in Europa und Amerika erkannte das Potenzial, das in Schragmüllers bunter, ungewöhnlicher Lebensgeschichte steckte. Zumal angesichts der Tatsache, dass ihr weiteres Schicksal weithin unbekannt war. Hollywood machte den Anfang. Der bekannte Regisseur Sam Wood, später unter anderem mit Filmen der Komikertruppe Marx Brothers sehr erfolgreich, durfte mit Superstar Myrna Loy 1934 eine *Stamboul Quest* genannte Fassung von Schragmüllers fiktional deutlich aufgehübschter und dramatisierter Lebensgeschichte während des Ersten Weltkriegs drehen. Der Emigrant Leo Birinski, Theaterautor, Drehbuchschreiber und Regisseur, hatte das Drehbuch geliefert.

Emigranten sollten auch die nächsten Filme zu ihrem Leben prägen. So der deutsche Regisseur Georg Wilhelm Pabst, der 1936 im französischen Exil den Film *Mademoiselle Docteur* inszenierte. Jean-Louis Barrault, der zehn Jahre später in dem Meisterwerk *Die Kinder des Olymp* weltberühmt werden sollte, hatte einen Kurzauftritt als Bösewicht. In der parallel gedrehten englischen Fassung dieses Films – Synchronisation im heutigen Maßstab gab es damals noch nicht – übernahm niemand anderer als Erich von Stroheim die Rolle des Spionagechefs. Stewart Granger hatte hier einen seiner ersten Filmauftritte.

Der italienische Erfolgsproduzent Dino de Laurentiis, der viele Filme von Federico Fellini produzierte, schuf 1969 den Film *Fräulein Doktor*, der sehr frei die Biografie Schragmüllers nacherzählt. Niemand anderes als Oscar-Preisträger Ennio Morricone komponierte den Soundtrack zum Film. Die wunderbare französische Schauspielerin Capucine übernahm hier eine Nebenrolle. 1971 mischte dann auch das BRD-Fernsehen im Reigen der Schragmüller-Filme mit – Regisseur Rudolf Jugert zeichnete unter dem Titel *Annemarie Lesser* wie schon Berndorff 1929 ein farbenfrohes Porträt der angeblichen Superspionin. Schade, dass ein direkter Vergleich fehlt, es wäre interessant gewesen zu sehen, wie sich das DDR-Fernsehen des widersprüchlichen Stoffes angenommen hätte.

Hannsheinz Porst (1922–2010)

Der Traumatisierte

Das Leben von Hannsheinz Porst bietet Stoff für mehrere Romane. Beispielsweise diesen: Junger Mann, dem Zweiten Weltkrieg lebend entkommen, arbeitet ab 1948 im elterlichen Unternehmen mit und wird – vor dem Hintergrund des »Wirtschaftswunders« der BRD – einer der bekanntesten Unternehmer Westdeutschlands, der in wenigen Jahren den Umsatz der Firma verzehnfacht.

Warum wir das Wirtschaftswunder hier in Anführungsstriche gesetzt, fragen Sie sich? Dieser Gründungsmythos der BRD, der besagt, dass sich aus den Ruinen der westlichen Landesteile Deutschlands innerhalb eines Jahrzehnts angeblich durch »harte, ehrliche Arbeit« die potenteste Wirtschaftsnation Europas bildete, ist heute durchaus umstritten. Denn der wirtschaftliche Aufstieg der BRD beruhte nicht zuletzt darauf, dass ihr in ihren Gründungsjahren Schulden erlassen wurden und Länder wie Griechenland auf Reparationsforderungen verzichteten. Somit mag der Mythos »Wirtschaftswunder« durchaus als dreiste Lüge der Weltgeschichte bezeichnet werden.

Dreiste Lügen prägen auch die Biografie von Porst, die sich durch eine fundamentale Ambivalenz, eine umfassende Ambiguität auszeichnet. Und das verbindet Porst und die BRD auf ganz besondere Weise. Denn Scheinheiligkeit und Doppelmoral prägen, wie wir sehen werden, sowohl die »Staatsgeburt BRD« von Gnaden der westlichen Siegermächte wie auch die Biografie von Hannsheinz P. Es macht also Sinn, beider Geschichten in engem Zusammenhang zu sehen und nachzuerzählen.

Sowohl diesen Staat BRD als auch die Person Porst kennzeichnet ein genereller »realpolitischer« Pragmatismus. Porst und BRD lavieren von Anfang an in einer Grauzone jenseits von Recht und Gesetz. Sie wollen Beispiele? Bundeskanzler Adenauer (CDU) etwa setzt den aus bereits unter den Nazis tätig gewesenen Mitarbeitern zusammengestellten und mit einer Anschubfinanzierung der CIA versehenen Auslandsnachrichtendienst BND zur Ausforschung seiner innenpolitischen Konkurrenten ein. Porst vergisst schon einmal »versehentlich« ein paar Millionen bei der Steuererklärung. Wie die BRD verfügt auch Porst über zwei Gesichter: Wo sich die BRD nach außen qua Grundgesetz als demokratischer Rechtsstaat, der die Menschenrechte respektiert, präsentiert, aber gleichzeitig brutalste Realpolitik im Bündnis mit Dikatoren wie Franco und Pinochet praktiziert, verbirgt sich hinter der Fassade des durchtriebenen, turbokapitalistischen, neoliberalen, knallharten Erfolgsunternehmers Porst, der gern die Grenzen von Unternehmens- und Strafrecht austestet, eine ganz anders geartete Persönlichkeit: Porst experimentiert nicht nur früh mit Formen der Arbeitnehmermitbestimmung (sehr zum Ärger seiner Standeskollegen) und baut eine Wohnsiedlung für die Porst-Beschäftigten, damit diese am Erfolg ihrer Firma partizipieren können, sondern er ist bereit, noch ganz andere Abwege zu beschreiten.

Porst, der »Vorzeigeunternehmer West«, ist gleichzeitig, man höre und staune, »Friedenskundschafter Ost«. Die heimlichen Sympathien des Entrepreneurs gehören dem anderen Deutschland, dem ersten Arbeiter-und-Bauern-Staat auf deutschem Boden. Porst hat sich rettungslos in die DDR verliebt und ist seit 1948 Mitglied der Sozialistischen Einheitspartei Deutschlands (SED). Daraus lässt sich ein weiterer, ganz anders gearteter Roman stricken.

Einer vom »Superspion Porst«, dem James Bond unter den Unternehmern, der hinter der überzeugenden Fassade des bundesdeutschen Millionärs jeden Monat brav seine SED-Parteibeiträge bezahlt und bei konspirativen Treffen mit Markus Wolf, dem Leiter des Auslandsnachrichtendienstes der DDR (Hauptverwaltung Aufklärung / HVA) im Ministerium für Staatssicherheit (MfS), diesem wichtige Tipps zur Ausforschung von Wirtschaft und Politik der BRD gibt, wie auch zur Interpretation bestimmter politischer Vorgänge und Hinterzimmer-Kabalen in Bonn.

Wenden wir uns also den realen biografischen Fakten zu. Hannsheinz Porst wird 1922 in der fränkischen Metropole Nürnberg geboren. Sein Vater Hans, Handwerkersohn und Anwaltsgehilfe in Nürnberg, setzt 1919 im Alter von dreiundzwanzig Jahren seine gesamten Ersparnisse ein, um sein Hobby zum Beruf zu machen. Er erwirbt ein ortsansässiges Fotogeschäft und entwickelt sich in eindrucksvollen Schritten zum äußerst erfolgreichen Unternehmer. Denn sein kleines Fotogeschäft baut er mittels Versandhandel bis 1939 zum angeblich »größten Fotohaus Europas« aus.

Betrachtet man die Biografie des Vaters genauer, so erkennt man, dass viele Ideen unseres Protagonisten Hannsheinz Porst keineswegs dessen eigene Geistesblitze sind. Viele davon werden schon von seinem Vater Hanns ausprobiert. So die sozialen Wohltaten für die Arbeiter und Angestellten der Firma. Vater Hanns Porst hat nämlich nicht nur als erster Unternehmer in Nürnberg die Fünf-Tage-Woche eingeführt, sondern ebenfalls schon eigene Mitarbeiterwohnungen sowie firmeneigene Ferienheime errichtet und seinen Beschäftigten großzügige Urlaubsregelungen eingeräumt.

Licht und Schatten liegen auch im Leben des Firmengründers Hanns Porst nah beieinander. So kann er 1938 der Versuchung nicht widerstehen, das sehr erfolgreiche Nürnberger Spielwarenunternehmen J. W. Spear & Söhne, eine Gründung von Deutschen jüdischen Glaubens, zu einem Bruchteil seines Marktwertes zu erwerben und weiter lukrativ zu betreiben. Das Sortiment umfasst nicht nur die erfolgreichen magnetischen Angelspiele und Fliegende Hüte, sondern auch sehr beliebte Quartettspiele und Bastelhilfen wie die berühmte Strickliesel. Nach dem Zweiten Weltkrieg muss Porst das Unternehmen den Erben der ermordeten Firmengründer rückübertragen.

Unser Protagonist wird also in einen Haushalt der gehobenen Lebensart hineingeboren. Das ist wichtig zu erwähnen, stellen doch die meisten Versionen seiner Biografie es so dar, als habe er buchstäblich den Aufstieg vom Tellerwäscher zum Millionär geschafft. Das stimmt wohl für seinen Vater, Hanns Porst, aber eben nicht für dessen Sohn Hannsheinz. Der wächst im Gegenteil mit dem »goldenen Löffel im Mund« auf, in einem Unternehmerhaushalt, mit dem Bewusstsein, irgendwann eine für provinzfränkische Verhältnisse riesige Firma zu erben. Das, was er später aus der Firma macht, ist weniger ein märchenhafter Aufbau als ein drastischer Umbau.

Doch erst einmal gilt es die Schule zu absolvieren. Und hier zeigen sich bei Hannsheinz dieselben Schwächen, die auch schon seinen Vater am Erwerb der Hochschulreife hinderten: eine Renitenz, ein mit dem autoritären Schulsystem der damaligen Zeit nicht kompatibler Eigensinn, der den weiteren Schulbesuch unmöglich macht. Hannsheinz bricht die Schule ab und macht eine Lehre zum Werkzeugmacher bei Kodak. Nach ersten beruflichen

Gehversuchen beginnt der Zweite Weltkrieg, der achtzehnjährige Porst-Sohn wird eingezogen.

Über seinem militärischen Werdegang liegt ein kaum durchdringbares Dunkel. Bekannt ist nur, dass es ihn zur Luftabwehr verschlägt, zu den Flak-Kanonen, die sich im Laufe des Krieges immer verzweifelter den alliierten Bomberströmen entgegenstemmen. Der Krieg hinterlässt bei Porst neben psychischen auch körperliche Spuren: Ein Granatsplitter kostet ihn das linke Auge.

Nach Hause kommt also ein Kriegsversehrter, wie es damals heißt. Das mit dem Auge lässt sich kaschieren, die inneren Traumatisierungen eher nicht. Doch dazu gleich. Erst einmal muss sich Hannsheinz wieder ein- und unterordnen. Die bedingungslose Kapitulation Deutschlands und der im Ahlener Programm der West-CDU festgeschriebene Sozialismus als Staats- und Wirtschaftsform für ganz Deutschland sind die beiden Eckpunkte. Das mit dem Sozialismus, also der umfassenden Verstaatlichung der Wirtschaft auch im Westen, wissen die Wirtschaft und ihr Vertreter Konrad Adenauer bald schon der »christlichen« Partei auszutreiben – als geistige Verwirrung aufgrund nationaler Traumatisierung unmittelbar nach dem Krieg, die zu keinem Zeitpunkt ernst gemeint gewesen sei.

Jedenfalls wird dem Sozialismus eine Absage erteilt und in der entstehenden BRD stattdessen weiter gut kapitalistisch gewirtschaftet. Das aus den drei westlichen Besatzungszonen vereinte Land wird zum Bollwerk und zur Speerspitze des Kapitalismus gegen die sozialistische Sowjetische Besatzungszone, aus der die DDR entsteht. Unter dem Diktat der Amerikaner wird die BRD dem Westblock eingefügt. Die DDR schließt sich wenig später notgedrungen dem östlichen Machtblock unter Führung der Sowjetunion an. Mitten durch die beiden deutschen Landeshälften verläuft bald nicht nur eine Staatsgrenze, sondern die Grenze zweier hochgerüsteter, sich feindselig gegenüberstehender Machtblöcke.

Den Unternehmern geht es in der BRD blendend. Zum Dank spenden sie »ihren« Parteien, der CDU/CSU und der FDP, gerade in Wahlkampfzeiten D-Mark-Millionen. Im Gegenzug revanchieren sich diese, indem sie von den Konzern-Juristen aufgesetzte, profitsteigernde Gesetzesvorschläge im Bundestag durchwinken. Aber auch die SPD wird bedacht und zeigt sich ebenfalls erkenntlich.

Die Firma Photo Porst blüht und gedeiht auch nach 1945. In der amerikanischen Besatzungszone vermag das »Unternehmergenie« Hanns Porst bald schon an die Vorkriegserfolge anzuknüpfen und diese sogar zu übertrumpfen. Seinen Sohn Hannsheinz bezieht er immer enger in die Unternehmensführung ein, um die Firma perspektivisch seinem Sohn zu übergeben, der sein Nachfolger werden soll.

Hannsheinz gründet – mit freundlicher finanzieller und sonstiger Unterstützung des Vaters – bald erste eigene Unternehmen, so eine große Reproduktionsanstalt, einen druckgraphischen Betrieb, der nach seinem Mitgründer Maul & Co. genannt wird. Die Firma Porst errichtet derweil am Nürnberger Stadtrand auf fünfundsiebzigtausend Quadratmetern eine Tiefdruckerei und auf sechzigtausend Quadratmetern eine weitere Wohnsiedlung. Basis des Erfolgs ist die vor dem Bombenkrieg in das Landhaus von Porst senior ausgelagerte Kundenkartei des Fotoversandhandels mit hundertdreißigtausend Adressen. Schon bald werden an diese Stammkunden wieder die ersten Prospekte verschickt. Und die Geschäfte entwickeln sich umgehend glänzend. Dabei überzeugen die attraktiven Konditionen: keine Anzahlung, Lieferung auf Rechnung, Bezahlung in bis zu vierundzwanzig Monatsraten.

Als der stationäre Fotohandel ab Anfang der Sechzigerjahre anfängt, die Preise von Photo Porst zu unterbieten, schrumpfen dessen Umsätze rasch um mehr als die Hälfte. Abhilfe ist gefragt, zumal die Hausbanken Druck machen und offene Kredite fällig stellen. Vater und Sohn arbeiten gemeinsam einen Rettungsplan aus, der eine Rückzahlung der Kredite binnen zwölf Monaten enthält. Der Clou: Vater und Sohn planen, den stationären Fotohandel mit dessen eigenen Waffen zu schlagen. Sie wenden sich vom Versandgeschäft ab und gründen stattdessen flächendeckend über die gesamte BRD verteilt eine Kette von Porst-Fotogeschäften – meist in unmittelbarer Nähe des jeweils größten Foto-Einzelhändlers eines Orts. Alle Porst-Geschäfte werden in einheitlichem Design gestaltet, weisen ein einheitliches Produktangebot auf, und – dank Direkteinkauf in der aufstrebenden »Werkbank« Asien – unschlagbar günstige Preise. Vater und Sohn lassen eine Hapo genannte Kamera-Familie fabrizieren, die sie mit Erfolg unters BRD-Volk bringen.

1960 übergibt Hanns Porst die florierende Firma seinem Sohn und zieht sich aufs Altenteil zurück. Hannsheinz engagiert sich nun parteipolitisch, genau wissend, dass man als Unternehmer gute Freunde in der Bundes-, Landes- und Kommunalpolitik braucht. Er sucht sich – wie sich später herausstellt auf Anraten des MfS – als »politische Heimat West« die chronisch klamme sowie unternehmerfreundliche FDP aus. Porst tritt künftig als deren Mäzen auf, etwa indem er während des Bundestagswahlkampfs 1961 kostenlos das gesamte Wahlkampfmaterial der Partei druckt. Ein Teil des Geldes, das Porst der FDP zur Verfügung stellt, kommt direkt vom MfS. Doch dazu gleich mehr.

Porst ist schnell Duz-Freund des Parteivorsitzenden und Ritterkreuzträgers Erich Mende. Als solcher erfährt er Interna aus Bundeskabinett und FDP-Führungsspitze. 1967, kurz vor Porsts Verhaftung, erhält er von seinem »Freund« Mende das vertrauliche »Schollwer-Papier«, das den grundsätzlichen Wandel der FDP-Deutschlandpolitik einleitet. Möglicherweise gibt ihm Mende das Papier ganz gezielt mit der Absicht, es auf direktem Weg der DDR zur Kenntnis zu bringen. Porst jedenfalls lässt es umgehend kopieren und an das MfS weiterleiten.

Doch Hannsheinz' steile Karriere als alleiniger Firmenchef der Fotofirma erfährt schon zuvor eine jähe Unterbrechung. Das Finanzamt kommt ihm 1964 auf die steuervermeidenden Schliche. Porst junior hat sich – ganz unsozialistisch – Gewinne aus bestimmten Geschäften an der Steuer vorbei in die Schweiz überweisen lassen. Nach dem guten alten Kapitalistenmotto »Gewinne privatisieren, Verluste sozialisieren«. Er wird ein erstes Mal verhaftet, was seinen Vater nicht allzu sehr schockiert, hat der doch auch schon zweimal Zeit hinter Gittern verbracht: einmal während der Nazi-Zeit wegen Kohleschieberei und dann während der US-Besatzung, weil er es mit den Angaben in seinem Lebenslauf etwas zu ungenau genommen hatte.

Wie in diesen Kreisen üblich, lässt sich fast alles mit Geld regeln. Gegen eine Kaution von einer Million D-Mark wird er aus der Haft entlassen und handelt mit Hilfe ebenso gewiefter wie teurer Anwälte einen Deal mit der Staatsanwaltschaft aus: Gegen die Bezahlung der ausstehenden Steuern in Höhe von fast zehn Millionen und einer Geldbuße von zweieinhalb Millionen D-Mark kommt er davon, gilt nicht einmal als vorbestraft – und setzt seine Karriere nahtlos fort.

Doch insgeheim schlagen offenbar zwei Herzen in seiner Brust. Neben der gern auch mit Bildern in der bunten Presse garnierten Karriere als flamboyanter Firmenchef beschäftigen ihn noch ganz andere Dinge: Er frönt heimlich seiner Liebe für den Marxismus, und das Objekt seiner diesbezüglichen Begierde ist die DDR, von Nürnberg aus nur einen Katzensprung entfernt. Wie kam es zu dieser Amour fou, dieser kaum glaublichen Gefühlsverirrung des Unternehmers für den Arbeiter-und-Bauern-Staat, für die Gesellschaft unter Hammer und Zirkel?

Dazu muss man ein Stück in der Familiengeschichte zurückgehen. Denn Hannsheinz wuchs mit einem 1913 geborenen Vetter namens Karl Böhm auf (weder verwandt noch verschwägert mit dem Dirigenten oder sonstigen bekannten Karl Böhms). Dieser Karl Böhm stand ihm in schwierigen Lebenslagen zur Seite, mit ihm konnte er über alle seine Sorgen und Nöte reden, für die es im Elternhaus keinen Ansprechpartner gab. Böhm übernahm für Hannsheinz die Rolle des freundlichen älteren Bruders. Schon von frühester Jugendzeit an Kommunist, wurde Böhm 1933 von den Nazis verhaftet und ins KZ verschleppt – für den elfjährigen Hannsheinz ein Schock. 1939 kam Böhm überraschend frei, da die Wehrmacht Soldaten und die reichsdeutsche Rüstungsindustrie Schrauber und Dreher benötigte. Hanns Porst verschaffte dem gesundheitlich angeschlagenen Verwandten eine »unabkömmliche« Stelle im eigenen Betrieb, der inzwischen auch – zumindest teilweise – auf Rüstungsproduktion umgestellt war. So näherten sich die beiden Cousins nach sechs Jahren ohne Kontakt wieder einander an und fanden bald in den vertrauten Umgang zurück, Hannsheinz gerade volljährig geworden, Böhm schon über dreißig Jahre alt. Böhm war trotz der KZ-Foltern im tiefsten Inneren ein überzeugter Kommunist geblieben und erläuterte Hannsheinz nach und nach, unter dem Siegel strengster Verschwiegenheit, da mit Lebensgefahr verbunden, seine Gedanken zu Politik, Wirtschaft und Gesellschaft.

Nach 1945 folgte Böhm dem Ruf seiner inneren Überzeugung und ging in die Sowjetische Besatzungszone, um dort beim Aufbau des ersten sozialistischen Staates auf deutschem Boden mitzuarbeiten. Doch der Kontakt zwischen ihm und Porst blieb bestehen. Böhm machte in der nachmaligen DDR Karriere, wurde Mitarbeiter des SED-Zentralkomitees, dann stellvertretender Leiter der Abteilung für Literatur und Verlagswesen im DDR-Kulturministerium. Er ist Mitautor des Buchs *Weltall, Erde, Mensch*, das in der DDR zum Standardgeschenk zur Jugendweihe wird. 1960 erhielt er den DDR-Nationalpreis.

Ab 1947 besuchte Hannsheinz den Vetter in der vertraut-fremden DDR regelmäßig und konnte sich aus nächster Nähe einen eigenen Eindruck vom Aufbau des Landes mit all seinen Fortschritten und Rückschlägen verschaffen. Für Böhm als überzeugten Internationalisten war es eine Selbstverständlichkeit, den Kontakt zwischen dem in der elterlichen Firma und in der bundesdeutschen Gesellschaft immer höher steigenden Hannsheinz und dem MfS herzustellen. Eine solche Gelegenheit, eine erstklassige Quelle zu gewinnen, durfte nicht versäumt werden.

Man traf sich in Ostberlin, in Moskau oder Budapest, mal mit Markus Wolf persönlich, mal mit Funktionären der verschiedenen an Porst und seinen Kontakten interessierten Abteilungen des MfS. Laut eigener Darstellung erteilte Hannsheinz bei diesen Gesprächen nur allgemeine Auskünfte über Politik und Politiker, Wirtschaft und

Unternehmer der BRD. Ob das wirklich so war, bleibe dahingestellt. Die Wahrscheinlichkeit spricht dagegen. Die Zeit von Markus Wolf und seinen hochrangigen Mitarbeitern war zu kostbar, um sie immer wieder mit Klatsch und Tratsch aus dem Fränkischen zu vergeuden. Eher dürfte es um brisante Dinge gegangen sein, um konkrete Aufträge, um Recherchen, um die Herstellung weiterer Kontakte. Hannsheinz hatte Glück im Unglück, wie wir sehen werden, denn der gesamte Umfang seiner Kundschafter-Tätigkeit ist bis heute nicht bekannt.

Ab Mitte der Fünfzigerjahre stellte ihm das MfS einen direkten Kontaktmann zur Verfügung, um auch zwischen den DDR-Besuchen den Kontakt auf für Porst bequeme, unaufwendige Weise halten zu können. Alfred Pilny kam angeblich als DDR-Flüchtling nach Nürnberg, tatsächlich als Offizier im besonderen Einsatz (OibE) des MfS. Pilny war Altphilologe und Referent im DDR-Kulturministerium und damit auch bestens mit dessen stellvertretenden Leiter, Karl Böhm, bekannt. So war der Kontakt auch auf der privaten Schiene gewährleistet. Porst verschaffte ihm eine Stelle in seinem Druckereibetrieb.

Pilny folgte den politischen Pfaden Porsts, wurde FDP-Mitglied, unterrichtete zeitweise als Hauslehrer die Porst-Kinder und sorgte ansonsten auf den üblichen geheimen Wegen für den Informationsaustausch über die innerdeutsche Grenze hinweg. Pilny vertrat Porst auch in Sitzungen des mittelfränkischen Bezirksvorstands der FDP und fungierte als Herausgeber des regionalen Parteiblättchens *Das liberale Franken*.

Aufgrund der wachsenden Arbeitsmenge erhielt Pilny nach einiger Zeit einen weiteren Gehilfen in Person von Hans-Kurt Findeisen, der in Oberschleißheim bei München seinen Wohnsitz nahm und offiziell als Buchhalter beim Fahrzeughersteller MAN arbeitete. Ein dritter Kontaktmann, Peter Neumann, war seit 1952 bei Porst angestellt, avancierte 1954 zum persönlichen Sekretär und fungierte ab 1960 als Porsts Statthalter in der Schweiz.

Damit kommen wir zurück ins Jahr 1964. Die Inhaftierung Porsts wegen der geschilderten Steuervergehen ist für das MfS ein Warnsignal. Denn ist das Interesse der Behörden erst einmal geweckt, steigt für den betroffenen Spion das Risiko der Enttarnung. Doch die Aufregung legt sich bald wieder, es geht noch einige Jahre gut.

Erst als Pilny am 19. Oktober 1967 verhaftet wird, bricht das Kartenhaus, die Doppelexistenz von Porst in sich zusammen. Findeisen schafft es noch, sich abzusetzen, als das Verhaftungskommando schon unterwegs zu ihm ist. Neumann seinerseits spricht selbst bei der Bundesanwaltschaft vor und stellt sich unwissend. Deren Haftbefehl gegen ihn wird außer Vollzug gesetzt. Er darf, nachdem er seine Aussagen gemacht hat, in die Schweiz zurückreisen.

Als Porst zufällig von der Verhaftung Pilnys erfährt, ist ihm klar, dass man ihn nun wohl einiges fragen wird. Dass er verhaftet werden würde, damit rechnet er nicht. Doch am 24. Oktober ist es so weit. Kriminalpolizisten durchsuchen am selben Tag Porsts Privatwohnung. Sie nehmen Tonbänder, Notizen und alte Kalender mit. Porsts Frau Luise wird ebenfalls verhört, doch sie wusste offenbar nichts von den Geheimaktivitäten ihres Mannes.

Zweiundfünfzig Tage muss Porst in U-Haft verbringen, dann wird er gegen eine Millionen-Kaution freigelassen. Die Bundesanwaltschaft beschuldigt ihn der konspirativen Beschaffung vertraulicher politischer Informationen für das DDR-Ministerium für Staatssicherheit. Immerhin ist nicht von Landesverrat die Rede, was eine längere Gefängnisstrafe nach sich gezogen hätte. Aber was Porst da unter dem Decknamen IM »Fotograf« betrieben hat, war auf alle Fälle mehr als nur ein harmloser Gedankenaustausch über Ost-West-Probleme. Ausschlaggebend ist, dass die Bundesanwaltschaft glaubt, ihm ein Unrechtsbewusstsein nachweisen zu können. Und dass Porst wusste, dass seine Gesprächspartner Kundschafter des MfS waren. Er versucht, sich herauszureden, dass der Zweck seiner Treffen mit den MfS-Abgesandten einem wie auch immer gearteten Brückenschlag von Ost nach West diente und er sich keinerlei Unrechts bewusst gewesen sei.

Dem Unternehmen schadet seine Verhaftung nicht. Der Umsatz der Porst-Gruppe stieg sogar im betreffenden Zeitraum um vierzig Prozent. Der Firmenchef kann sich diesmal jedoch einer echten Strafe nicht entziehen, kann sich nicht mehr freikaufen. Im Juli 1969 verurteilt ihn der Bundesgerichtshof zu knapp drei Jahren Haft ohne Bewährung.

Ein anderer Marxist und Millionär, Jean-Paul Sartre, schickt Porst aus Anlass seiner Verhaftung ein Exemplar seines Buches *Zeit der Reife* mit der Widmung: »Für Herrn Hannsheinz Porst, dessen mutige Haltung ich kenne, als Zeugnis tiefer Sympathie.«

Die Haftstrafe muss Porst nur zum Teil absitzen. Wegen guter Führung und unter Anrechnung seiner Untersuchungshaft wird er schon bald wieder entlassen. Direkt danach kündigt der Frechdachs der Presse gegenüber an, baldmöglichst wieder die DDR zu besuchen. Allerdings habe er nicht vor, dorthin zu übersiedeln. Nürnberg sei nun einmal seine Heimatstadt.

Dem Parteiausschluss bei der FDP kommt er durch seinen Austritt zuvor. Am selben Tag teilt er der SED brieflich mit, dass er dort ebenfalls austrete. Die in der Springer-Presse geäußerte Vermutung, dass er einen Offiziersrang im MfS bekleidet habe, bezeichnet Porst als absoluten Quatsch.

Auch in Bezug auf die Firma schwebt Porst jetzt ein Neuanfang vor. Er möchte ernst machen mit seinen Überzeugungen, möchte die bekannten, der Mitarbeitermotivierung und Steigerung der Produktivität dienenden »sozialen Wohltaten« seines Vaters diesmal deutlich übertreffen. Es ist ein veritabler Paukenschlag: Porst verschenkt kurzerhand seine Betriebe an seine Mitarbeiter. Er entwickelt mit ihnen das Porst-Modell, ein von Banken, Gewerkschaften und Unternehmerfreunden heftig bekämpftes System absoluter betrieblicher Selbstbestimmung. Er selbst will keine Unternehmensanteile mehr halten, lässt sich jetzt von der Mitarbeiterversammlung als angestellter Kaufmännischer Leiter engagieren. Einige Jahre später, Porst ist mittlerweile achtundfünfzig Jahre alt, scheidet er ganz aus allen Unternehmen der Firmengruppe aus.

Die weitere Firmengeschichte könnte man als »Pleiten, Pech und Pannen« beschreiben. Natürlich wird dazu beigetragen haben, dass das Porst-Modell in den Augen vieler Zeitgenossen, der Unternehmer-Konkurrenz, der Banken, der Politik und der Gewerkschaften, nicht funktionieren durfte, so dass es nach Kräften sabotiert wurde. Es kommt, wie es kommen musste: Die Geschäfte laufen immer schlechter, letztlich verkaufen die Mitarbeiter unter Aufgabe ihrer Selbstbestimmung ihre Anteile. Gleichzeitig sind erhebliche Verluste der Mitarbeitergesellschaft aufgelaufen, für die sich niemand verantwortlich fühlt. Die Banken wollen ihr Geld zurück. Um seine ehemaligen Mitarbeiterinnen und Mitarbeiter von Zwangsvollstreckungen und ähnlichen Unannehmlichkeiten zu bewahren, verkauft Porst die verbliebenen Immobilien sowie die Porst-Wohnungsbaugesellschaft. Doch die Erlöse reichen nicht, um die offenen Forderungen auszugleichen. Daher wird er gezwungen, externes Kapital aufzunehmen – die Schweizer Firma Interdiscount steigt ein und übernimmt seine Gesellschafteranteile gegen Begleichung der offenen Schulden.

Porst, der trotz allem nicht am Hungertuch nagen muss (in der Schweiz werden ausreichend gefüllte Nummernkonten existiert haben, die ihm eine Fortsetzung des luxuriösen Lebensstils ermöglichten) zieht sich mit seiner Frau Luise auf den väterlichen Landsitz in Artelshofen bei Nürnberg zurück. Zeitweise baut er dort eine Rinderzucht auf, gibt dieses Vorhaben später jedoch wieder auf.

Am 29. April 2010 stirbt Porst im Alter von achtundachtzig Jahren. Für seine einige Jahre zuvor verfassten Lebenserinnerungen unter dem sprechenden Titel *Gelebte Visionen – Die Geschichte eines Protagonisten* fand sich kein Verlag, er publizierte sie kurzerhand als Book on Demand.

Ist damit die Lebensgeschichte des Hannsheinz Porst mit ihrer unglaublichen Zahl an Facetten halbwegs auserzählt? Nein, denn da wäre noch ein Roman, der Hannsheinz Porst in der Rolle des Familienvaters schildert. Dabei käme Porst nicht allzu gut weg. Glaubt man seinem Sohn Jonas, war der ewig abwesende, mit der Firma verheiratete Vater ein jähzorniger Mensch. Wenn er dann doch einmal zu Hause war, gab es meist Prügel. Der sensible Sohn wurde körperlich gezüchtigt und bald in ein Internat abgeschoben, zwei Selbstmordversuche überstand er nur knapp. Das Merkwürdige daran: Hannsheinz Porst wollte seinen Sohn Jonas in etwas hineinprügeln, was dem Vater und dem Großvater selbst nicht geglückt war – eine normale schulische Laufbahn. Vater und Großvater hatten beide die Schule abgebrochen, beide waren ohne Abitur, ohne Studium geblieben. Diesen Makel sollte Sohn und

Enkel Jonas tilgen. Statt zu verstehen, dass eine gewisse Schul-Aversion bei den Porsts offenbar familiär angelegt und damit Jonas vererbt worden war, wurde der Sohn dafür bestraft, so zu sein wie Vater und Großvater. Die väterliche Aggression ihm gegenüber machte ihn zu einem zutiefst verunsicherten, haltlosen Menschen, der phasenweise in den Alkoholismus abglitt. Erst in den letzten Lebensjahren fand er durch die Begegnung mit der Aufstellungstherapie wieder zu einer inneren und beruflichen Perspektive zurück, nun als Apologet der umstrittenen »Familienaufstellung nach Bert Hellinger«. Doch gleichzeitig fand Jonas zeitweise seine Rolle als Betreiber eines Tonstudios in Hiltpoltstein und Mitbegründer der damaligen Erfolgsband *Ihre Kinder.* In seinem Tonstudio nahmen später so berühmte Künstler wie Nena und die Band *Extrabreit* Platten auf, aber auch Bands und Musiker wie *Chicken Shack*, Eric Burdon, Ina Deter, *Ton Steine Scherben* und die *Rodgau Monotones.*

Erst mit diesem letzten Element, mit der Geschichte um die vom Vater Hannsheinz ausgelöste Lebenskrise des Sohns Jonas, ist die biografische Skizze des Hannsheinz Porst zumindest halbwegs vollständig.

Renate von Natzmer (1898–1935)

Die Verliebte

Es liegt in der Natur der Sache, dass Lebensläufe von Spionen häufig von einem Hauch Tragik umgeben sind oder sogar in Katastrophen enden. Denn bekanntlich – wenn auch nicht immer – setzen diese in Ausübung ihrer Pflichten ihr Leben ein. Jeder Fehler kann der letzte sein. Frauen laufen in diesem Gewerbe zudem häufig Gefahr, aus Liebe zur Spionin zu werden oder einem »Romeo« zum Opfer zu fallen – »Romeos« aller Seiten, die mit den Gefühlen ihrer Opfer nur spielen, weil sie Zugang zu interessanten Informationen bekommen wollen. Frauen sind in diesem Metier dementsprechend die tragischen Protagonistinnen par excellence.

Eine der besonders schicksalhaften Gestalten ist Renate von Natzmer. Ihren Stammbaum ziert eine endlos scheinende Reihe preußischer Offiziere und Generäle. Renate, geboren 1898 auf einem Landgut in Hinterpommern, auf halbem Weg zwischen Stettin und Danzig, wächst als Kind dieser traditionsreichen Familie von Militärs in der Provinz auf. Nach dem Abitur geht sie nach Berlin – in die Metropole, die Reichshauptstadt. Dort arbeitet sie zunächst als Krankenschwester, heiratet, lässt sich aber zwei Jahre später wieder scheiden.

Dank familiärer Beziehungen erhält sie 1926 eine Anstellung als Sekretärin im Reichswehrministerium. Also jenem Ministerium, das 1919 gegründet wurde, um die bisherigen Kriegsministerien der deutschen Länder Preußen, Bayern, Württemberg und Sachsen zusammenzufassen. Aufgrund ihrer lupenreinen Abstammung gilt

Renate als besonders vertrauenswürdig und kommt beruflich schon bald auch mit heikleren Dingen in Kontakt, mit Vorgängen erhöhter Sicherheits- beziehungsweise Geheimhaltungsstufe. Einer Tochter aus alter preußischer Familie traut man Geheimnisverrat überhaupt nicht zu. Doch genau das sollte sie im Laufe ihrer Arbeit im Ministerium tun.

Und der Grund? Natürlich die größte Allmacht auf Erden, jedenfalls wenn man den Romantikern unter den Analytikern Glauben schenken darf: die Liebe. Renate von Natzmer hat offenbar nach ihrer Scheidung bei den üblichen Offiziersbällen und sonstigen Verheiratungsgelegenheiten nicht den Richtigen gefunden – oder es hat sich keiner für die herbe Schönheit interessiert. Zudem gehört sie nicht zum reichen Adel, ist also auch keine »gute Partie«. Damit hat sie schlechte Karten auf dem Heiratsmarkt, selbst in den eigentlich »emanzipierten« Zwanzigerjahren, zu Zeiten der ersten deutschen Republik, die nach ihrem Gründungssitz in Weimar benannt wurde. Renate ist allein, und sie sehnt sich nach einem liebevollen Partner.

Doch das Glück scheint ihr hold zu sein. Sie läuft ihrem Traummann in die Arme – in Gestalt von Georg Ritter von Sosnowski. Allein vom Namen her schon eine standesgemäße Partie, ein Happy End für Renate scheint greifbar nahe. Der Ritter von Sosnowski, zwei Jahre älter als sie, ist Österreicher von Hause aus, in der k. u. k.-Metropole Lemberg (Ostgalizien) geboren, einer Stadt, die seit 1918 zu Polen gehört und seither Lwów genannt wird (nach 1945 als Lwiw auf ukrainischem Staatsgebiet liegend). Das führt dazu, dass Georg in seiner alten Heimat nun als Jerzy Sosnowski geführt wird.

Sosnowski ist ein fescher, äußerst gut aussehender, schneidiger Typ, dem die Frauen reihenweise zu Füßen liegen. Renate kann ihr Glück kaum fassen. Sollte es wirklich wahr sein, dass dieser Frauenheld gerade an ihr, die sich für ein unscheinbares Mauerblümchen hält, Interesse findet? Wer ist dieser Himmelsbote der Liebe, von welchem Stern ist er auf die Erde gefallen, ausgerechnet hier in Berlin, in die Kreise von steifen Militärs mit ihrem, Renate auf die Nerven fallenden, schnarrenden Kasernenhofton und ihren ewiggleichen, öden Witzen über Krieg, Pferde und Frauen?

Georg ist in der Tat ein außergewöhnlicher Mann. Und das in vielerlei Hinsicht. Er verbindet die adlige Herkunft aus dem weit entfernten Galizien, kurz vor der Grenze zum Zarenreich, mit der Abkunft aus einer reichen Familie, die unternehmerisch aktiv ist. So gehörte Georgs Vater ein erfolgreiches Baugeschäft in Lemberg. Georg selbst ist also mit dem doppelten Selbstvertrauen der adligen und der solventen Abkunft gesegnet, was ihn zusammen mit seinem blendenden Aussehen für Frauen seiner Zeit schlechthin unwiderstehlich macht. Und als ob das alles noch nicht genügt, ist er auch noch ein Kriegsheld. Kurz vor Ausbruch des Ersten Weltkriegs hat er mit Bestnoten und Auszeichnung sein Abitur bestanden und sich sofort freiwillig an die Front gemeldet, für die k. u. k-Armee Kaiser Franz Josefs, der schon unendlich lange sechsundsechzig Jahre auf dem Wiener Herrscherthron saß und zum Denkmal seiner selbst geworden zu sein schien. Das Glück des Tüchtigen ist mit Georg, er bleibt bis Kriegsende von schweren Verwundungen verschont. Für seine Tapferkeit und seine erfolgreichen Attacken als Kavallerist erhält er fünf Orden und Ehrenzeichen, wird zum Offizier befördert. Ab Ende 1917 lässt er sich dann zum Piloten ausbilden und nimmt als Flieger an Kampfeinsätzen an der Ostfront teil, so über Odessa und Albanien.

Nach der Kapitulation Österreich-Ungarns 1918 tritt Sosnowski sofort der neu formierten polnischen Armee bei und nimmt am Kampf gegen die ebenfalls neu formierte Rote Armee teil. Die Rote Armee der Sowjetunion, Rechtsnachfolger des zaristischen Russlands und nun eine kommunistische Nation, droht unter dem Kommando von Leo Trotzki gegen Polen nach anfänglichen Rückschlägen einen Sieg nach dem anderen einzufahren. Doch dem ehemaligen k. u. k.-Offizier und späteren polnischen Staatspräsidenten Józef Piłsudski als neuem Kommandeur der polnischen Armee gelingt – mit tatkräftiger westlicher Hilfe – das »Wunder von der Weichsel«. Die Rote Armee wird 1920 endgültig geschlagen und muss den Rückzug antreten. Polen erobert nun das ehemalige k. u. k.-Galizien und verleibt es sich ein. Der neue polnische Staat erstreckt sich damit von Mittelpommern bis tief nach Neurussland, also jenen Landesteilen, die heute zur Ukraine gehören.

Bei den anschließenden Kämpfen im Baltikum führt Georg erstmals im Auftrag seines neuen polnischen Dienstherren Geheimaufträge durch und wird erneut mehrfach ausgezeichnet. Dann endlich ist seine Zeit als aktiver Soldat vorbei. Der ins Zivilleben entlassene Georg pflegt zunächst seine Hobbys, so nimmt er in Berlin und Paris an internationalen Pferderennen teil. Im Januar 1921 heiratet er die achtzehn Jahre ältere, wohlhabende Alexandra Knapowa – die Ehe hält jedoch nur knapp fünf Jahre.

Bald schon hat die polnische Republik wieder wichtige Aufträge für Georg, die seine gesamte Zeit in Anspruch nehmen. Offiziell trainiert er mit der olympischen Reiterstaffel Polens, insgeheim wird er in ein Unternehmen eingebunden, dem von höchster Stelle höchste Priorität eingeräumt wird. Neben der Sowjetunion ist das wiedererstarkende Deutschland Hauptgrund zur Sorge für das zwischen diesen beiden industriellen, politischen und militärischen Schwergewichten eingeklemmte Polen. Und aus Berlin dringen besorgniserregende Gerüchte nach Warschau. Georg soll herausfinden, was an diesen Gerüchten dran ist.

Nach außen tritt die Weimarer Republik in ihren »Goldenen Zwanzigerjahren« denkbar harmlos und scheinbar friedfertig auf. Insgeheim jedoch plant eine skrupellose Gruppe hoher Militärs, sich für die Niederlage im Ersten Weltkrieg zu revanchieren. Dazu werden Vorbereitungen vorangetrieben und Strukturen geschaffen wie der Plan »A« (Aufstellungs- oder Aufmarschplan), der eine Armee von einundzwanzig Divisionen (zweihundertzehntausend Mann) vorsieht. Weitere exponentielle Erweiterungen der Reichswehr sind darin ebenfalls schon enthalten. Diese Planungen sollen es zum geeigneten Zeitpunkt ermöglichen, umgehend aus dem für deutsche Generalstäbler lächerlich kleinen Hunderttausend-Mann Heer, wie es der Versailler Friedensvertrag 1919 Deutschland auferlegt hat, in kürzester Zeit wieder ein Millionenheer zu machen, mit dem man im Westen (Frankreich) wie im Osten (Sowjetunion) zuschlagen kann. Und mit dem man den 1918 nach eigenem Ermessen nur knapp verfehlten »Endsieg« für Deutschland erringen wird. Hitler profitiert einige Jahre später bei seiner Aufrüstung Deutschlands entscheidend von diesen längst vorbereiteten Plänen.

Mit eben diesen Plänen verstößt Deutschland jedoch ganz klar gegen zentrale Bestimmungen des Versailler Vertrags. Diese sollten ja eben eine Wiederaufrüstung Deutschlands auf absehbare Zeiten verhindern. Und das aus gutem Grund: Immerhin hatte Deutschland innerhalb von nicht einmal einem halben Jahrhundert 1870/71 und 1914 zwei große Kriege vom Zaun gebrochen und das von

Bismarck gelenkte Preußen zuvor schon 1864 und 1866 zwei »Einigungskriege« geführt. Dem preußisch befeuerten Militarismus und seiner Daueraggression sollte mit dem Versailler Vertrag ein Riegel vorgeschoben werden. Doch es zeigt sich, dass der Vertragstext die eine Sache ist, die von Deutschland klammheimlich skrupellos und mit hoher krimineller Energie betriebene Aufrüstung eine andere.

Seit Anfang der Zwanzigerjahre erhält die polnische Generalität auf verschiedenen verschwiegenen Wegen höchst beunruhigende Informationen über die nach außen so friedvolle Weimarer Republik. Es geht Schlag auf Schlag. Weil der deutschen Armee im Versailler Vertrag explizit verboten wurde, einen Generalstab als Führungsorgan zu betreiben, wird nun stattdessen ein harmlos klingendes »Truppenamt« eingerichtet. Dieses Truppenamt wird nach außen bewusst unscheinbar gehalten, doch es ist nichts anderes als die Tarnung für den heimlich wiedererstandenen, als zentrales Führungsgremium der Aufrüstung dienenden deutschen Generalstab. Dessen Chef, General Hans von Seeckt, treibt zum Zweck der umgehenden, umfassenden Aufrüstung Deutschlands energisch Verhandlungen mit der Sowjetunion, dem anderen europäischen Paria-Staat, voran. Ziel ist es, der deutschen Rüstungsindustrie beziehungsweise dem deutschen Militär die heimliche, von den Augen der Weltöffentlichkeit strengstens abgeschirmte Entwicklung und Erprobung neuer Waffensysteme zu ermöglichen – so auf dem Gebiet der Luftwaffe (die zu unterhalten Deutschland eigentlich komplett untersagt ist), der Panzerwaffe und der militärisch nutzbaren Giftstoffe, sprich Chemiewaffen wie dem im Ersten Weltkrieg von Deutschland schon verwendeten Giftgas. Weit im Osten, in der nach außen hermetisch abgeriegelten Sowjetunion, sind dafür die besten Voraussetzungen gegeben.

Die Sowjetunion räumt dem geschlagenen, gezeichneten Deutschland gern diese Möglichkeiten ein, hat man so doch die Chance, quasi aus der Loge einem nach wie vor führenden europäischen Industriestaat bei der Entwicklung hochmoderner, komplexer Waffensysteme über die Schulter zu schauen und so für sich selbst die dabei angewandten Kenntnisse und Technologien zu sichern.

Der Chef des in diese Vorgänge verwickelten Truppenamtes, General Seeckt, ist allerdings auch – und das verschärft die Situation für Warschau erheblich – ein erbitterter Feind des neuen polnischen Staates. So schreibt er am 11. September 1922 in einem Brief, die schiere Existenz Polens sei unerträglich. Polen müsse und werde verschwinden. Also benötigt der junge Staat dringend ein gut geöltes Agentennetzwerk in der deutschen Hauptstadt, der Spreemetropole Berlin. Und es gibt einen ideal geeigneten Kandidaten, der ein solches im Zentrum des deutschen Militarismus, unter den misstrauischen Augen der deutschen Polizei und der deutschen Spionageabwehr aufbauen kann: den für seine Tapferkeit vor dem Feind vielfach mit Orden ausgezeichneten, weltgewandten und polyglotten Georg Sosnowski, der Deutsch, Polnisch, Französisch und Russisch akzentfrei spricht.

Eben dieser Georg wird nun für den polnischen Militärgeheimdienst rekrutiert. Am 1. Januar 1925 tritt er in die Dienste der (Spionage-)Abteilung II des polnischen Generalstabs, Referat »West«. Ende Februar 1925 verlegt er mit Frau und Pferden seinen Wohnsitz aus Tarnungsgründen zunächst nach Paris. Von dort geht es wenig später weiter nach Berlin, seinem eigentlichen Bestimmungsort. Dort beginnt Georg zügig mit dem

Aufbau des eigenen Spionagenetzwerks, dienstintern »In-III« (International 3 / Deutschland) benannt. Im Gegensatz zu anderen Militärspionen erhält er aus Tarnungsgründen keine diplomatische Position (wie die eines Militärattachés, normalerweise die Koordinationsstelle für Militärspionage in einem fremden Land an der eigenen Botschaft) und damit auch keine diplomatische Immunität, was sich noch rächen soll.

Georg tritt in Berlin als schwerreicher polnischer Adliger auf. Er gibt sich als Deutschenfreund und Piłsudski-Gegner aus. Dieser Piłsudski ist in Berlin seit 1918 wegen seiner Erfolge bei der Übernahme ehemals deutscher Landesteile (Westpreußen, Posen, Ober- und Niederschlesien) besonders verhasst. Außerdem geriert Georg sich als beinharter Antibolschewist – eine politische Haltung, die im konservativen und Militärmilieu geradezu obligatorisch ist. Alle drei von ihm zur Schau gestellten Eigenschaften machen ihn in Deutschland umgehend populär, jedenfalls in den Kreisen jener militärisch-konservativen Führungszirkel, die er gezielt penetrieren soll. Zudem gibt er sich als Mitglied einer internationalen antibolschewistischen Kampforganisation aus.

Der schneidige junge Rittmeister, der gern im charmanten Wiener Akzent parliert, beeindruckt durch seine außergewöhnliche Intelligenz, seinen umwerfenden Charme und seinen Sinn für subtilen Humor. So öffnen sich ihm in kürzester Zeit die Berliner Salons, speziell jene der Hochfinanz und der hohen Militärs. Georg sucht die entsprechenden Treffpunkte jener Kreise auf, also Militärmanöver, Pferderennen sowie im Winter Ballveranstaltungen, auf denen er als glänzender Tänzer reüssiert. Die meisten seiner Karriere-Etappen lassen sich für die wenigen misstrauischen Preußen leicht nachprüfen. Er hat tatsächlich eine lupenreine Militärakte: erst in der k. u. k-Armee, dann in der polnischen Armee, war tatsächlich Mitglied der polnischen olympischen Reiterstaffel, kann als hochdekorierter Offizier im ordensverliebten Preußen seine üppige Auswahl an Tapferkeitsauszeichnungen dem staunenden männlichen wie weiblichen Publikum vorführen.

Als blendend aussehender, charmanter, weltgewandter und offenbar sehr intelligenter junger Mann Ende Zwanzig macht er sich bald auch im gehobenen Nachtleben Berlins einen Namen als großzügiger Gastgeber und generöser Zechkumpan, der die häufig von Geiz und Geldsorgen geplagten preußischen Militärs mit einem Lächeln auf den Lippen großzügig einlädt, ohne je auf einer Gegeneinladung zu bestehen – Letzteres macht ihn den knauserigen Preußen besonders sympathisch. Speziell um die hohen Militärs zu beeindrucken, wird ihm vom polnischen Militärgeheimdienst ein unlimitiertes Konto zur Verfügung gestellt, das sich wie von Zauberhand immer wieder füllt, egal wie kräftig er mit beiden Händen und nach beiden Seiten mit dem Geld um sich wirft.

Gezielt steuert Georg die Pferderennbahn in Hoppegarten an, stellt dort seine Pferde unter, beteiligt sich am Renngeschehen. Die beste und schnellste Art, mit seiner Zielgruppe, die sich dort bevorzugt tummelt, ins Gespräch zu kommen. Zum Beispiel mit dem ihm von vielen früheren Pferderennen schon bekannten Pferdesportliebhaber Richard von Falkenhayn, Sohn des preußischen Kriegsministers und Chefs des Großen Generalstabs im Ersten Weltkrieg, Erich von Falkenhayn. Richard verrät Georg schon nach kurzer Zeit, dass deutsche Offiziere, darunter der Stabschef der Ausbildungsinspektion, an sowjetischen Militärübungen teilnehmen. Bei gegenseitigen Besuchen benutze man zu Tarnzwecken gefälschte bulgarische Pässe.

Selbst Prominente wie der sowjetische Marschall Michail Tuchatschewski – bekannt als »der rote Napoleon« – seien bei dieser Charade dabei. Zuständiger Koordinator sei der Abteilungsleiter T 1 im Truppenamt, Oberst Joachim von Stülpnagel.

Richard ist kein Unbekannter für Georg. Noch weniger dessen Frau Benita, eine in der Schweiz geborene Adlige aus der Familie Zollikofer von Altenklingen. Bereits seit einem gemeinsamen Besuch der Rennbahn von Zoppot einige Jahre zuvor sind Georg und Benita heimlich verbandelt. Und – Benita ist über die prominente Familie ihres Mannes mit Interna der Reichswehrspitze bestens vertraut. Ab Dezember 1926 arbeitet sie für den polnischen Geheimdienst, wenig später – ohne dass die beiden voneinander wissen – auch ihr Mann, Richard von Falkenhayn. Er erhält vom polnischen Geheimdienst die Nummer 2102/In III.

Mit Günther Rudloff (2103/In III) kann Georg einen hochrangigen Offizier des militärischen Geheimdienstes der Reichswehr, kurz Abwehr genannt, rekrutieren. Rudloff seinerseits hat Material zu Sosnowski gesammelt, sich dann aber zur Zusammenarbeit mit dem polnischen Geheimdienst bereit erklärt. Die Erklärung: Der spielsüchtige Rudloff hat sich vom allzeit freigiebigen Sosnowski hohe Geldsummen geliehen und ist bald nicht mehr in der Lage, diese zurückzuzahlen. Aufgrund von Rudloffs Informationen können einige in Polen operierende deutsche Agenten enttarnt werden, was bei der deutschen Spionageorganisation Abwehr die Alarmglocken schrillen lässt, da es nun außer Zweifel steht, dass man einen Maulwurf in den eigenen Reihen hat.

Rudloff beschließt in Absprache mit Georg, diesen offiziell als eigenen Agenten »anzuwerben« und zu führen.

Damit sind ihre häufigen Kontakte bestens legitimiert. Rudloff erhält so auch ganz offiziell alle Informationen über die gegen Sosnowski geführten polizeilichen und spionageabwehrtechnischen Ermittlungen. Zu den von Rudloff stammenden Informationen, über die der polnische Geheimdienst sehr glücklich ist, zählt der Hinweis, dass sich der Chef der Abwehr, Oberstleutnant Gempp, regelmäßig in Wien mit einem Offizier der Roten Armee trifft sowie weitere Informationen über die Zusammenarbeit zwischen der Abwehr und der GRU, dem militärischen Nachrichtendienst der UdSSR, in Bezug auf Polen und das Baltikum. So kann Rudloff auch weitergeben, dass der sowjetische Geheimdienst in Polen über ein ausgedehntes Spionagenetzwerk verfügt. Rudloff ist sogar bei einem Empfang Marschall Tuchatschewskis in Berlin im September 1925 zugegen, zusammen mit seinem Kollegen von Stülpnagel. Es sind Treffen wie diese, die Tuchatschewski während der sowjetischen Schauprozesse der Dreißigerjahre, die Stalin auch gegen unliebsame Befehlshaber der Roten Armee führen lässt, zum Verhängnis werden.

Doch der rührige Georg ist mit diesen spektakulären Erfolgen noch nicht zufrieden. Er wirft seine Netze weiter aus und kann schon bald nähere Bekanntschaft mit einer Generalstochter Namens Irene von Jena schließen, die Mitarbeiterin der Finanzverwaltung des Reichswehrministeriums ist. Irene vermittelt Georg auch die Bekanntschaft mit Renate von Natzmer, die mittlerweile im Oberkommando der Wehrmacht als Sekretärin tätig ist. Da Irene von ihrer Herkunft her zum Polenhass erzogen wurde, gibt sich Georg vorsichtshalber zunächst als britischer Journalist aus. Erst nach einiger Zeit verrät er ihr seine wahre Identität.

Irene von Jena verfügt über Zugang zu streng geheimem Material, einschließlich der Informationen über die riesigen Summen, die für die geheimen Rüstungsprojekte in der Sowjetunion ausgegeben werden. In Lipezk (mehr als vierhundert Kilometer südöstlich von Moskau) existiert seit 1926 eine geheime Flieger- und Luftkampfschule, getarnt als Wissenschaftliche Versuchs- und Personalausbildungsstation, die zur Vorbereitung der künftigen deutschen Luftwaffe dient. Binnen kurzer Zeit investiert die Reichswehr hier, an allen Kontrollgremien – und natürlich auch am Parlament und der Öffentlichkeit – vorbei, über eine Million Rubel. Damit verbraucht diese Anlage zwischen dreißig und vierzig Prozent der geheimen, für die Vorbereitung der künftigen deutschen Luftwaffe vorgesehenen Mittel.

Zu den Ausbildungsschwerpunkten in Lipezk zählen eine Stabsgruppe, eine Jagdfliegergruppe, eine Artilleriebeobachter- und Luftaufklärergruppe sowie eine Entwicklungsgruppe für Prototypen neuer Waffen. Mehr als dreihundert sowjetische Staatsbürger arbeiten in der Einrichtung als Hilfskräfte, darunter auch GRU-Agenten, die so viele Kopien von den benutzten Unterlagen wie möglich nach Moskau schaffen.

Irene von Jena übermittelt Georg auch Kopien von Unterlagen über die geheimen offiziell und vom Versailler Vertrag ebenfalls strengstens untersagten Unternehmungen des deutschen Heeres, in der Sowjetunion ein Testgelände für neuartige Panzer aufzubauen. Als Standort für dieses Testgelände wurde ein sowjetischer Truppenübungsplatz in Kasan an der Wolga ausgewählt.

Ein weiterer Beweis für den eklatanten Bruch der Bestimmungen des Versailler Vertrags sind die von Irene von Jena beschafften Informationen über die Erprobung von Giftstoffen, also von chemischen und biologischen Waffen. Koordiniert von geheimen Mitarbeitern der Technischen Hochschule zu Berlin in Berlin-Charlottenburg (heute: Technische Universität Berlin) werden dort unter der Leitung von Professor Fritz Wirth Giftgase zusammengemixt und über Stettin mit Flugzeugen in die Sowjetunion geschafft, um dort von einem Team aus Ingenieuren, Chemikern, Biologen, Ärzten und Meteorologen getestet zu werden.

Die polnischen Behörden beschließen nun, einige der unwiderlegbaren Beweise für die ebenso heimliche wie umfangreiche Aufrüstung Deutschlands als Vorbereitung für einen weiteren großen Krieg dem mit Polen verbündeten Frankreich zur Verfügung zu stellen. Die Polen legen dabei großen Wert darauf, ihre Quellen bestmöglich zu verschleiern. Die polnischen Dokumente belegen, dass Deutschland, entgegen den eigenen Angaben, keineswegs zahlungsunfähig ist (was mit Bezug auf die Kriegsreparationen behauptet wurde), sondern nahezu unbegrenzte Geldmittel für die geheime Aufrüstung ausgibt.

Auch Renate erweist sich als äußerst wertvolle Agentin für Georg. Im November 1928 wird sie auf eine Stelle in der Reichswehrabteilung für die Entwicklung der Panzerwaffe befördert, die der 1939 bis 1945 zu zweifelhaftem militärischem Ruhm gelangende Oberstleutnant Heinz Guderian (»Panzer-Guderian«) leitet. Sie ist dort für die Aktenvernichtung zuständig und sitzt damit an der Quelle für Informationen von unschätzbarem Wert. Sie erhält streng geheime Unterlagen von allen illegal agierenden Reichswehrabteilungen, um diese zu vernichten, zuvor jedoch kopiert sie diese und gibt sie an Georg weiter. Die Unterlagen belegen beispielsweise, dass die aufstrebende Flugzeugbaufirma Junkers aus Dessau im Auftrag der

Reichswehr bereits seit 1924 eine Flugzeugfabrik in Fili bei Moskau betreibt. Mit Maschinen aus der Zentrale in Dessau und mehreren hundert Ingenieuren und Technikern werden dort im großen Stil Flugzeuge aller Art produziert. Als Gegenleistung für die sowjetische Hilfestellung verkauft die deutsche Seite der Sowjetunion pro Jahr dreihundert Flugzeuge, vierhundertfünfzig Flugzeugmotoren sowie technische Dokumente aller Art – und legt so die Grundlage für die im Zweiten Weltkrieg höchst erfolgreiche Luftwaffe der Roten Armee. Rund um die Fabrik in Fili entsteht nach und nach ein Zentrum der sowjetischen Luftfahrttechnologie, in dem berühmte Konstrukteure wie Tupolew, Mikojan, Archangelski und Petljakow arbeiten.

Renate schickt Georg zahlreiche Belege, dass die deutsche Luftverteidigung auf Feldflughäfen in Smolensk und Witebsk optimiert sowie die Funkverbindung zwischen Bodentruppen und Flugzeugen, also die Führungsfähigkeit der Luftstreitkräfte, verbessert wird. Dabei werden speziell Pläne für einen möglichen Krieg gegen Polen entwickelt.

Zwei sowjetische Überläufer liefern 1927 weitere Beweise für die Überlassung deutscher Flugzeuge an die Rote Armee und die Schulung deutscher Fliegeroffiziere am deutschen Ausbildungszentrum in Lipezk. Die deutschen Piloten erhalten dort den Feinschliff für Luftkampf, Luft-Boden-Einsatz und Bombenabwurf. Die Überläufer berichten auch, dass Deutschland bei Charkiw eine komplette Chemiewaffenfabrik errichtet.

Neben Belegen, dass die Sowjetunion via Stettin Munitionsnachschub an Deutschland liefert, bringt Renate ihrem Liebhaber eine besonders brisante Kopie mit: die Zweitschrift eines Vertrags zwischen der Essener Rüstungsschmiede Krupp und dem Ministerium für Schwerindustrie der UdSSR. Dieser Vertrag sieht die Konstruktion und den Bau von Prototypen zweier neuartiger Panzer, euphemistisch als »Traktoren« bezeichnet, vor. Viele sowjetische Offiziere durchlaufen zu diesem Zeitpunkt – natürlich heimlich – eine einjährige Schulung beim Generalstabskommando der Reichswehr, wie Renate belegen kann. Sie liefert auch umfangreiche Informationen zur Zusammenarbeit der deutschen und sowjetischen Geheimdienste, gerichtet im Speziellen gegen Polen, das als gemeinsamer Hauptfeind angesehen wird.

Renate berichtet nicht nur, dass der Leiter des Truppenausbildungsamtes beim Reichswehrministerium, Werner von Blomberg, im Sommer 1928 auf Einladung des Ministers für Armee und Marine, Kliment Woroschilow, heimlich die Sowjetunion besuchte und insbesondere die Forschungsstation für Giftgase vorgeführt bekam. Sie schickt Georg auch Belege für ein bei Gomel abgehaltenes umfangreiches Manöver der Luftwaffe und der Roten Armee, an dem Infanterie, Panzer, Artillerie und zweihundertfünfzig Kampfflugzeuge teilnahmen. Es ist das erste Manöver, bei dem die bis heute gültige moderne Maxime des Kampfs der verbundenen Waffen beziehungsweise der vernetzten Operationsführung verschiedener Teilstreitkräfte wie Heer, Luftwaffe und im Zweifelsfall auch Marine umgesetzt wird. Aus deren koordiniertem Zusammenwirken soll die maximale militärische Wirkung auf dem Schlachtfeld erzielt werden. Diese Doktrin wird ein Jahrzehnt später beim sogenannten »Blitzkrieg« von Hitlerdeutschland zur Anwendung kommen. Sie gilt nach wie vor in der Bundeswehr wie in allen anderen NATO-Streitkräften. Zu den Vorführungen in Gomel gehörten auch Bombenangriffe und Fallschirmabsprünge.

Aufgrund der von Georg belegten Zusammenarbeit von Reichswehr und Roter Armee, die immer enger wird, beauftragt der polnische Staatschef Piłsudski seinen Verteidigungsminister damit, den Franzosen einen gemeinsamen militärischen Präventivschlag gegen Deutschland vorzuschlagen. Doch die Franzosen lehnen ab.

Im Sommer 1929 erhält Georg von Renate eine Kopie des Entwurfs für einen hypothetischen Feldzugsplan gegen Polen. Der Plan enthält detaillierte Informationen über die Mobilisierung und den Verlauf des Krieges. Für die Übergabe dieser Kopie verlangt sie erstmals Geld, nicht weniger als vierzigtausend Reichsmark. Georgs Vorgesetzten ist das zu teuer. Sie vermuten, dass Renate sich die Summe mit Georg teilen will. Außerdem halten sie das Dokument für gefälscht, den Vorgang für ein Ablenkungsmanöver der Abwehr. Die Vorsicht ist verständlich, ist der polnische Geheimdienst doch einige Jahre zuvor tatsächlich einem Betrüger aufgesessen, der Ähnliches behauptet hatte.

Ein vorgesetzter Offizier, Abteilungsleiter des polnischen Militärgeheimdienstes, zuständig für die Westspionage, kommt nach Berlin. Man trifft sich in der Wohnung von Benita. Der Offizier bietet zwölftausend Reichsmark für den Plan, doch Renate lehnt das Angebot als zu niedrig ab. Es kommt zu keiner Einigung. Daher deponiert Georg die Dokumente Ende 1929 in einem Schweizer Bankschließfach. Wenig später versucht Georg mit Rudloffs Hilfe, der ein Jahr zuvor bei der Abwehr ausgeschieden ist, herauszufinden, ob Briten oder Franzosen Interesse am Ankauf dieser Pläne haben könnten. Doch die Franzosen informieren umgehend den polnischen Geheimdienst über das Angebot, was zu wachsendem Misstrauen gegenüber Georg führt.

Inzwischen muss der polnische Militärgeheimdienst seinem Meisterspion in Berlin aufgrund der Weltwirtschaftskrise die Mittel kürzen. Doch Georg findet einen Ausweg: In Absprache mit seinen direkten Vorgesetzten, die an einer Fortsetzung seiner erfolgreichen Arbeit interessiert sind, erfindet er fiktive Agenten und setzt diese auf eine Lohnliste. Dadurch bessert er sein gekürztes Budget wieder auf und kann seine erfolgreichsten Agentinnen (und sich selbst) weiter reichlich bezahlen. Im gesamten Zeitraum seiner Tätigkeit wird der polnische Staat über zwei Millionen Złoty für Sosnowski aufwenden.

Für Georg enden die Zwanzigerjahre erfolgreich. 1929 wird er sogar zum Major befördert. Doch das nächste Jahrzehnt wird alle seine Erfolge zunichtemachen. Zunächst gilt Georg beziehungsweise die Station »In-III« trotz aller Zweifel und Neider weiterhin als erfolgreichste polnische Informationsquelle aus der Reichswehr. Doch 1930 wird ein neuer Offizier für die Westspionage im polnischen Militärgeheimdienst eingesetzt. Der Nachrichtenoffizier gehört zu Georgs Gegnern in der Zentrale. Zu diesem Zeitpunkt ist der polnische Militärgeheimdienst unschlüssig, was er mit den von Sosnowski erbeuteten Dokumenten anfangen soll: Soll er sie den Alliierten zur Verfügung stellen? Oder die eigene Armee aufrüsten, um Deutschland militärisch entgegentreten zu können? Soll er sie dem Völkerbund als Beweise für die massiven deutschen Verstöße gegen den Versailler Vertrag vorlegen? Man entscheidet sich, einige Informationen der polnischen und der französischen Presse zuzuspielen. Doch die Dinge versanden.

Aber wie sieht es auf der anderen Seite aus? Der deutschen Spionageabwehr ist der erfolgreiche Salonlöwe Sosnowski natürlich schon aufgefallen. Zunächst nur routinemäßig überprüft, beschäftigt man sich näher mit ihm, als er von einer ehemaligen Geliebten, der Gräfin Anneliese von Bocholtz, als ausländischer Spion denunziert wird. Doch zu diesem Zeitpunkt kann Rudloff noch seine schützende Hand über ihn halten.

Darüber hinaus ist Georg mittlerweile so gut vernetzt in der Berliner Gesellschaft, dass die deutschen Sicherheitsbehörden für den Fall seiner Verhaftung einen Skandal befürchten, in den auch hochrangige Würdenträger verwickelt werden könnten. Georg bleibt jedoch im Fadenkreuz von Polizei und Spionageabwehr. Man versucht, ihm weibliche Doppelagentinnen unterzujubeln. Diese wechseln jedoch angesichts des unwiderstehlichen Charmes und der erotischen Fähigkeiten Georgs regelmäßig die Seiten, statt ihn zu denunzieren. Doch Ende 1932 wirbt die Abwehr erfolgreich eine von Sosnowskis Geliebten, Baronin Xenia von Heuer, als Doppelagentin an. Das fällt in diesem Falle leicht, weil sie rasend eifersüchtig auf die zahlreichen Liebeleien und Dauerflirts des Homme à Femmes, des Womanizers Sosnowski ist.

Als die rechtsextreme und ausländerfeindliche NSDAP in Deutschland an die Macht kommt, finden Treffen zwischen Georg und seinen Führungsoffizieren aus Angst vor Enttarnung nicht mehr in Polen, sondern nur noch in neutralen Drittländern statt. In deutschen Zeitungen wie dem NS-Parteiblatt *Völkischer Beobachter* werden unterdessen Artikel über Georg und sein mutmaßliches Spionagenetzwerk veröffentlicht.

Ende 1933 beginnt sich die neuformierte Geheime Staatspolizei des NS-Staats, kurz Gestapo, mit den Berliner Machenschaften der polnischen Geheimdienste zu beschäftigen. Sosnowski bekommt das umgehend mit und setzt nun alles daran, die Spionagetätigkeit so zu reorganisieren, dass sie notfalls auch ohne sein Zutun funktioniert.

Sein Vorgänger auf dem Berliner Posten steht mittlerweile als Doppelagent auf der Gehaltsliste des deutschen Geheimdienstes. Georgs Diener wird ebenfalls Gestapo-Spitzel. Auch die Schauspielerin Lea Kruse, Georgs aktuelle Geliebte, wird von der Gestapo angeworben. Sie informiert Georg jedoch über deren Avancen. Der kann im letzten Augenblick drei von der Verhaftung bedrohte polnische Agenten warnen, die Anfang 1934 aus Deutschland fliehen.

Georg selbst plant, das Land zwei Tage später zu verlassen. Vorher gibt er noch ein letztes rauschendes Fest, zu dem er die Crème de la Crème der Berliner Gesellschaft einlädt. Es kommen hohe Militärs, Ministerialbeamte, Schauspieler, Musiker, Regisseure, Künstler, Gaukler, Politiker und Diplomaten, Geschäftsleute, Vertreter prominenter Familien und … die Abwehr. Die insgesamt achtzig Gäste versammeln sich in Georgs luxuriöser Berliner Wohnung am Lützowufer 36. Als die Party gerade richtig in Schwung ist, verhaftet die Gestapo alle Anwesenden einschließlich des Gastgebers. Die Verhafteten werden in zwei vorbereiteten Lastwagen zum Gestapo-Hauptquartier in der Prinz-Albrecht-Straße transportiert.

In den folgenden Tagen werden Dutzende weiterer Personen festgenommen, darunter Georgs Lieblingsagentinnen Benita von Falkenhayn, Renate von Natzmer und Irene von Jena. Rudloff, der behauptet, seine Bekanntschaft mit Sosnowski habe nur dazu gedient, ihm Informationen zu beschaffen, entgeht der Verhaftung.

Der polnische Regierungsanwalt, der Sosnowski vertritt, schlägt vor, dass Sosnowski Benita von Falkenhayn heiratet, damit diese die polnische Staatsbürgerschaft erhält, was ihre Strafe gemildert hätte. Es kommt jedoch nicht mehr dazu.

Während der Ermittlungen und auch während des Prozesses versucht Georg, die Rolle der Agentinnen nach Kräften herunterzuspielen und die ganze Schuld auf sich zu nehmen. Ohne Erfolg für die Frauen.

Das Urteil im Volksgerichtshofprozess gegen Sosnowski und seine Agenten wird am 16. Februar 1935 verkündet. Es ist ein Schock für Benita und Renate: Beide werden wegen Hochverrats zum Tode durch Enthauptung mit der Axt verurteilt. Ein Gnadengesuch wird von Hitler abgelehnt. Einige Stunden später vollzieht der Scharfrichter Carl Gröpler das grausige Urteil. Es sind die letzten Hinrichtungen in Deutschland per Henkersbeil. Danach werden Todesurteile nur noch mit dem Fallbeil oder dem Galgen ausgeführt. Georg Sosnowski, der mangels diplomatischer Immunität belangt werden kann, und Irene von Jena werden zu lebenslangen Haftstrafen verurteilt.

Alle Angeklagten werden auch dazu verurteilt, die von Georg erhaltenen Geldbeträge an die Reichskasse zu erstatten: Es geht dabei immerhin um insgesamt hundertvierzigtausend Reichsmark. Georg erhält eine Geldstrafe von fünfhunderttausend Mark, Irene wegen geringfügiger Schuld von zweitausend Mark. Beide Luxuslimousinen Sosnowskis werden umgehend beschlagnahmt.

Ab Mai 1935 bemüht sich die polnische Seite intensiv, Georg wieder freizubekommen. Der polnische Außenminister Józef Beck und Geheimdienstchef Mayer beschließen, nachdem sie den Oberbefehlshaber informiert haben, alle bekannten deutschen Agenten auf polnischem Gebiet verhaften zu lassen und den Deutschen einen Gefangenenaustausch vorzuschlagen. Die deutschen Geheimdienste setzen dagegen alles daran, Sosnowski in den Augen seiner Vorgesetzten zu diskreditieren. Sie streuen Gerüchte, er sei jahrelang deutscher Doppelagent gewesen.

Leider verfängt diese leicht durchschaubare Strategie, und in Polen beginnt ein Ermittlungsverfahren gegen Georg.

Im April 1936 wird Sosnowski nach vierzehn Monaten Haft zusammen mit elf anderen polnischen Spionen am Grenzübergang Zbąszyń (Bentschen, zwischen Frankfurt [Oder] und Posen gelegen) gegen neun in Polen verurteilte Abwehragenten ausgetauscht. Doch sollte Georg sich nun endlich in Freiheit gewähnt haben, so irrt er sich: Unmittelbar nach dem Grenzübertritt wird er von der polnischen Regierung unter Hausarrest gestellt und später inhaftiert. Vorgeworfen werden ihm finanzielle Unredlichkeit und Leichtgläubigkeit, später kommt eine Anklage wegen Hochverrats dazu.

Über das weitere Schicksal Sosnowskis gibt es widersprüchliche Berichte. Einer Darstellung zufolge soll er nach dem Überfall Deutschlands auf Polen mit anderen Gefangenen nach Osten evakuiert und am 16. September 1939 von der Begleitmannschaft erschossen worden sein.

Die in Polen kursierende Version, Sosnowski sei 1939 in ein Gefängnis in Saratow verlegt worden, dort in den Hungerstreik getreten und wenig später gestorben, scheint in jedem Fall falsch zu sein. Sowjetischen Quellen zufolge leitete er ab Sommer 1941 die Ausbildung von Spionen und Saboteuren in Saratow, wurde 1942 zum stellvertretenden Leiter des NKWD-Regionalbüros befördert und 1943 zum Oberst ernannt. Einer Angabe von Sudoplatow zufolge wurde er 1945 im Auftrag von Chruschtschow hingerichtet.

Wann genau und auf welche Weise das Leben des Spions Georg Sosnowski letztlich endete, ist bis heute unbekannt.